梅花香，橘花香不香

萧梦麟/ 选编

新世界出版社
NEW WORLD PRESS

图书在版编目（CIP）数据

梅花香，橘花香不香 / 萧梦麟选编 . -- 北京：新世界出版社，2017.6

ISBN 978-7-5104-6277-1

Ⅰ . ①梅… Ⅱ . ①萧… Ⅲ . ①中国文学 – 当代文学 – 作品综合集 Ⅳ. ① I217.1

中国版本图书馆 CIP 数据核字（2017）第 100905 号

梅花香，橘花香不香

选　　编：萧梦麟
责任编辑：冀　晖
责任印制：李一鸣　王宝根
出版发行：新世界出版社
社　　址：北京西城区百万庄大街24 号（100037）
发 行 部：（010）6899 5968 （010）6899 8705
总 编 室：（010）6899 5424 （010）6832 6679
http://www.nwp.cn
http://www.nwp.com.cn
版 权 部：+8610 6899 6306
版权部电子信箱：nwpcd@sina.com
印　　刷：北京中印联印务有限公司
经　　销：新华书店
开　　本：880mm × 1230mm　1/32
字　　数：270 千字　印张：11.75
版　　次：2017 年 6 月第 1 版　2017 年 6 月第 1 次印刷
书　　号：ISBN 978-7-5104-6277-1
定　　价：35.00 元

前言

平常香气

萧梦麟

在20世纪90年代初，应该是在河南省社科院图书馆里，常翻阅《苏州杂志》，很散淡，很放松很宁静，有很细腻的细节。

2003年前后，时在一个杂志社，收到陶文瑜来稿，就这样联系起来。其实从最早的时候就想，有一天要编一本《苏州杂志》的选集。

一直到2014年11月。因为这个愿望，终于到了苏州，见到文瑜老师。约一周的时间，在青石弄里，在宾馆里，翻阅了从1988年开始的全部杂志，辑出最初的选文。文瑜老师和杂志社给了我最大的支持，把所有的电子文件都给我拷贝了回来。

此后回到郑州，一遍一遍筛选。这个过程，像是耐心榨一支甘蔗，慢慢榨出甜美，这滋味大多都是童年品味出来的。到2015年春季，完成了这个文本的选择和编辑。

于苏州，人们从不缺少雅致之想象与期待。但本书选文，着意于居家的平常事物，其中透露的故乡情怀，温情脉脉、安详温馨。如《旧丝绸》语：丝绸真正穿旧以后，光泽不再，外人看着如同烂草，可是柔软细腻，有一种冷暖自知的体恤在里面。

这些篇什写的多是20世纪30年代至50年代的事，大都是作者30年50年后的记忆，是小时候在江南生活最难忘的回忆，往往以“我记得”“我的老家在”开头，结尾往往说：至今忆起那段美好时光，心中依然充满幸福。

行文都很朴素，这座江左古城的庭园坊巷里，童年的踪迹，亲切的记忆，奇妙的观察，儿童特有的温和透明的情绪、敏感，像一个个曚昽的光点，穿过了岁月。

这些孩子才看得到的细节，我们都曾有过，可是忘却了。看到这本书时，也许会恍然想起：

捏糖人的爷爷送的那个小糖兔儿，“放了好多天，我才舍得掰下一只兔耳朵，放在嘴里慢慢地抿着。”[1]提着朱漆罩篮来送素斋的小师太，和好婆说话，声音细细的，像是从一炷香上袅袅而出的轻烟。[2]

夏天漫长的午时你已经忘了吧？外婆从甏里取出一块硬邦邦的麦芽糖饼，一歇工夫就在碟子里炀成稠粘粘的一堆。炎热的午后，仿佛“睡城的故事”，连咪咪都伸长了四肢，肚皮贴着方砖睡得好沉。[3]客堂阴凉，

---

[1] 《换糖老老》。

[2] 《吃肉和尚》。

[3] 《五月石榴照眼明》。

什么都在睡：花瓶在长几上睡，鸡毛帚在花瓶里睡，水井在天井里张着大嘴睡，吊桶趴在井栏上睡，连客堂正中画轴上那大眼长睫的梅花鹿这会儿看起来也睡意矇昽。[1]

安静，是这个选本的自觉关注，它与苏州和《苏州杂志》的气质相关，也来自童真心境。《晃晃的太湖》点透了这一点：童年时的太湖，一汪清水，水波真是晃晃的亮。光福小镇，湖光山色，香雪海梅花。也许可以这样说，童年留给我们的礼物，就是让我们在年老之前能够安静下来。

这些往事里，那时住的多是有百多年历史的古宅院子，院里有孩子和父母、祖辈。高大的屋子里，有粗壮结实的圆木柱子，一到干燥的秋冬天季节时，屋子里就会散发出一阵阵异常的木头香味。[2]

整块大青石凿成的井台，井水清冽甘甜，庭院里种的什么树？午梦醒来，蝉唱洒下一片幽静；秋夜天井，石香炉下有蛐蛐叫；深巷“阿要买栀子花白兰花”的浅吟轻唱；毛毛雨里，青石板街大眼小眼，水汪汪的；空气中清涩的树味；依在沿河的窗棂吃菱角的回忆；童年坐航船过太湖，经过各种桥，船边过的什么鱼？

往往古园就是学校的后院或住家相邻。如《耦园三题》：圆月形门洞，门边种有苍松、紫竹和绿梅，还有几块太湖石，很是秀美。满园芳菲。菜园中央一棵蛀空了树干的大榆树，树洞里有猫头鹰，夜里，猫头鹰咕咕叫。花园里有花草，香草叶插在头上，头发就香了。

苏州的花。苜蓿花扎成一个花球，挂在蚊帐里；茉莉花的手珠；

---

[1] 《夏日小城》。

[2] 《旧居与护城河》。

用稻草或是竹子编成的袖珍枕头笼，大小刚放进一朵白兰花。香樟树的枝叶，可以养在清水里。

雨的赋。江南的雨，好像不是下的，而是纺的、吐的。昏黄的街灯照着稠密的雨雾，河中更密的涟漪，在茶香的氤氲里，听雨声变换，与友人闲谈。夜行的人张开了伞，顶着，撑着，天和地才没有合起来。[1]

点点滴滴的往事，时时可见纯朴的情意，是漫漫逝川留在记忆河床上的晶莹："在蒲扇拍打声中我的睡意就上来了。母亲拍着我的肩引我上床，我就在半醒半睡中钻进蚊帐，一夜到天明。"[2] 与父亲叶圣陶乘船回乡，"回到舱里，小方桌上已摆好了四碟办自城里几家老字号的名件，等着'船菜'在舱后做得一碗传出一碗来；""我跟父亲坐在石桥栏上看太湖的月亮，浩浩淼淼的太湖被照得上下通明。看了很久，直到身上觉得凉了才回到旅馆休息。那石拱桥叫作虎桥，说是吴王阖闾饲养老虎的地方。"[3]

平常滋味总是情，儿时的回忆又往往与食味有关。《江南之夏》，说度夏的咸鲞鱼炖蛋、毛豆子炒萝卜干，姑祖母"一手托着一玻璃瓶酱西瓜皮，一手牵我，去城外看我的父亲"。末一卷全说江南食味：诨名金刚腿的海盐南瓜；腌制青菜之法；腌金花菜；虾子酱油；好婆的甜面酱；母亲的几样私房菜，透着她我行我素的任性和不守规矩。

吴地自古盛产风味小吃，四卷就是有关这些迷人的市井烟火的。

---

[1] 《听雨平江路》。

[2] 《最忆是童谣》。

[3] 《快活的春假》。

骆驼担，冬夜深巷中依稀传来小贩竹爿的敲击声，炒白果、五香豆、糖芋艿的叫卖，铜锅菱。叙说这些温饱的恩泽，字里行间流露着感怀眷恋。

选文里也常常看到，这些细腻的心灵对一些特别的伙伴的善解。

小伙伴家下放去了，更伤心的是她家把那只黄狗送给了乡下，临走时黄狗从船上跳进了河里，流着眼泪回家，可还是只能被送走；[1]天井里，一只鹩哥和一只八哥隔笼相望，说着人听得懂的鸟语，大鹩哥在那里说："阿爹，你好。"小八哥在一边说："勿要你讲。"[2]鸭的世界：它们的腿短，比较胖，越过门槛总是不大便当。鸭子生性随和，对食物总是表示满意，对主人总是表示感激。睡觉之前，它们还会唠一会儿家常。这种呢喃听起来特别地温馨和平。脖子一弓一弓地假装喝水，是鸭子表示友爱的最高礼节。[3]

在书卷气息浸润的古城走过，容易有优美的体会。薄雪下鳞次栉比的屋檐，绵密的小瓦，像排排坐的小宝宝；[4]1944年的春天，当年同盟会的会员，南社诗人，披着棉风兜踽踽独行去沽酒；[5]玲珑的桥梁、摇荡的船只、古旧的建筑、精致的园林和幽深的小巷，它们是这个城

---

[1] 《被送走的黄狗》。

[2] 《人在山塘》。

[3] 《呼鸭》。

[4] 《仿佛故土重游》。

[5] 《阔家头巷的春天》《水调琴弦》。

市特有的景物，构成了一种优美的形式，莫不让“我”感到喜欢。[1]

北方客人眼中的江南庭院：南墙山石留有残雪，一枝南天竹又青又翠，结子一串串，鲜红似小樱桃，最宜人的是初夏时期，满窗桐叶，绿到床边，有一次午睡醒来，睡眼矇眬之际，忽然眼前一亮，树叶间一点娇黄，原来是个黄鹂，离我也不过一丈多远……[2]

少小的眼睛，对江左古城的幽婉，更敏感清晰。坐在团花湖畔，望着水中对岸钟楼的倒影，这幅纯静的水粉画至今还常常定格在“我”的脑海；[3] 住在平江的一条小巷，站在阳台上，望见耦园，像是一艘古代艨艟锚泊在潺湲的护城河里，古园里幽幽透出的那股书卷气，窨得四周的空气可人宜人。[4]

在古城的周边，是太湖，东山西山，江南古镇。芦苇荡里洁净的水，芦花月夜里像落了大雪，一对鸳鸯惊起，扑噜噜飞走了。[5] 薄暮淡霭里，远远近近的渔船泊在湖边补网晾网，宁静的图卷，轻轻的涛语。[6] 五卷正是关于乡土和吴地民间风俗的，以及那些呼朋引伴的劳作与游戏：太湖莼菜荡摘莼菜，虞山捉蕈，打栗，斜塘采菱；那些吴民世世代代感情深厚的物件：芦花靴、作裙、汤罐、老虎灶……陆慕的清水方砖，

---

[1] 《萍踪江南》。

[2] 《初夏的黄鹂》。

[3] 《团花湖》。

[4] 《耦园之窨》。

[5] 《芦船眠月》。

[6] 《太湖之畔熏豆茶》。

能练字，泼上点水，可以照镜子。

留在这本书里的，有那些曾经的生态风物，美、清澈、宁静，如今不见的。常常看到作者这样说，“在我小时候，河水是很清的”。清澈的小河湖荡，水巷里河水碧澄透明，鱼一群群游来游去；夏天摇来一船船墨绿的西瓜，雪白的糖藕；秋风乍起，满船吐着白沫的大闸蟹和硕大的田螺。

四月，茉莉的新叶透明，花开的夏季，花农摇着装满白色香花的小船从青山绿水桥下过，送到茶厂去窨茶叶，花香在山塘河上一路弥漫。[1]

那时去太湖西山，要坐船从河里向太湖走：坐上船，从城里到城外，两岸的民居，家家有错落有致的河埠头。淘米洗菜的女人，青花布衣衫，发髻上、衣衫上再别上一枚白兰花、栀子花，真是柔美。船快到胥口，两岸的芦苇渐渐增多，水中的鸭子也多了起来，水鸟就在我们船舷边、头顶上扑腾腾飞。太湖中行驶的两个小时，是我期盼的时光。西山岛从影子，到清晰，到模糊看得到岛上一棵棵树、一间间农舍，是一个等待、盼望又幻想的过程。[2]

这部选文里的作者，也有作家，但大多作者可能并非文字专业的，有时表达或许不那么圆熟精致，但纯朴真实更可珍贵。它们会唤醒心中暗藏的童年记忆与家园情怀，那里金色的温馨、安宁。

日积月累，撷为一束。“门里门外，春天就这么悄无声息地来了，

[1] 《人在山塘》。

[2] 《金村》。

安静地与我们一路同行；当我们沉醉在春天明媚的花香中，它又会悄悄地走了。岁月就这样变更，春来无痕，春去无声，只留下普普通通的生活，永远发出越来越弥久的芳香。”[1]

这种香气，就像《橘花香，梅花香不香》发觉的，晚春的洞庭山坞里，橘花一色纯白，江南有橘，人人知道它平常的果实，但橘亦有花，它淡淡的香味，要在清晨无人时心静才闻得到。

2016.12.12 写定

[1] 出自于祥《绣球花香满堂前》（《苏州杂志》2012 年第 2 期）。

凡　例

1. 全书6卷，每卷中篇次大致依据发表先后排序。

2. 每篇结尾处时间，为原文刊出的年份期次。原文如有写作日期，则在尾注标明。

3. 依照不违作者本意的原则，编选时大多有少许删节，并偶有措辞修改。

4. 如删节较多，则篇尾标明“节选自……”，标题为本书编者所加。

5. 如篇目重新命名，在篇尾标出原名。

6. 出版时，编辑按照新的字词规范要求，更改了选文中一些异体字、标点和方言词。

目录

卷一

卷二

卷三

卷四

卷五

卷六

卷一

青石弄故居

叶至诚

诚然是故居，然而，从三五年秋天到三七年九月廿一日，我们家仅仅居住了搭头三年，实际才两年光景。

青石弄五号对于父亲来说，恰好比他早期的童话。固然像梦境一般如诗似画，无奈却瞬息即逝。从此只留下小小一处遗迹和断断续续的思念。

说它“像梦境一般如诗似画”，因为这里有四间小屋。从中一隔，祖母、父亲和我们三个孩子，合家老小都有了各自的卧室。除此之外，又有吃饭间以及略事布置的会客室和宴宾室。雪白的粉墙，简单的陈设，内里宽舒、敞亮；檐下的矮围走廊，棕色的廊柱门窗，外观整洁、大方。绝不是上海什么弄什么里鸽子箱那样狭窄的“丛墓似的人间”[1]。

说它“像梦境一般如诗似画”，因为屋前有一个园子，再不用凿

[1] 叶圣陶于1924年7月发表散文《丛墓似的人间》。本文中的“父亲”即叶圣陶。

马平　图

开坚硬的水门汀，请工人运走满地砖砾，载来田野里的泥土，从事“天井里的种植”[1]。总共栽了广玉兰、海棠、红梅、石榴、槐树、葡萄……十几棵树木，四时不断地有花叶可玩。墙头的爬山虎，墙角的书带草，把整座小屋和园子镶嵌在一副常青的框架里。

说它“像梦境一般如诗似画”，因为周围不再是淡漠无味的“没有秋虫的地方”[2]。岂止秋虫，更有邓尉的香雪海，沧浪亭的荷塘，几座园林的皑皑雪景，妆点着四时的流转。春日嫩绿的莼菜，初秋洁白的鲜藕，带来乡村清新纯朴的气息。茶馆、酒楼，糕团、点心，小巷、深院，河道、航船，昆曲、说书，吴歌、苏绣，观前、阊门，天平、虎丘……一桩桩，一件件，无不散发出浓郁的乡情，召唤着早年的记忆。

[1] 叶圣陶于 1935 年 2 月发表散文《天井里的种植》。

[2] 叶圣陶于 1923 年 8 月发表散文《没有秋虫的地方》。

也许是对家乡的怀念；也许是对植物的眷恋；也许是人到中年，一方面警示自己不要走上多数中年人那种踌躇满志、老气横秋的路，一方面又想创造一个就此安定的生活环境，好好做些事情，以待老之将临；也许这中间更多的是对母亲的顾怜，让她能好好将养久治未愈的胃病……总之，由于上面这些缘故，又积累了一笔版税和稿费，父亲买下青石弄八分地皮，把一家由上海迁回苏州。于是，父亲平日就在家里办公，每月去上海耽一星期左右，处理开明书店编辑部的事务；母亲辞去了开明书店的工作；哥哥仍在江湾立达学园住学，暑寒假回来，无非比上海稍远了一点；姐姐和我转到苏州求学，都是走读，姐姐在皇废基边上的乐益女中，我在平桥桥堍的平直小学。通常，我总是出后门，走过一段两边断垣残壁的弯曲小巷（短墙那厢当年是荒芜的灌木丛和难得有人的桑园，如今成了南林饭店山水楼前秀丽的假山和空旷的场地），穿出醋库巷上学。偶尔也走前门，出青石弄右手转弯，经滚绣坊，在乌鹊桥下再向右转，然后笔直走到学校门前。

那年月真个是动荡的世界，也真是动荡的中国。“八·一三”上海战事爆发，八月十四日日机轰炸苏州火车站。在《抗战周年随笔》里，父亲写到了九月十一日，我们全家离开苏州的情形：“那天走出家屋，几时再回来是未可预料的，也许回来时屋已被炸被烧了，可是当时我自己省察，并没有什么依恋爱惜之感。”

父亲在《抗战周年随笔》里更引了丰子恺先生在他那缘缘堂被日机炸毁以后写的诗句：“寇至予不去，非从屈贾趋。欲行焦土策，岂惜故园芜？白骨齐山岳，朱殷染版图。老夫家亦毁，惭赧庶几无。”丰先生的“惭赧庶几无”和父亲的“不惜放弃所有”一样，正是当年绝大多数知识分子无私的爱国精神。缘缘堂建于三三年，丰先生对它怀着宗教一般虔诚的感情，还相继写了《还我缘缘堂》《告缘缘堂在天之灵》和《辞缘缘堂》等文篇，抒发他无尽的思念。父亲一向相信唯物（一九五七年题写母亲的墓碑，铭文中用“骨归泉壤”而不用“魂归泉壤”就是一例），对青石弄房屋的态度比较实际。到得重庆，从上海亲友的信函中得知青石弄房屋未毁，在给夏丏尊先生的复信中说：“青石弄小屋存毁无殊，芳春未挽，惟有永别。遥想梅枝，应有红萼。曩昔曾想，此树此屋不知毁于谁手，亦不知何时与别。今乃如此，实非初料也。”后来接连发生了受托照看房屋者要求接济和朱姓汪伪小政客占据房屋的事，又在给王伯祥先生的信中说：“青石弄房屋不曾炸掉，反而多一累赘。……其实此屋究属弟与否，今尚不可知，而不免为之略一操心，且累及亲友，甚矣身外之烦人也！清真词曰：‘且莫思身外，长近尊前，’虽嫌颓废，究善[1]自适。”甚至感到“真悔多此一举”。然而，毕竟曾寄于期望，又毕竟“像梦境一般如诗似画”，当然也常常牵动思念，思念所及全部都是家园的花木，如海棠、红梅、石榴。在成都罗家碾的时候，一晚深夜半醒，只听得有节奏的轰隆声，以为是夜车驶过虎丘。顿时想起自己并非睡在家里，入川已经四年，哪能还会听得火车声？于是写了一首《半醒闻水碾声以为火车旋悟其非》的七言仿古，末尾几句这样写道：“辘辘者何盖村舂，奔湍激碾碾新谷。杜老曾咏雨外急，繁声从知秋来熟。此声虽好乱吾肠，安得诚如吾思倜。朝来开窗面庭园，手栽一一娱心目。”

抗战胜利，芳春既挽。我们家坐木船江行东返，然而，国事如麻，民主运动高涨，父亲再没有把一家迁回苏州，又在上海住了下来。朱

[1] 《苏州杂志》所刊原文如此，不知是否“究竟”之误。

姓的汪伪小政客已经逃走，青石弄的房子空在那里。新中国成立以后，父亲到了北京。只在南来经过苏州的时候，走进青石弄，或是在门外望望，或是敲门进去（屋里其时已住了人家），在园子里走一走，看一看，就好像拜访一位久违的亲友，只见得它日渐衰老。

如今，经各方面的重视与努力，青石弄的房子业已收回，同时把《苏州杂志》社搬了进去。利用这四间小屋来办反映苏州文化、颇受群众欢迎的杂志，我们以为：如果父亲尚在，一定会表示赞同的。他曾在给我的一封信里提出："我决不要保存什么'故居'，此点务望说明。现在'故居'多得叫人生厌了。"除此以外，没有任何要求。

1990.1.

初夏的黄鹂

邓云乡

四十一年前，从北京调到苏州。我搬到了金门外一个很好的房子中去了。这是一所很精美的假三层小洋楼，一个小花园。我的床在西窗边，躺在床上，可看窗外梧桐、天上白云、运河帆影。房中白天十分安静，每天下课后，除开会外，我总是回到院中、房中，一个人享受这位不知名资本家遗留的别墅的清雅幽静。

有一次雪后，下午三点多，我回到宿舍，推开街门进来，南墙山石留有残雪，一枝南天竹又青又翠，结子一串串，鲜红似小樱桃，我观赏了大半天，深深体验到江南庭院冬日的情趣。

最宜人的是初夏时期，梅子黄时雨固然恼人，而天气晴朗时却格外可爱，满窗桐叶，绿到床边，有一次午睡醒来，睡眼朦胧之际，忽然眼前一亮，树叶间一点娇黄，原来是个黄鹂，离我也不过一丈多远……

节选自《旧梦依稀四十年》，1995.2.

井情依依

华杉

外地亲友来访，对我家破旧颓败的老宅，凝神相视后，终究无话恭维，唯其对院子里的一口井，却表现出极大的好奇与浓厚的兴致。找来吊桶，拉着吊绳，轻拨重甩，左摇右摆，井水就是不肯驯顺地涌入吊桶。往往是一家老小争来夺去的尝试，都以失败告终。而当我们宅中小孩拿起吊绳轻轻一抖，井水就乖乖地灌满了吊桶，亲友来宾都会一阵狂欢，赞叹这是苏州人的一门家传绝技。

可以说，上点岁数的正宗苏州人，都是喝井水长大的。我们小时候用的吊桶，既不是铅皮桶，更不是塑料桶，这些吊桶自身质地轻，很容易翻动。我们用的是木吊桶，优点是落入井中不会下沉，可以用竹竿打捞起来，缺点是桶身又重又笨拙，要借助绳子的抖动才能使木桶侧身灌水，这是要有点真功夫的。印象中，小时候第一件学做的家务事，就是用吊桶打水。抖动吊桶，需要一种软硬功，特别是绳子的一头结的是一只笨重的木桶。驻波传力的原理要高中读物理时才学到，可我们很小就在做这样的实验了。把满满一桶水从井里拉上来，对小孩子来讲，也算得上一种繁重的体力劳动了。到苏州观光的旅游者现在还能不经意在街头巷尾的公井边，看到青石凿成的井圈上一道道被井绳磨捋出来的印痕，这肯定是千百年来苏州的老妇幼儿们吊水时力不从心留下的标记。

有井人家的厨房里常放有两口大缸，清晨起身家中的第一件大事，就是吊井水，直到把缸注满才盖好缸盖让它沉淀，日复一日的轮流使用，实际上喝的用的都是隔夜吊好的水，逢上盛夏或干旱时节，井水也混浊，这就需用明矾澄清。其实，井水清冽甘甜，纯净透明，一般不必沉淀亦能食用，夏日，常有劳作工人找上门来要水喝，他们直接从井里打上水来，抱着水桶就喝，也没发现有生病或拉肚的，只是城里人养成了习惯，不沉淀就不敢饮用，没福直接消受这种“味道好极了”的井中甘泉。

用井水最大的受惠是冬暖夏凉。隆冬，一场皑皑白雪落满井台，而井口却飘散出腾腾热气。打起井水淘米洗菜洗衣服，手上感觉暖烘烘的。直到今天，虽然家家都安装了自来水，但到冬日，宅院里的居民还是喜欢用井水洗刷杂物。盛夏，孩子们对井的兴趣就更浓了，吃过午饭，最起劲的事是把西瓜装入袋中，再放上一块砖，将瓜袋沉在井水中，下午三四点钟取出来，我总喜欢把脸贴在西瓜上，先享受一番凉意。那时西瓜中的上品数浙江的平湖瓜，一刀剖开，金色的瓜瓤，乌黑的瓜子，凉气与香气同时溢出，现在想起来，仍有垂涎之感。时下，几乎家家都有电冰箱了，但经冰箱冰镇的西瓜，总觉得是冷不是凉，把西瓜的原生甜味都压住了，实在赶不上水井这口天然冰箱。

打井难，掏井也难，为使井中保持泉眼畅通，隔一段时间就要掏井。

记得有年夏天，母亲请来几位师傅掏井，掏井不但辛苦，简直有点玩命似的。师傅们把井圈搬走，用大水桶轮番吊水，要花一上午才能把水吊干。然后由两个年青力壮的小伙子，穿了棉衣，喝了白干，下井去掏泥，只半个小时就要轮换一次，当他们从井底上来时，尽管在烈日之下穿了棉衣，仍是冻得发抖。那年我有十一二岁了，站在那里看热闹，一位姓王的师傅从井下上来时，让我把脸贴在他的胸口，只觉得像贴着一块冰似的透凉。冷不防，他把我紧紧搂进怀里，我真想叫喊，但感觉他身子在发抖，也就搂住了他，王师傅非常称道我心地好。后来，当我上高中时，母亲告诉我，王师傅孑然一身，酗酒过度，才三十多岁就患肝硬化病逝了。一想起当年掏井时的情景，我忍不住流下了眼泪。

去年初，我家邻近的长发商厦在打围护桩时，挖掘出了一批古井，年代久远的可上溯到汉井，想着几千年来，生息在这方水土上的古人与我们用的是同一脉地下水，真让人感慨系之。如今，由于地下水的过度开采，地面的不断沉降，工业污水的浸润污染，这脉养育了千百年苏州人的地下水，正面临着危机，像“人家尽枕河”一样的“人家尽依井”的苏州景观也在悄悄地消亡。我想，再过一二代，“井”这个字会不会成为我们的后代只能在词典上或考古中去认识的文物了呢？

1996.2.

草屋

燕华君

草屋的制造是这样的：第一步先用红砖或者青砖砌墙脚，第二步用大方泥块做墙身，第三步上木头大梁，第四步铺茅草——这是最充满诗情画意的时刻，那些野天野地风吹雨打的金黄喷香的茅草，经工匠们柔软的手指温暖地铺展开来，最后一步是在墙身上粘麦秆。这样，一座草屋就搭成了。这么看起来，草屋的材料是很简单的，土砖，泥块，木头，茅草，麦秆，都是一些原始和朴素的东西。

我从八岁那年下乡，一直到十六岁时离开，细算起来，我的所有温情都在草屋里面藏匿。

草屋面积很大，一间厨房，一间吃饭房，两间睡觉房，一间杂房。冬天的晚上，外面是呼呼的老北风，屋后的大渠已经上冻。像一长条底片似的，二十五年前的情景清晰地浮上我的记忆：爸爸穿着高帮套鞋，站在一口大缸里踏咸菜；我披着开花棉袄在马灯下写作文；妹妹躺在妈妈的被窝里，似懂非懂地听妈妈读《红楼梦》；杂屋里的老鼠为了一粒玉米大打出手。

妈妈说：既然盖了草屋，又腌了咸菜，再在草屋附近种点东西吧，也算是一个家了。先是种了两棵南瓜秧，又种了金针菜，还在茅厕四周种了一圈向日葵。草屋被金黄或碧绿的菜蔬包围着，又有小鸡小鸭们在门前散步，显得温情脉脉，恍若新人。

要知道，我是多么看重我们家的草屋。冬天的时候，学校晚上排文娱（乡下人连说话都可爱，文娱是可以排的吗），我很晚才能回家。离家还有很远呢，我已经看见孤寂地站在土墩子上的草屋。因为草屋里有一盏马灯还亮着。母亲睡了，但是她把马灯捻小了挂在门口，等我回家。

月亮很大很圆的晚上，我走出茅屋上茅厕，向日葵们的叶子婆娑起舞，仿佛森森鬼影，叫人心里很怕。这时我就回头看见我们的家，草屋安静地趴在那儿，里面有灯光，有妹妹的笑声……我就一下胆大了。

乡间的茅屋都是朝南的，不像城里的房子朝东南西北都有。最叫我当时大惑不解的事，就是每当风风雨雨的日子，父亲总喜欢坐在茅屋的门口，把目光一直伸到很南很南的远方，我问母亲，父亲在看什么，母亲说，他在看苏州。在我的眼里，远处是一片隐藏在树林里的房子，而且也肯定是茅屋——那就是苏州吗？那么我们这里也是苏州了。

十年以后，我们离开了茅屋。那时它已经十分破旧。墙上的麦秆稀疏腐朽，草屋的顶已经更换过一次，那年秋天，我们家收获了一场地茅草，母亲说，用来烧火怪可惜的，就把屋顶上的草换换吧。茅草经太阳的曝晒，干蓬蓬，味道很香，晚上的大月亮出来了，我一个人坐在茅草堆上，一会儿工夫，露水下来，打湿我的头发和袜子，而露水中的月亮显得雾气蒙蒙，不甚清楚。看见我们家的草屋在雾气里只剩下一个轮廓。第二天是个很晴的太阳天，我被两个农民抱上修饰一新的屋顶，隔夜的莫名忧伤一扫而光。

回到苏州，我们住进一套公房，高楼大窗，阳光明媚。没有小窗户里月光的清冷，没有大向日葵的喧嚣，没有北风从门缝中钻进来的嗞嗞声音，也就没有了许许多多的乐趣。父亲说：又不踏咸菜了，要我的高帮套鞋做啥？！他扔掉套鞋，好像扔掉的是心里的一个什么，怅然若失了好长一段日子。母亲叨叨：到底不方便啦，从前哪，我在锅子上煎鱼，鱼下锅，我到屋后掐一把小葱，再跑到河边洗干净，也来得及呀。我知道，家人是在怀念那间屋呢，他们只是不说出来罢了。

说真的，我已经好久没有闻到草的气味了。

1998.6.

庭院深深梦几许

王友良

庭院中感觉到的季节情趣，在洋楼中是感觉不到的。

苏州大大小小的古典庭院有多少，没有人数过，但凡苏州人都能从风俗故事中摄取回忆。在七月十五似水的凉夜里，提着莲花灯的小姑娘，在庭院中跳来跳去唱着歌："莲花灯，莲花灯，今天点了明天扔……"八月十五日夜间，月华高照，当院摆上月饼、瓜果，红烛高烧，焚香拜月，那就又是一种风光了。

在苏州，这种庭院随处可见，大的、著名的早就辟为园林，供游人赏览。像网师园、留园，包括俞平伯祖居的曲园。这种庭园面积大，造园时家底殷实，园中多设有山水，极一时之盛。

更多的是靠平时俭省，攒下钱，弄个小院，院内再种棵玉兰，或者桂树，寄托一种攀兰折桂的心情。我做记者时，走访了许多这类庭院，像南畇草堂、红豆山庄、莳湄草堂等，这类庭院尽管显得十分残破，但那种独特的风致，历经了多少年的风雨，还依然留存着。

随意一个豆架，随意一隅墙角，自然布局，不动声色。于平静随意中演绎着人与人、人与自然，入世与出世等人间戏剧。我仿佛看到，秋日的午后，庭院深处裙裾飘动，石榴和长裙相映成趣。站在院里，仿佛能听见一声轻咳，一声轻嗔以及棋子落地的声音……

这种庭院，最适宜饮酒品茶，看书读画。在庭院之外的世界历经了种种忧患不平与挫折之后，蓦然想起应该归去吧，不妨把情感和思想都寄托在小小庭院中，置一碟苦瓜、空心菜，就寂寞下酒，把一片忧愁之心放置到篱笆、豆棚、古井以及烟雨、落花之间……就这样沉醉一个黄昏……

这种庭院里，少年时，宜读蒲松龄的《聊斋志异》。瓜棚豆藤下，萤萤之火中，感受着一种神秘的、诡异的情绪，幻想着狐仙与蛇仙的种种奇幻。青年时，宜读苏曼殊的《断鸿零雁记》，梦想自己也有那么一个多愁善感的美丽表妹，抒发人世的悲欢爱恨、生死荣辱。老年时，宜读沈复的《浮生六记》，觉得人在世上，真的是一个过客，漂泊无定，总是沧桑心绪。读这类书最好是紫丁香花开的月夜，就了月光，品味人事花事，人在书中，书在月中。

因为平静，因为温馨，因为这似梦似愁，所以让今天的我们依旧心动。

时过境迁，庭院已老，不再是旧时花月。解棋斗酒，花事月事，只能作为一种梦想了。但那种情绪总在，如底楼人家在天井里种株碧绿的芭蕉，让几只红蜻蜓立于其中，显出往古的意境。

1999.6.

“懋庄”旧话

汪安琦

我们汪家的祖先原是徽州人，经商茶叶才到苏州落户，算到我已是第十三代了。我家的六世祖曾中翰林，做过很大的官，还办了“汪氏义庄”（苏州环秀山庄原来就属于汪氏义庄的）。

我父亲汪懋祖从小读书聪明，虚岁13考中秀才（最后一期科举考试），说起来好笑，当时考场的门槛很高，而父亲实足年龄仅11岁，个子长得又小，两腿够不到，只能先坐到门槛上再跨进去……县考官甚至不相信这么小的孩子能考得这么好，又叫他来“面试”，结果真是不错，中了秀才。第二年科举制度废除，办起了新学堂，父亲这班秀才们都成为苏州府学堂的学生。

以后，父亲考上了江苏省“官费”留英生；1916年到美国上哥伦比亚大学，1920年获教育学硕士学位。回国后，先在北京师范大学任教授兼教务长，后在南京东南大学任教育系主任，还担任了江苏省“督学”之职。因他一心向往能按自己愿望办一所中学，遂于1927年放弃教授、督学等职位，毅然回到家乡苏州，办起小有规模的“省立苏州中学”，并提出了“教育源于生活”的学说。

当年“苏中”聘请了一批年富力强且学有所长的教师，如国文教师钱穆，英文教师吕叔湘，美术教师吴作人、颜文梁，历史教师孙起孟等，培养出像钱伟长、钱人元、李竞雄等学生人才。

我父亲长得很清秀，文采又好，被在上海方言馆教书的外祖父看中，遂把已考取清华留美的女儿（即我母亲）许配给他。外祖父曾是举人，我母亲袁世庄从小受过良好的家庭教育，她在上海启明女中读书时，英文根基很好，后考取清华大学“庚子赔款”留学生，1916 年到美国核桃山女校读大学预科，翌年进入威尔斯莱大学（Wellesley College）学习。

小时候，我常听父母讲起留学美国的一些情况，那时学生谈恋爱也很保守，男女同学约会，常常邀请朋友陪同，父亲到威尔斯莱去会“女朋友”，就常请陈寅恪、吴宓、郑晓沧、孟宪承等陪同。母亲在美留学期间相当活跃，假期里与几个同学一起用英文编演《木兰从军》，她扮演的花木兰很受美国观众好评。我父母是留学回国后才结婚的，婚后就留在北京教书。

我是在北京出生的，在我四岁时，父亲接受南京东南大学之聘，举家南迁，两年后又回到苏州故里。我从小就对苏州有着非常美好的记忆，我家租住过“枕河”的房子，开出后门可在水面往来的农船上买柴、买菜，蛮好玩的，可惜蚊子很多。后来搬到苏州中学“二院”后面居住，对过就是沧浪亭，假山荷池的景色很美，颜文梁办的“美专”也在那里，在古老的园林旁盖一座希腊式建筑，不知怎么，看起来有点不协调。

我家的东边有家花园式图书馆（可园），园中栽植了许多梅树，春天梅花盛开，我们常去那里玩。从可园再走过去就是大片的稻田了。有一次，我独自走出大门，想到稻田那边去玩耍，结果迷了路，回不了家，急得大哭起来……幸亏有个卖馒头的“老山东”认得我，好心把我送回家。

我父亲与胡适是同学，有一次胡适全家到苏州来，我们陪他们吃船菜（苏州过去的船菜是很有名气的）、游天平山，非常尽兴……抗战前夕，母亲在苏州女子师范教书，父亲那时已任苏州中学校长，他们在盘门东大街买地造了一幢房子，称之“懋庄”（从父母名字中各取一字），镌刻于墙角勒石之上。

庭院里种了许多树，而且四季有花：月季、玉兰、石榴、桂花……母亲还为我们种了一些蔬果，像玉米、草莓等，我们是根本不用到外面去买来吃的。我母亲很喜欢苏州的生活环境，她甚至婉言谢绝了宋美龄（宋与我母亲曾是威尔斯莱大学校友）要她赴南京担任“要职”

［清］孙克弘　图

的邀请，她说“过一种陶渊明式的田园生活，真是再好不过的了”。

离我家不远处，就是杨荫榆的旧居（在盘门城脚根头）。那时期杨荫榆在一所中学教英文，听说她的日文很好，英文却不怎么行，不时还来请我母亲辅导。我母亲有一本“韦氏大辞典”，我们小时候总觉得它硕大无朋，像茶几面那么大。杨荫榆一来，母亲就常与她一起“翻辞典”。

那时盘门一带非常冷清，旧称“冷水盘门”，但我还是很喜欢那地方的。我家前边就是瑞光塔，后面是开元寺，夜晚听得见寺院内的钟声。每当傍晚时分，夕阳西下，我们一家外出散步，看晚霞映衬下古老的瑞光塔影，一片片田野里秧苗嫩绿，油菜花金黄灿灿，还有盛开的红色紫云英……真个是“锦绣江南”呵，至今忆起那段美好时光，心中依然充满了幸福。

2000.3.

耦园之窨

费林

我家住在平江历史保护区的一条小巷里。这幢公寓鹤立鸡群，前后都是老式住宅,我站在四楼的阳台上,可以清楚地望见耦园的“背心”，它像是一艘古代艋艟锚泊在潺湲的护城河里，古园里幽幽透出的那股书卷气，窨得四周的空气可人宜人，让我直觉得自己真是得了一个好居处。

节选自《楼下有三间老屋》，2001.6.

有明瓦的老房子

阿坤

我住过的一座老房子，所有的窗子没有装玻璃，只是每扇都嵌了明瓦。明瓦是用蚌壳碾碎了加工成一块块寸方大小、中间有些微凸的、透光性不强的“明瓦”片。装在窗上，不能像玻璃那样鲜明光亮，只有一些微弱的光透过来，模模糊糊的，即使外面阳光明媚，屋里也只是“不是黄昏，恰似黄昏”的感觉。

虽说明瓦在玻璃诞生以后就成了落后产物，可在相当长的一段时间里，它在我国的城市和乡村绵延了相当长的时间。

在20世纪50年代，我还很小，记得就住在北寺塔附近一条小巷里，那座装有明瓦的老房子就是我的家。明瓦的房子虽不明亮，却也有它的长处。工匠在制作这些窗子时，往往会在窗框内做出许多形态各异的木格条，在固定明瓦的同时，也构成了各种好看的图案，很像苏州园林里的木格花窗。

我记得那座老房子有些破旧，在客厅的前面有一个小天井，在客厅到天井之间，有一排六扇落地长窗，窗格上就有非常好看的花样，上面铺满了一片片的明瓦，夏日的阳光透过明瓦照射到客厅地面的方砖上，便散落成一个个淡淡的光点，朦胧的阳光似花非花、似画非画，童年的我，就在这种朦胧的艺术氛围中欣赏着明瓦的美妙。

2002.1.

汲水

车前子

在我们那里，天井与院子有所区分，虽然界限模糊，但有过苏州生活经验的人，决不会把院子说成天井把天井说成院子的。一般来说，天井比院子要小得多。

我家的天井里有一口井，青石的井栏，我常趴在上面看井中：一张脸，和衬托着这一张脸的圆圆的一块蓝天。一只铅桶在水面上抖动几下，发出噗嗵的声响，听这声响，就能分辨出这人会不会打水。不会打水的，铅桶老扎不进井水，只会在水面上跳来跳去，噗嗵噗嗵噗嗵噗嗵，不会打水的着急，铅桶更着急，井边的闲人也着急，因为井水就这样被搅浑了，须过片刻才能澄清。有些打井水的高手，自始至终无声无息，像黑猫在地毯上高贵地走过。有一阵子，我祖母老夸李家的新媳妇好，我妈我婶不服气，祖母就说："怎么不好？打水没声。"李家的新媳妇没有噗嗵噗嗵，不打水的时候也是这样。

在吴方言里，"打水"说成"吊水"，更有人风雅地认为应该是"钓水”，装得像是钓雪的柳宗元的孙子。噗嗵，铅桶一头扎进清澈的井水，倾斜着，仿佛垂帘在春雨暗晦之中，仿佛乐师演奏结束行屈膝礼，井水如春雨如掌声一层层地挤进铅桶，涌进铅桶，铅桶就满满地下沉了，铅桶就一声不吭地下沉了。而这时打水人手中的绳子，猛地一紧，倒像是憋住嗓门尖叫了起来。

打水人离开了井台，我再趴在井栏上面看井中：一张脸，和衬托着这一张脸的圆圆的一块蓝天，融化在一起，只有在这一刻我才能看到井中的井水。

节选自《小人书》，2002.2.

苏州的河

阮仪三

我的老家在苏州钮家巷[1]，门前是一条与巷子平行的小河，一头连在临顿路河，一头接到平江路河，临河栽有高大的老树，巷头是六株伟岸的梧桐。到了我家门前是粗大的榆树，一株株一直排到巷尾。我家门前那株最粗，两个大人都抱不拢，树干上有好几个树疙瘩，小孩们都喜欢爬上去玩。这些大树的树冠像张开的巨大的绿伞，把整条巷都覆盖了。

河沿砌着整齐的石驳岸，隔几步有河埠头，一级级的石阶伸到水里。因为要停船靠岸，不做栏杆，从没听说人行不安全掉下河去的事。

河对面也是住家，这些人家门前就架一座木桥，跨过小河以便进出。这些人家的小桥各式各样，有的就是木梁上铺了木板，只有栏杆没有顶，有的就做得很气派，下有栏板护壁，上装有花格子窗扇，盖有瓦顶，

[1] 钮家巷，《宋平江城坊考》为蓝家巷、銮驾巷，我于 1937 年至 1951 年生活于此。

曾平 图

最外面还有门，这些就称作廊桥。我家对面的叶宅就是这样一座非常讲究的廊桥。这些廊桥上当然成为人们休息和附带做事的地方，那些修鞋的、箍桶的、修锁的皮匠、箍桶匠、锁匠就在这里揽活，因为可以遮阳避雨，日子长了就成为半固定的摊位（因为晚上要关门）。这样的廊桥整条巷子有十来座，把小河分成一段一段的。大树、廊桥、河水，石驳、石河埠，钮家巷非常漂亮和富有特色。

大树、小河、廊桥，在旧时苏州有许多这样的巷子，像大儒巷、菉葭巷、中张家巷等，在1958年以后这些小巷里的小河陆续被填没了，大树砍了，廊桥当然也拆了。现在只剩下人民路饮马桥头还有一座很小的廊桥，也不是原来的原物，是后来恢复重建的，远不是那时的风采。

在我小时候，门前的河水是很清的，常常可以见到一簇簇串条鱼在游弋，石河埠踏级上爬着螺蛳，石缝里有小虾伏着，水一动就一弓弓地窜到水底里去。河水是流动的，从西向东流淌，在河埠头上洗东西，不小心袜子、手绢就会随水漂走。水巷人家受惠于河里来往的河船，按节令送来的时鲜，船舱里用活水养着活蹦乱跳的鱼、虾，那令人难忘的一年一度的鲜嫩的莼菜和鸡头（芡实），夏天摇来一船船墨绿的西瓜，雪白的塘藕，秋风乍起满船吐着白沫的大闸蟹和硕大的田螺。冬日的小河里挤满了柴草船，家家户户垛起新的柴草垛，床铺底下也要换一换喷香的新稻草了（那时大多数苏州人家床下都铺草褥，暖和又实惠）。

小船上摇橹的都是些精壮汉子，披一件单衣露出晒黑的肌肤。年轻的船娘们总是扯开清脆的嗓子拉长调门叫卖，每样时鲜都有特定的韵味，像一首首美妙动听的民歌，老苏州们记得吗？你听："唉嗨哟，阿要西瓜来哦，西瓜来！"婉转吴音，嗲声嗲调。

2002.4.

小楼春秋

魏向东

阊门曾经是姑苏最为繁华之所在，吴趋坊则是其中一条闹中取静的小街。明代文震孟曾在此不远处筑起“药圃”，吟诗作画，栽种药草，一时风流无限。清初“药圃”归了姜实节,更名“艺圃”。直至今日,“艺圃”依旧是苏州城内品茗佳处。我对吴趋坊有些牵挂，缘于祖辈曾在此地住过。可以说我的根在那里。

祖父早岁在海轮上做事情，终年在外漂泊。虽然全家不得时时团聚，但总算辛辛苦苦撑起了一个家。日子过得比上不足，比下有余。吴趋坊的老宅就是他老人家置下的。老人家一生勤俭，他记入史册的事迹和一只咸鸭蛋有关。据说，有一次出航，轮船从上海出发到武汉，再从武汉回上海。途中祖父下饭的一只咸鸭蛋竟然没舍得吃掉，剩了一小半最后还是喂了鱼，原因是咸鸭蛋已经变质不能再吃。勤俭持家是祖辈们立身的不二法则。祖父从来不舍得买一件新衣服穿，但他却有一个心愿，再苦，也要把两个儿子培养成读书人。如果不是日本人把海轮炸了，他所有的积蓄跟着灰飞烟灭，祖父的愿望是可以实现的。

吴趋坊的小楼独门独院。开了后门就是河，沿青石台阶下去嬉水，水会荡漾开去，水痕一下就弄乱天上的白云和河头弓着的桥影。临街有古树一株，与木楼比肩而立，枝叶扶苏，好比卫兵一样守护小楼。干干净净的铺地青砖与邻居高墙的爬山虎是我对幼年岁月的记忆。薄雾氤氲的清晨，传来船家的叫卖声：“阿要买红菱，阿要买青菜……”这厢赶紧吊下一个竹篮，新鲜的果蔬便荡悠悠地上得楼来。

吴趋坊和苏州许多巷子一样，蜿蜒的小石子路起伏不平，可是晴不扬尘、雨不酥泥。雨季到来，苏州小巷分外诗意。撑一把雨伞穿过吴趋坊，遇见的一定是结着丁香一样忧愁的姑娘。轻灵如清风般飘去的身影稍纵即逝，倒是“栀子花，白兰花，茉莉花……”的叫卖声，唤醒了几回晓梦。这样的情形，我小时候有过。

祖父过了之后，父亲在老师的关照下，又勉强读了半年书，还是没能长久，才十多岁的父亲不得不学生意赚钱了。伯父则读完高中在报社谋事。弟兄俩成家后都离开了老屋，吴趋坊就我祖母独住了。我的记忆里，祖母从来不麻烦儿辈，有啥事情总是自己解决。老人家小脚，满口无锡话，哄我睡觉是这样说的：“天上星都（多），地上人都（多）”。

后来，祖母去了。伯父决意出卖老房，父亲则不同意。为此还把兄弟关系闹得很僵。父母后来自我检讨说：那时伯父经济确实拮据，三个儿子读书、长大。现在回头设身处地想一想，伯父也不容易。房子最终还是以三千元易主。

我读高中的时候，还常骑着一辆破车去看吴趋坊的小楼，就如小辈看望长辈一样。父亲有时也会念叨起小楼。他的眼神很遥远，“吴趋坊的房子，现在不知道怎么样了？好久没有路过了。”“吴趋坊南北两端的路不长，不足一里，桥却有四座。”我问:“是哪四座桥啊？”“从南到北，依次是黄鹂坊桥、灯花桥、平安桥和皋桥。”父亲又摇摇头:“现在的河水不行，我小时候的水叫清。鱼杆放下，还能钓上鱼呢。尖嘴鱼、鲇鱼、昂刺鱼、大鲫鱼……”

对木楼的真切向往，是在记忆蛰伏很久之后，被月夜下的小楼唤醒的。曾在一同学家借宿过一夜。记得那晚，三人饮酒畅谈，指点古今。那是苏州的老户人家，院中植有芭蕉数株。明月当空的时候，小楼透出莹莹灯火。空气中有青涩的树味，夜色中的小楼高峻缥缈。那晚，我觉得小楼真是世界上最有诗意的建筑。

拥有小楼是一种奢望了，有机会得一花窗吧，现实而不乏趣味。最好是乱冰梅图案的木楼花窗，或者老的、嘉道以上的并不太过花巧的花窗。据说木头即使做成家具也要百年不死。住在木房子里的人，会感觉得到木头呼吸的声音，那是有生命的房子啊。昼夜变化，四季往返，曾经明明白白地写在窗外。生活越现代，生活的细节就越见贫乏，许多情趣悄然淡化，依在沿河的窗棂吃菱角的回忆只在梦中了。

2003.5.

天井里的那口老井

老凡

我家有口井。

过去，江南一带的城镇居民几乎家家都用井水，即便住在河滩边上的，洗涤冲刷就近河中解决。吃水基本上还是离不开井水。大户人家的井，不知是如何布局的。印象中似乎花园里有一口，这大约是浇花用的；厨房里也有一口，这大约是专供饮用以及洗涮入口等物的。其他部位也有，只是从未认真关注过。故而具体如何分布，派何用途竟是一点也说不上来了。普通人家,严格地说那些属于中产阶级的人家，虽说自家也有三进四落的宅子，但花园肯定是奢侈不起的，井一般也就只有一口，吃的用的都是一只吊桶里打上来的水，没有大户人家的那么许多讲究。

至于收入有限的寻常百姓，即便自家省吃俭用地盖上了房子权作憩身之处，打眼挖井那绝对是不舍得的。现在走在尚未拓宽的弄堂里，常常能见到，弄堂和弄堂的交叉处，有时还能见到一口口公用的深井。

这叫“公井”。从前自己修不起井的人家都是从这样的井里取水作日常之用。

这些公井，有些是住在附近的乡里相邻捐多捐少不论，集资而成；也有不少是积善人家行善而成。所以，公井也常被称作为“义井”。这种井一般都修得很大，也很气派。铭文刻画，精雕细刻的井栏井台，其精致绝对不输大户人家的井。井口大，挖得又深。深的井有七八根毛竹那么深，故而水质极佳。冬暖夏凉，清冽甘甜。其形其水，远胜中产阶级一家一户中的那独井。如果老井也能算作江南文化的一部分，以我之见这些散落在弄堂口的“义井”那才是井文化之中的精华。

家中的那口井，挖在第二进的天井里。天井一共也就三米不到的进深，井口不过五十公分左右。假如，我们把横平竖直的道路比作是苏州这所城市的骨架，那么纵横交错的小河就是这所城市的血脉，在太阳的蒸发下，造就了水乡特有的氲氤景象，而这些老井却更像是人体的经穴，它把来自大地深处的清冽不断地输送给城市，造就了数千年来古城所特有的气息。很难想象，没有了这些日浅夜涌永不干涸的井水，沿承了二千五百多年的吴地文化还能不能这样完整。

天井里的那口井，井虽小，不过井台还行。整块大青石凿成的，绢光滴滑，一看就是有些年头的老货。井栏圈就不行了，花岗岩的一圈，毛毛糙糙蹲在青石板上，怎么看都是一个别扭。我一直在猜想，一定是某年某月某位老祖宗一时手头紧了，卖了原先的那个青石栏圈，换上了这么个傻头傻脑的东西，把差价套走了。

井虽一般，但水质不错，水面常年保持在地面往下两米不到。有时家中大扫除或是有其它什么事，用水超量了，眼见得井水下去了一大截。可一个晚上过后，井水自然又回复到了原来的位置。听老人说，这口井打得位置好，正好打在了泉眼上，所以水好。

从前，其实也不能算是从前，最多也就二十多年，家里人吃的水都是从这口井里打上来的。打上来的井水不能现用。先倒在水缸里，缸里再放上一些明矾。把水中的杂质游离沉淀一夜再烧开后才能食用。家里也有自来水，不过我不喝，嫌那水一股漂白粉的味，还有苦苦涩涩的口感。曾经把水送到医学院的公共卫生教研组请专家做过好多次测定，结果是这井水非但能达到饮用水优质标准，而且有害杂质和重金属的含量远远低于自来水。

现在不行了，再也没勇气喝井水了。地下水污染厉害，整个夏天井水都是臭烘烘的。虽说以前井水也有浑浊发臭的时候，可那不让人担心。那是时间长了，井底淤泥发酵所致。只要站在家门口招呼一声，请上一位淘井泥的师傅，不过半天时间就能疏浚干净。

淘井是个又脏又累还得要有技术的苦差使。淘井师傅到了井边，先对水井细细地察看究竟。有经验的淘井人知道，水井的水质变化，关键是与井边的阴沟是否淤塞，井壁是否坍塌，井底积淤是否太厚有关。察看时，犹如医生看病一样，翻翻阴沟盖看沟内通不通，看看井壁是否残缺，用竹杆插入井底试试淤泥的深浅。然后，谈好价钿，备好所需的材料，开始动手。

淘井师傅一般都是两人搭档，一位师父带一名徒弟。如果井边泄水的阴沟畅通、井壁完好、井底淤积不太严重的话，就比较容易，只要花半天时间把井水吊干，用一把特殊的夹子，把井中淤泥杂物钩清，放下一桶明矾水在井中，过上二三天，井水就能饮用了。假如阴沟不畅、井壁坍塌、井底淤积严重的话，那就要动大手术了。先要翻通阴沟，移走井圈，吊干井水，然后下到井里，清淤补壁。这时，一个人沿着井壁往下清淤打渗水，如有井壁掉砖塌陷，就要添上补好，另一个人在上面，将淤泥和渗水及时吊上井来，把修补的材料递下去。实在也算不得上是件容易的事情。

后来，有了潜水泵，事情简单得多了。只要拿几根毛竹接在一起，下到井底，把水搅搅混，然后把泵一启动，连泥带水一股脑地往马路上的大阴沟里排出就基本可以了。只是有个可惜了，就是那冰凉彻骨的井底泥没法再拢在一起了。别看这个东西黑糊糊的,这可是个好东西。记得我小时候，一种叫“痄腮”的病很流行，大约就是现在所说的小儿腮腺炎吧，我记得我的一班幼时同学伙伴几乎都有过得这病的纪录。治这个病，井泥其实是最有效的。拿些井泥往发病的部位上一敷，隔天再换一下，没几天就能痊愈。而且一点负作用也没有。很多医生都会推荐熟悉的病家选用这个方法来治。

现在夏天吃西瓜，很多人都喜欢把瓜放在冰箱里镇一下再吃。这样虽说冰凉感不错，但比之以前吊在井里镇凉的西瓜，口感却是损失太多了。究其因，一是井水温度适宜，井水常年保持 18 ~ 20 摄氏度的温度，比较适合人的感官；二是西瓜泡在水里保鲜，没有水分损失。不像放在冰箱里，时间不够，瓜瓤不凉，时间长了，瓜身脱水干萎，吃起来发木。

夏天的晚上，一家人坐在天井里纳凉。从水井中吊起一只冰凉的西瓜，全家分享，既解渴又凉爽，其乐融融。不过吃完西瓜，我还是最喜欢拿个小板凳钻到弄堂口的大公井那里去纳凉。

脱去拖鞋，把脚放在小巷的弹石上，抱膝看看被弄堂里深宅大院挤成了带状的星空。有熟悉的人不咸不淡地聊上几句，没熟悉的人，摸一下青石古井栏上一道道深陷的绳印，彷佛也能感觉到它娓娓叙说的民间风俗人情。偶尔，也会有人在这个时候还来打水。绳子轻轻一摆，吊桶扣水而下，积水而沉，然后一手一把地晃晃悠悠地将绳子拉起，临近出水，猛地换手一提。溅出吊桶的水，带着凉意裹着清风，吹在发热的身躯上。真的没有比这更惬意的了。

据说，在最鼎盛的时候，苏州方圆十里之内，竟然有万余口之多的老井。随着现在的大规模的城市改造以及生活方式不断现代化，井的功用日渐淡去，井的数量也日渐少有，这很可惜。

2005.4.

白兰花

苏文娟

白兰花，有一种含蓄的香味，有一种娴雅含蓄在里面，是温婉的味道。能够代表江南。

在很小的时候，就看到穿大襟衣服的阿婆，在街上卖白兰花，每两朵扭成一股，新鲜皎白的花朵，用一块白色的湿手帕包着，一同卖的还有茉莉花，串成一挂手珠，戴在手腕上的洁白小花朵。还有用稻草或是竹子编成的袖珍枕头笼，大小刚好放进一朵白兰花，浸透了水，用来保持花朵的新鲜。

祖母喜欢白兰花，她年轻的时候，爱做的事情便是去照相馆，穿孔雀蓝棉布旗袍，扭花大襟旗袍扣上别一朵白兰花，膝上坐着我父亲，只有三四岁，非常可爱漂亮的一个婴孩。她对花朵和所有散发芬芳气味的植物有着一种偏执的喜爱，在栀子花开的季节，大把地摘下来用清水养着。她还养香樟树的枝叶，气味清甜。

节选自《苏州我记》，2011.5.

老房子

柳袁照

我所住过的老房子，现在已经拆得差不多了。江南城里的老房子，我说的是那种苏州小巷里典型的老房子，有天井，有客堂，一进一进的。所谓一进就是一个单元，可以相对独立，有的以陪弄把它们连接在一起，有的直接串联在一起，无论哪一种形式，都给人庭院深深的感觉。

我住在老房子里的时候，老房子已不是它本来的面目。本该是一个大户人家，子孙住在一个门堂里，分散在各进各屋各厢房，至少三代、四代同堂，晨昏在一起，尊卑有序。我小的时候，就住进了本该不属于我家的老房子。我看着这一门堂里，一户户多起来，本来是共同的门厅、客堂、天井，都被隔断成为居所。一度幽静的老房子，变成大杂院。因而，我记忆中的老房子，是大杂院的样子。

老房子里的天井，曾是我的乐园。天井四周都是屋子，站在天井里，见到的只是天空一块，云彩飘过，小鸟飞过，就是风景。地上是用卵石铺就，天长地久，缝隙里长满了青苔。一到夏天，角落里就开满了鸡冠花，一丛一丛的，鸡冠一样的花，或红，或紫，或黄。还有一种花，我们叫它夜饭花，傍晚开花，一小朵一小朵的，花像猫的丑脸，随意生长，沿边沿角到处都是。花开花落，顺其自然。我母亲每年都寻一处空隙，种上几株丝瓜秧，用小竹片搭一个架子，顺势而长，长到一定程度，再插几根竹竿，丝瓜藤蔓就会顺着竹竿，跃上早已搭好的小小棚架，用不了多久，阴凉就开始铺地了。丝瓜的花是黄色的，像喇叭，花谢了丝瓜就开始一天一天长大，于是，我们的餐桌上，常常就少不了青嫩的丝瓜汤。

后来门堂子里人家多了，这些花草的地盘越来越小，到最后几乎绝迹。靠我家的一个窗下，有一棵月季花，随我一起长大。用几块砖石拦一下，就算花坛，母亲会把一些有营养的垃圾堆上去，日积月累，花坛几乎要与窗台一般高，月季花能攀越，藤蔓般爬到屋顶上，花季时，屋上屋下，窗前窗下，都是花。后来，这株月季花就成了这个天井唯一的生机了。

天井里的情趣越来越少，人家多了，生存是第一需要。两头的屋檐下架了两根粗木条，十几根竹竿就搁在上面，晴天，家家的衣服都要拿出来晾晒，人杂，矛盾也多，有时为了占据有阳光的位置，大家争抢，天刚蒙蒙亮，都在天井里忙开了。不过，更多的时候，还是和谐的，如某家没人，遇上突然刮风下雨，邻里邻居的都会主动地把别人晾晒的东西，像自家的一样收拾起来。

客堂，是公用的地方，前几进的客堂都是隔不断的，要被住在后进的人走破。老房子很难家家有厨房，一般都在客堂里做“市面”，假如客堂两边住着两户人家，那么，各自靠自己一边，一般都会放一张桌子（桌子肚下几张凳子），一口小菜橱，一只煤炉，大家烧饭、吃饭都在那里。每家买了什么？烧了什么？吃了什么？相互都是清清楚楚的。甚至，吃剩了什么，也都是一目了然的，饭桌上都有一只纱罩，把吃剩的饭菜罩在其中，既通风，又防苍蝇蚊虫。客堂也是接待客人的地方，假如是至亲，都会请进内室，一般的朋友就在客堂喝茶、聊天了。夏天一把芭蕉扇，悠闲自得，冬天，太阳斜斜地照进客堂，一把小竹椅，一杯茶，神仙似地打发时光。

老房子里，没有自来水。用水、吃水，都是用井水。十几户人家共用一口井，苏州是水乡，地下水丰沛，一年四季井水清澈。井水有冬暖夏凉的特点，冬天用井水洗菜、洗衣，如同温泉；夏天用井水洗菜、洗衣，似如冰水。酷暑吃西瓜，都是从井里捞上来，放在桌上，一刀剖开，红瓤黄瓤，咬在嘴里，冰凉清爽，这都是今天的冰箱无法可比的。家家户户，一只网兜，一根绳子，十几只西瓜都丢在井里，从不会弄错。大人记不住，小孩可精明了，谁家的网、谁家的绳，颜色、粗细，清清楚楚，都在心里。

从井里打水，也是有讲究的。吊桶放下去，靠近水面，手腕一个快捷的抖动，吊桶侧翻，一桶满满的水就打上来了。吊绳也是有讲究的，为防绳滑，需要打结，隔一段就打一个结。尽管如此，吊桶不时会被我们小孩掉入井底。有一种专捞吊桶的工具，一个铁圈，挂满铁钩，下到井底，无论怎样的吊桶，都会被捞起。一家的吊桶掉进井里了，家家的小孩欢呼雀跃，都要趴在井沿上去看看。

老房子里既没有自来水，也没有卫生间，家家户户都是用马桶。老房子的马桶是老房子里人生活的一部分，特别是老人与妇女小孩。马桶是那时新娘子陪嫁的必需品，马桶的质地、大小、款式、颜色，也很有讲究，显示着女主人的出身、家境、爱好。大男人一般不会坐马桶的，多会去厕所，离得再远也是如此。我小时候，用过马桶，长大了就不用了，不过也有例外，逼急了就会偷偷用。

老房子与老房子连在一起，就是深深幽幽的巷子。我曾住过的老房子，原本有五进。在我们家住进去之前，就拦腰割成了南北两个门堂子，我们家住在第三进，就到底了。后面两进的大门开在后面，从另一条小巷进出了。中间一堵墙，两边的人家都不知道谁是谁，老死不相来往，真有点像当年的柏林墙。不过两边各自在天井里讲话的声音还是依稀能听得见的。站到我家的一个窗台上，透过围墙能看到那边的一角，小时候，我曾经站上去过，眼光触及一位白胡子老爷爷坐在藤椅上，他也正望着我，眼光一碰，吓了我一跳，从此，再也不敢上去了。二十几年住在那里，隔着墙，几个声音从稚嫩到圆润，再到成熟，我能感觉到他们也与我一样在成长、在变化，但是从不知道他们长什么样子。许多年过去了，初中同学毕业二十年聚会，与一位女生闲聊，得悉就住在我家弄堂后面一条弄堂，再问问方位，竟与我家就一墙之隔的那一边，就是相互多少年只闻其声不见其人的人。我们那个年代男女生是不讲话的，同学几年，可能一句话都没有交谈过，直到十几年以后同学聚会了，才开始说话。

几十年前的夏天，太阳一下山，母亲就带着我们从井里打水，把一桶一桶的井水往地下泼。整个天井湿漉漉的一片，很快就干了，如此两三遍，地上就有了凉意。傍晚，小桌子会放到天井里，晚餐就在露天吃，假如，有凉风吹来，那真是享受。假如，没有风，手里摇着蒲扇，一边扇，一边赶蚊子，一边吃饭，感觉也不错。绿豆粥、山芋汤、咸菜毛豆子、薄腌西瓜皮是常食。吃罢，母亲收拾碗筷，我们就在天井里乘凉了。

天井也不大，几家都在那，每一家占据一小块地方。几块床板，拿出来，搁在那就当床。不用席子，直接睡在上面，仰卧，眼睛睁着就数天上的星星，闭目，就能静静地养神。除了木板床之外，小竹椅子，小竹凳子，团团一圈，一家人聚集在一起。早先连收音机都是奢侈物，有的人家拿出来，放在凳子上，能让大家一起收听，是一件荣耀的事。后来，有了电视机，九英寸的，夏天就会把它搬到马路上。再到后来，开始普及了，每个大杂院，都会有一两只电视机摆在露天，音乐声戏曲声，此起彼伏。一边看电视，一边被猫群干扰。家猫引来野猫，在屋顶上跑来跑去，踩着瓦片，追逐逃窜。

节选自《柳袁照散文两题》，2013.6.

水调琴弦

陈武

几年前那次，住在凤凰街一家快捷酒店，常在附近闲看看，发现一条不起眼的小河边上，是一条麻石铺的路，随河蜿蜒，临水的石缝里有几株杂草，偶尔有几级石阶通进河道水边。我走在路上，看着脚下的石板，石板上的纹和字，看着流动的河水，看着河边的白墙和灰

徐伟民　图

黑的小瓦，感觉有一种安静、恬淡和优雅的气息，那些老式的窗棂、雕花的门楼，又有一些古老和隐秘。当门窗里透出一阵琴音或清唱时，我的心会跟着琴弦、清音怦然一动。

今年年初，我又一次去苏州，去拜访《苏州杂志》的陶文瑜先生，走在通往杂志社的青石弄里，脚下是细碎的小砖铺路，一束阳光斜照下来，小巷的老宅里，一丛修竹，几棵芭蕉，阵阵花香，清风从弄堂穿过，巷子拐了个弯，拐角处的一个温婉倩影，一闪不见了。我想，要想感受苏州的气味，走一走小巷是必不可少的。如果能像俞平伯那样，再听一场昆曲，或在老式的茶馆里听一曲弹词开篇，必定又会有不同的感受。[1]

节选自《苏州好，水调旧家乡》，2014.1.

[1] 本文2013年4月28日写于北京草房。

湖边筑居

潘敏

六年前，叶弥从城里搬到太湖边的一个镇村结合地带居住。那里的不远处有烟波浩渺的太湖，也有植物肆意生长的田野。当然，现在也有工厂和成片的住宅，相比城市，那里终究清静多了。从前，人们去太湖，到洞庭东山或者西山，都会路过一个个如此大同小异的乡镇。这一个个车窗掠过的地方，是我们常常途经的乡村，平实无奇。叶弥来到这里后，写小说、种菜、种树、种花、养流浪猫，养流浪狗，过着安静直至寂寥的生活。我有时会羡慕她，但深知无法像她那样生活。我没有她那样的才华，也没有她如此强烈地热爱土地热爱动物的情怀，因此我只能安于一个小公务员的生活。

夏天来到，我站在叶弥的院落里，看叶弥种的花草、蔬菜、果树，感慨她种得如此之好。院子的东一半种花木，那些繁杂的花草三三两两在地里开着花，颜色也很繁杂。我特别喜爱那棵丁香树，干干净净的枝干，微斜的树冠，远看像绿色的云朵。这棵丁香树高过所有的花木，有点孤独的样子，四月底的时候它开过花，是白色的，可惜我没看到。树底下一只粗陶的缸，缸里开着花，红莲花，水中的花总让人觉得格外地洁净。院子的西半面种蔬菜瓜果，是叶弥的自留地。她种南瓜、冬瓜、玉米、辣椒、茄子、番茄、黄瓜、丝瓜、香菜、韭菜、豇豆……像一个真正的农夫一样，按季节栽种着。那些瓜果蔬菜看起来生机勃勃，无比茂盛。记得早春的时候我看到过那些秧苗，一棵一棵瘦伶伶的，种在干干的土里，看上去不是会被雨水淹死就会被大太阳晒死。当初我还对她种的茄子指手划脚，说她种得密了半脚。想不到现在长得这么好，就像矮小的小孩一到发育期忽然蹿高长大了。房子背后，种的是果树，有梨树，杨梅树，柿子树，枇杷树，石榴树。好像还有什么果树，忘记了。叶弥家的梨，青褐色的皮，个头不大，长得不漂亮，吃口却清甜。

那天叶弥从地里摘下八条黄瓜，又拎出一篮已经采下的番茄，还有一只青南瓜，叫我和另一个朋友拿点回家。叶弥种的黄瓜刺多得扎手，一看就是好黄瓜。我从小在菜地里长大的，对蔬菜是知根知底的。别看她种的番茄不大，但圆整，决不是点了好多药水长出来的，味道肯定鲜洁。她手扶着门边的橘树说，可惜玉米今年被风全吹倒了。她叹息的样子与其他农妇念叨收成好不好没有什么两样。

临走，叶弥叫她家的狗和猫送送我们。今年七月，叶弥又收养了四只流浪猫，加上之前收养的总共有十几只猫了。说到猫，是一个谈不下去的话题。我们劝她不要再收养了，没有这么多精力。她说我也不是特意去收养的，可在路上看到了，一点点大的猫，刚出生就被抛弃在路上，不收养它们就会死啊。

今天晚饭后，我站在九楼的窗口吃黄瓜。从叶弥家带回的黄瓜新

马平　图

鲜结实，水分充沛，吃起来脆生生的。我想起叶弥许多个小说，那些小说也是在太湖边的地上长出来的，有湖水的透明，有植物的清香，也怀有对天地万物的悲悯和对时代的握力，滋味种种，让人看了难免会发一会儿呆。

原名《她住在乡下写小说》，2014.5.

卷二

姑苏客录

曾一果

我常常暗自把苏州的船、桥、雨、巷看作是苏州的四大美人，因为她们太令人难忘了。

船

我几乎没有坐过船，我只记得我唯一次坐船是小时候父亲带我去扬州，那时还没有“二十四桥明月夜”的感觉，所以一切的印象都是一片空白，只觉得城里比我们乡下人多，还有一点记忆的大概只有平山堂里青面獠牙的四大金刚，和一个穿着僧衣的法师。那时跟着父亲，心中很害怕，但还是要偷偷地去瞧那僧人，看他虔诚地点起缭绕的香，那般神秘使我呼吸也不敢出。后来父亲就带我们去坐船，因为胞兄晕船，所以至今还记得我是曾坐过船的。

我中学时，学校在山顶上，而那叫清凉山的小山就饮着淮水，帆船整日地来往。我时常呆呆地捧着书，坐在校园后操场的一个冰凉的台阶上，默默地看帆影和铺在水中的日光。天有时是那么湛蓝，有时还有美丽的鸽子，而轮船的汽笛是那么久远地飘扬。我很羡慕那些能坐船回去的同学。在我的印象中，倚着船窗、穿过芦苇，看野鸟一只一只地扑叫着飞起，听一听那寂旷的天底下嘹亮的声音，平旷坦荡的湖中，一艘小舟，一个归家的人——背着破书包，聆听桨在水中击打的声音，那种意境是无法想象的。我的同学杨柳林就常常是这样回去的。我每次问他坐船的感觉，他只是说"太慢了，没意思"。这往往令我失望。

佚名　图

后来我到了江南，但不是坐船，有几次晚上，我和一个同学路过相门桥，我们站在桥上，竟不愿再走开。我们倚着桥栏，默默地望着河水，水和船在灯光和幻觉中摇荡，远处黑黝黝的建筑又融进了"哒哒"的船声，我的唯一的感觉是在读朱自清和俞平伯两位先生的同名散文《桨声灯影里的秦淮河》，那景色真是美极了。

江南的古镇，猛一看都很破旧，巴不得拆了才好，有些北方的同学对于此，往往大失所望，说山清水秀的江南，原不过如此耳。其实再仔细一欣赏，古色玲珑的瓦脊精雕细凿的镂空，很是耐人寻味。而那小船泊在静静的两巷间的绿波上，装上货物，慢慢地摇荡，要是在夜里，清脆的桨击打水的叮当声响，响彻寂静的空巷，那是多么地富有情调。

“人人尽说江南好，游人只合江南老。春水碧于天，画船听雨眠，垆边人似月，皓腕凝霜雪，未老莫还乡，还乡须断肠。”

江南，没有了雨，便少了妩媚；没有了青砖白墙，便没有了色彩；而这船是江南的宠物，无论是在宽阔的水面还是在狭小的水道上，只要有了船，这静静的画面就有了灵动。我有时真想自己拥有一只船，一个人划在小巷中，划在枫桥边，要是下雪更好，茫茫的江面，听笛声和古钟，雪花在伴舞，有什么忧愁不可以忘记呢?

桥

说到桥，我不禁想起卞之琳先生的名作《断章》:“你站在桥上看风景，看风景的人在楼上看你。明月装饰了你的窗子，你装饰了别人的梦。”我想这首优美的片章里的桥肯定是写江南的桥。因为只有在江南你才能见到这样的风景：一个人站在桥边，一个人临窗而立。苏州的建筑大多临河而筑，铺在水中的是石块和石阶，暗白的墙上是红得发黑的褐色木窗，窗子上是已经灰白色的明瓦，房子一般是两层，后窗对着河水，幽深带着古味，我没有站在那样的窗下眺望的经历，但我想那情景该是怡人的。

张晓飞　图

站在幽暗的窗下，看一条船慢慢地从你身边划过，驶向那桥洞，或许那桥上真有一个少女，手拿着紫色的花伞，着一身粉红的衣裳。

我第一次怀着幽梦到江南时，我最惊奇的不是苏州的水，而是她的各色各样的桥，是那么多、那么美。在我的故乡，也有碧波荡漾的湖水，但是大多没有桥和船，所以空荡荡的，到了冬天就显得有些苍茫和空荡。到了苏州以后我才知道，天下还有这么多美丽的桥。苏州的桥多得叫你没法数，大大小小的铺在河道上，我都不知道到现在我已走过了多少桥，这些桥都叫什么名字。

苏州有的桥名字很好听，听了一遍就忘不了，我要去宝带桥就是因听了她的名字。那时还在读本科，而且那一天是中秋，站在宿舍的窗口就可以望到圆圆的月儿，所以很想家。有同学邀去宝带桥，觉得那名字真是好听，于是就一起去了，同去的有十几个人，很热闹。我们是骑车去的，浩浩荡荡的，宝带桥离大学有几十里，骑到那儿人已没劲了，但一见到遥远的铺在水中的桥影，我的兴致又来了。说实话，那天如果不是人太多了，宝带桥真的很美，朦朦胧胧地见到一个一个弧形的桥孔连环铺在水中，和水中的另一半形成了一个个优美的圆，亮晶晶地摇晃着，真是美极了。而且宝带桥周围的水面很开阔，很像故乡的水，所以心中渐渐产生了想念。只是人太多了，我想要是没有人的时候该是多好。

苏州好多的风景大多是这样，人占据了风景，风景失去了地盘。我在大学的时候，班级里组织去周庄，风景本来是很好的，可人太多了，人围着人，人看着人，真是大煞风景，我本想看看陈逸飞先生画中的双桥，但无数的人站在上面，令我望而生畏，所以顿时没有了兴致。但想想自己何尝不是凑热闹的人？后来走到一个地方，看到无数的美校学生坐在地上画画，感到无限的羡慕，觉得只有他们能在热闹中寻出真正的美，能在热闹中保持着寂静，生活中又何尝不是，如果能在嘈杂的凡世里，独守一份宁静，那该是上佳的风景了。而我却永远不能，为什么？为了生活，我只能这么说。

雨

江南是雨的故乡，雨在这里变得那么多情，那么缠绵。我过完了大学四年后才长长出了口气，我终于要和这多情的雨拜拜了。但不幸现在又要和它相伴三年，我并不喜欢下雨，而苏州几乎天天下雨，没完没了地下，被子是湿的、屋子是湿的、天空是湿的。读研究生的第一年更是这样，外地的同学都不习惯，我的室友是山东的，他常常说："我到苏州才知道什么是雨。"我不喜欢下雨，实在是因为下雨太麻烦，连书里都是湿的，北方人大概看不惯苏童、叶兆言书里散发出的霉变的湿气，但那确实就是江南，或者更准确地说那就是苏州。

但没有事的时候，坐在窗下，听雨、或看雨中的风景、或走在雨中，那是一件很宜人的事。大学的文科楼是我考研相依为命的地方，我常常孤身一人蜷缩在文科楼的一隅看那些枯燥的书。太寂寞了，就打开窗户，看一看窗外的风景，要是下雨天，会有无数的花伞从那小道上穿过，有红的、黄的、绿的、蓝的、棕色的……像朵朵的睡莲盛开着、漂移着。犹如印象派绘画大师莫奈的名画《睡莲》里的情调，我喜欢坐在那儿静静地凝视，那些在雨中急行或缓走的人群，觉得那太像人生了，每一把花伞似乎就象征着一个流动的人生。我很喜欢印象派的绘画，那种朦朦胧胧的色彩和情调。坐在那儿还可以听一听钟声——

从远处的钟楼传来，钟楼是苏大的象征，是一座很美的美式建筑，已有近百年的历史；碧绿的树叶上有时会有清脆的雨滴落下，被风吹着，穿过窗户，落到你的额上。雪白的白玉兰、绯红的桃花、鸟鸣声和雨滴声都融在一起。

因为常下雨，所以晚上睡不着，就把头枕在枕上听雨声和远处的船声，渐渐地也就进入了梦乡。

"帘外雨潺潺，春意阑珊……""这是江南。"我在梦里也会这么说。

巷

我把苏州的巷子分两种：一种是水巷，一种是陆巷。水巷是水从临河而筑的房子间穿过，水巷的特点是对称，屋子是两层的，房子的风格很雷同，青砖白墙，许多石阶朝水里铺去，留在岸上的也长满了青苔，现在很多画上的江南巷子，多是水巷。这种雷同的风格会使你感到有些厌倦，但这风格给我的感觉却是平正、古典的。我喜欢站在桥上看她那种宁静的美，房子的倒影铺在水中，摇曳着。我希望我能拥有一条船，亲自在那狭窄的水巷里前行，但我没有熟人，又囊中羞涩，雇不起船，只好常常呆呆地临河而立。

陆巷倒可以常走走，我在大学时，常常和我的室友，在下课后的傍晚，去钻那小巷。陆巷的特点是曲折幽深，曲折表明她是散乱不对称的，的确，左一弯右一弯的，到最后你就不知道到哪里了。两边只有暗白的院墙，墙的上空是一线狭长的碧空，蔷薇花会从地上一簇一簇地朝上滋生。我的那位山东的同学，有一次和我出去，我们俩逛了几个巷子以后他就不知道东南西北了，我一会儿就把他从空荡的巷子带到热闹非凡的大街上。他很惊奇地问:“你是怎么摸出来的？”我告诉他苏州的巷子大多是相通的,无论她如何的曲折幽深,只要你走下去,总能摸出来。不过我的方向感大概确实不错，即使在最曲折的巷子里，我也能凭直觉知道它的方向。

走在这些巷子里很有意思，苏州的旧巷大多年代久远，所以有很多你意想不到的古迹，很普通的居民就可能住在一座明朝的房子里。大学后门的甲辰巷里的那座砖塔，可能谁也不注意它已立在那儿几百年了，它比周围的任何一处建筑都矮，但却比四周任何一处建筑都有意味。苏州的院子都很深，但从外面却看不出来，我有一次从外面看，就想那墙里能有什么东西？后来进去了一次，才大大领略了“庭院深深深几许”的风姿。

我客居在苏州已好几年了，苏州的确和别处不一样，她太古老了，古老得有点龙钟；但她又太迷人了——因为她的船、她的桥、她的雨、她的巷……她的一切。

1999.5.

吃肉和尚

宣树铮

小时候,我们兄弟姐妹在家各有诨名,我的诨名是“吃肉和尚”——喜欢吃肉，加之总剃个光朗朗和尚头。据说有一回在幼稚园里我还自告奋勇地讲故事,故事是:今天中饭我吃了三块肉。于是第一块肉如何,第二块肉如何，第三块肉又如何，作了一番描述，讲得栩栩如生。

“吃肉和尚”这顶帽子我一直戴到八岁。八岁那年阴历六月，好婆吃六月素斋。清人袁学澜在《吴郡岁华纪丽》中说:“三伏烈日炎蒸,易感痧暑，食宜淡泊，薄滋味，凡腥膻肥腻食品，咸屏除弗御。吴俗,男妇都清斋素食,一月方复荤,谓全月素。”好婆吃的就是这“全月素”。一天下午，午梦醒来，我们当时住在一条备弄深处，市声不到，和拙政园只隔几道墙，蝉唱飞来，洒下一片幽静，在这幽静中，一两个苍蝇正营营苦吟。传来了轻轻的敲门声，我去开门，门口站着一个圆脸白净的小尼姑，灰袍长袖，光头上香洞隐约，左手提着上下两格的朱漆罩篮。我慌忙叫姐姐，姐姐又慌忙叫好婆。好婆出来，叫她小师太,请她进客堂。

小师太和好婆说话，声音细细的，像是从一炷香上袅袅而出的轻烟。后来小师太打开罩篮盖，上格里青边细瓷，四个碟子，装着素鸡、糟黄豆芽、花生、焐酥发芽豆。小师太将它们一一取出，再卸下上格，下格里一式青边细瓷两碗菜，一碗是素什锦：香菇、油面筋、豆腐干、茭白、木耳……妆点出一幅图案；一碗是翠白的芹菜干丝。

好婆请小师太稍坐，说是去取碗碟来折。小师太坐着，轻扇袍袖，我递给她蒲扇，她罢手："自己扇吧。"她看了看我的光头，问道："你叫什么名字？"我还没有顾上回答，姐姐竟叽喳一声："叫吃肉和尚！"平时姐姐这么说，即使对外人，我也从不在乎，但这一回我竟勃然大怒起来，举起扇子就向姐姐打去。小师太赶紧起袍袖一隔，将我们分开，说道："不可以这样的，不可以这样的。"好婆取来碗碟，折过菜，给了小师太钱。小师太念了几声"观世音菩萨"，一边将光洁的青边细瓷碗碟重又装入罩篮，拾掇好，就起身告辞，顺手摸了摸我的和尚头，袍袖里散出只有在佛堂里才能闻到的幽香。

这几样菜当晚就吃了个精光。都说好吃，吃着这些菜，仿佛走进了另一个世界。听好婆说这小师太是药师庵里的。好婆吃斋前到药师庵烧过香。药师庵的当家师太烧得一手好素斋，常是让小师太给"施主"上门送菜，提篮化缘。

那天吃完晚饭，我就当众宣布：不准再叫我"吃肉和尚"了，因为我觉得素菜比肉好吃，以后要吃素了。

小学毕业那年，我在药师庵所在的小巷里见到了小师太，她正从乌黑的门洞里出来，像是夜空里涌出的一轮明月，她留起了短发，穿着豆绿的短袖衫。药师庵已成了毛巾厂，时而传出轧轧的机杼声。

在后来的岁月中，我对素斋始终怀着一份柔情与期待，也曾在名山大刹吃过素斋，也光顾过“功德林”，但每次品尝下来总感到失望，哪及得上小师太的朱漆罩篮！

2009.3.

黄梅时节

叶正亭

入梅了！

黄梅是江南特有的季节，在每年的初夏，六七月份。入梅之日每每与“夏至”在差不多的时间里。

孩提时，总觉得黄梅天的“梅”字，应该是发霉的“霉”。

黄梅天的特点就是黄梅雨，“雨打黄梅头，四五十天无日头”。那雨，说来就来，说走就走，说大就大，说小就小，来无踪，去无影。有时候在一天时间里，忽而出会儿太阳，忽而下阵子雨，来来回回折腾；有时候出着太阳又下着雨，打把雨伞能“两用”。苏州人只要见到边出太阳边落雨的景象，便会随口嘀咕一句：“赛过黄梅天哉。”

旧时的粉墙黛瓦，远观是诗意而入画的，真正住在里面过日子却并不好受。特别是黄梅天，老屋的四壁都出着汗，方砖或水门汀的铺地汪着水。淫雨绵绵，老屋还会漏，那水浸透小瓦、漫过望砖，就“滴答滴答”往下落，于是，锅碗瓢盆齐上阵，昏暗的屋子里，雨声“叮咚”

作响，大人手忙脚乱，小孩咋咋呼呼。黄梅天老屋里好不热闹！

梅雨时节，温度高，湿度大，霉菌大量繁殖。凡淋过梅雨的衣服如不及时清洗，就会生霉斑。白天，大人上班，小孩读书，洗好的衣服是断然不敢拿到屋外去的，于是屋子里到处都晾着晒不干的衣裤。身上穿着的也是有点粘乎乎的。这时节，家里的书橱、衣柜要尽量少开。大人们还不断提醒孩子，钻到床底下或是哪个旮旯里，看看有没有什么平时掉落的破袜子、旧手帕之类，如有，拎出来一看，准是一片绿莹莹的霉花花。

“小暑一声雷，七七四十九日倒黄梅”。倒黄梅，意味着黄梅天重来。因此，到小暑这一天，大人小孩都会在心里默默祈盼着：可千万不要打雷呀！小时侯，真的是很怕黄梅天的。

再说说黄梅的富有诗意。宋代贺铸因为在《青玉案》中留下了“一川烟草，满城风絮，梅子黄时雨”，而被后人称为“贺梅子”。

黄梅者，梅子泛黄成熟也。早春，那寒冬过后的第一花——梅花烂漫开放，将人带进一片“香雪海”的境界。好象就在昨天，但一转眼，那一朵朵动人的小花已结出了一枚枚诱人的果实。于是，果农披着梅雨，背了竹篓上山采摘梅子，把欢笑与丰收一起带回家中。梅子通过腌制，可做成青梅、话梅、梅浆等。

黄梅时节，也正是我的故乡——洞庭东山的杨梅成熟采摘时。“夏至杨梅漫山红”。大概因为杨梅在诸小水果中是最不易存放的，又逢梅雨，如被淋过，两三天就会发霉。所以杨梅汛里，东山果农们都特别积极地邀请城里的亲戚去山上“吃杨梅”。亲戚说没空，他们又会不厌其烦地挑着担，乘长途汽车，把杨梅挑进城，送上门。我在读中学时，就曾去东山吃过一二回杨梅。那时东山还没有修盘山公路，我家亲戚又住在山的背面，俗称后山，去那儿，要爬山，要经过“响水涧”，还要爬过“二十四弯斗”。好不容易到了亲戚家，已是吃午饭的时候了，饭后稍坐片刻，喝点茶，就得赶紧往回赶，要去赶末班汽车。

“吃杨梅”是假，关键是来拿杨梅的。我有个远房表兄叫新兴，个头不高，一脸憨厚。每次我们去，总由他送行。他挑着满满一担，前后各两大勾篮，不言不语，走路疾步如飞。我和二哥空着手，紧追快赶，还是奔得大汗淋漓，脸色煞白。山路本就难走，加上这天，闷热难耐，那雨，伴着太阳，大一阵，小一阵。雨实在大了，新兴就找一个山间凉亭，让我们在那里暂歇避雨。他自己虽是神不慌，气不喘，但上身衣衫也早已湿透，只是分不清那是汗水还是雨水……

黄梅时节，最适宜江南水生植物生长。忽晴忽雨的天气，那根植于水中的莲藕、鸡头还能不乐疯吗？满池的荷叶挺举着、摇曳着，满塘的鸡头叶也象着了魔似地膨胀着，最大的叶片象一张小圆台，足以坐上一个孩子。淅淅沥沥的梅雨轻轻落在叶面上，滚聚成一颗颗水晶珠。轻风拂来，叶儿摇摆，水晶珠趁势跌进水中，与蛙声汇成一片。

江南的鱼虾，梅雨时节最肥壮，特别是河虾。

2003.4.

五月石榴照眼明——童年在苏州

艾雯

在茉莉、栀子、白兰花的芬芳里，故乡的初夏来临了。静悄悄地，像猫咪软绵绵的脚步，一脚一脚柔柔地踩过小桥流水，幽巷人家，跨进森严墙门，深深的庭院，踏上沉沉寂寂的长廊。

夏天是香喷喷的花和淌着鲜甜汁液的水果；夏天的夜晚有萤火虫提着一盏盏绿幽幽的小灯；夏天的一切都变得悠悠忽忽的，太阳照很久很久，白天里好长好长，时间走得很慢很慢，孩子们变得斯斯文文的——就怕汗水浸得痱子扎人。

吃过立夏的“柳条烧饼”，人似乎越来越轻飘飘的。身上夹的厚的衣服就像玉蜀黍剥壳一样，一层一层地剥掉。早起晚睡再也不用费时去扣那么些“结葛罗多”的布纽扣了。我喜欢看父亲换穿上一身雪白耀眼的纺绸衫裤，外罩一袭鸽灰色绸长袍，颀长清癯，书卷气很重的他，显得格外潇洒飘逸。我喜欢看外婆和母亲穿上绉纱、罗纺、湖绸什么的，齐腰圆角、短衫宽袖、通纱长裙，那淡雅明净的颜色，轻盈摇曳的裙裾，身上散发出幽幽的花香，觉得月份牌上的美女也不过如此。我也喜欢看老阿妈穿着浆洗得洁白挺括的粗夏布短衫，宽宽爽爽的，套在身上有点像罩了个纱罩，走起路来悉悉索索，用不着见到人就知道谁来了。

曾平　图

换季的不光是人，客厅里的太师椅脱下了红呢椅披和垫子，露出光滑精致的红木，雕花的靠背上镶嵌着大理石，坐上去冰凉冰凉的，好舒服呢！呢的、夹的门帘换下来，替之上细竹篾编制的竹帘，看出去隐隐约约的，平添了几分神秘的气氛。尤其是廊上朝东的那一排，每天阳光把树影画在竹帘上，影影绰绰，疏落有致，比父亲画在宣纸上的淡墨花卉更加写意……

小时候画太阳，总是拈一支红的或金黄的蜡笔，先在纸上涂一个圆，然后绕着周围划上一条条长长短短的直线，表示辐射出来的光和热。每当鲜艳耀眼的石榴花盛开时，我总怀疑它不是一朵朵慢慢开放，而就是太阳上那一根根火棒给点燃的，亮灼灼的一朵朵小火焰似地燃烧在枝头，去摘一朵准会烫手——不过我摘茉莉，摘栀子，从来不忍心摘石榴花。想想看：一朵花一只石榴，那里面密密麻麻地该蕴藏了多少颗透明玲珑的白水晶、紫水晶、红宝石？我一直都想拿来镶成戒指，串成项链、缀成手镯……可是却经不起手指轻轻一压，化作一滴甜汁。

大人说石榴是吉祥果子，象征着多子多孙多福祉。每个新娘子的嫁妆里总有一二条绣满石榴的百褶裙。记得我家隔壁的金宝姐就是专门刺绣这些的。

母亲很少绣花，却也有一本布面竹纸的夹线簿，平时收在红木大橱里，一年只有几天她慷慨地搬出来让我挑选，那准是快过端午节了，与这一起的还有一堆鲜艳的零碎绸缎，亮亮的水银珠子、香料、羽毛……纯粹属于女孩子费心弄巧的日子。把厚纸裁成条状，折成“粽子”，或剪成铜板大小的圆片，用一根根丝线缠绕出美丽的图案；二小块方方的缎子拼成一枚玲珑的鸡心，三小块彩缎加一小撮鸭绒，做一个神采奕奕的老虎头。还有扇子、桃子形状的香包，洋线钩结的樟脑网串……盼望着端午节那天，就像喜事人家张灯结彩似的，在胸前叮叮当当挂满一串串粽子、鸡心、老虎头、香袋和樟脑网等，身上穿着印有五毒（蝎子、黄蜂、蜈蚣、蛇、癞蛤蟆）的短衫裤，额角上亮着一个黄澄澄的“王”字，手执菖蒲宝剑，全副“辟邪降妖”装备煞有介事，而雄黄酒的滋味却不太好受，在大人硬捱下总要抿一口，火辣辣地直冲脑门……据说神话《白蛇传》里那个修炼得道的白娘娘，就是喝了一杯雄黄酒才现出原形的，别提有多厉害了。还有客厅里挂着的那幅钟馗画像，一脸毛毵毵的，两手抓着个小鬼正在啃，模样好可怕的。

端午节时，新箬叶裹的糯米粽，浇上两匙稠稠的玫瑰酱（自制），香喷喷红白相映，看着都让人咽口涎，别说吃时好滋味了。刚上市的洞庭山白沙枇杷，薄薄的皮从脐底就像几瓣花瓣般轻轻撕开，鲜甜的汁液顺着指尖流溢下来。尽管都说“吃了端午粽，还要冻三冻”，但端午过后却又忙着张罗夏天消暑的饮料了。有说过了五月的太阳有“热毒”，又说小囡身体内都有“三把火”，不早喝一些解暑的饮料，一个夏天疮疮疖疖有得生哩。这一下就差点没把中药铺搬到家里来啦，一扎扎枯枝似的“青篙”，一簇簇晒干的小喇叭花称“金银花”，一支支手指般粗细的“芦根”，一段段有黑须须的“藕节”，还有粉粉的“绿叶散”“绿豆青”等，熬的熬，泡的泡，有的甜甜带点清香蛮好喝的，有的却颜色和味道都像中药，好难喝！我最喜欢喝的是“花露”，那是每年春天委托药店收购鲜花时配制的，有蔷薇、玫瑰、金银花，或百花混合型，经过蒸馏一滴一滴汽化，聚积成清澈晶莹的花露，收藏在透明的大玻璃瓶里，喝时倒上浅浅一小杯，啜一口沁洌心脾，喝过更是口齿留香。

街头巷尾也出现了一座座小小的白木茶亭，高高的四只腿，罩着笠帽似的顶盖，中间搁着一大桶凉茶，还有一支水杓及二三只茶杯，这都是乐善好施的人家免费为大众提供方便的，眼看在火炉似的大太阳底下，那些晒得焦头烂额的黄包车夫、挑担子的苦力、做小生意的，停下来仰着脖子豪饮一番，好不痛快！也有人在茶亭旁贴张小条子“施送济众水”，小小一瓶，都是救急良药，有人中暑晕倒，灌一瓶下去还很管用。待天慢慢黑下来，行人渐渐稀少了，茶桶也喝干了……可第二天一清早，又见装得满满的一桶，仿佛是一泓取之不尽汲之不竭的甘泉。

知了在树上拉长了喉咙一叫，准是进入伏天了。外婆才从收藏食物的石灰甏里取出一块硬邦邦的麦芽糖饼，一歇工夫就在碟子里炀成稠黏黏的一堆；就连插着的蜡烛，也会变成像糯米粉制的条头糕一样，弯弯扭扭再也挺不直了；桌椅墙壁都开始热烘烘起来，诸葛亮的鹅毛扇，济公活佛的大蒲扇、画中美女的宫扇、檀香扇等，各式各样，也扇不散那阵阵燠热，扇不走那缭绕的蝉鸣……

我一直不明白，那知了小小的身躯，为什么竟会发出那么响亮的声音，而且叫个不停呢？在它们的聒噪下，唤来了最受孩子们欢迎的卖西瓜小贩，西瓜由乡下人撑着小船从滨河里运进城来，然后由穿一身黑香云纱衫，敞胸背心，脚蹬一双镂空草鞋的人统揽包下，挨家挨户进行兜售，他们像《封神榜》里的托塔李天王一样：一手高高托着一只绿沉沉、圆滚滚的西瓜，穿堂入户，跨过一道道门槛，嘴里一路“老太太”“少奶奶”地喊进来——“西瓜来哉！真正三白蝴蝶瓤，只只包甜，勿甜退铜钿噢！”买西瓜就像买稻草一样是桩大事体，动员了外婆、姆妈和老阿妈，自然少不了爱凑热闹的我。墙门间里吊起了可以秤人的大秤，要两个人才能扛起一箩筐，约头两百斤西瓜都堆在内厅的天然几底下，仿佛方砖地上冒出来了一座翡翠山。

炎夏的午后，总会让我想起“睡城的故事”，那个小公主碰了一下使过咒语的魔锤，立刻全城都沉沉睡去。大人们有的睡在檀木的香妃榻上，有的睡在冰凉的竹榻上，打开二门觑一眼，墙门间的长凳上，照墙的荫蔽下，也有人盖着笠帽，倚着扁担在“打瞌睡”，连猫咪都伸长了四肢，肚皮贴着方砖睡得好沉……整个周围只有我和知了还醒着。我不是偷着从书橱里抽出一本《聊斋》或《儒林外史》什么的，躺在竹榻上“囫囵吞枣”，就是悄悄地坐在高门槛上，仰望天井里那一树梧桐，阳光透过叶隙，好像撒下大把擦亮的光绪通宝铜钱，闪闪烁烁，看得眼花却是抓不着。知了这时叫得也累了，长长的尾音在热气中慢慢蒸发，偶而也会戛然中止。

太阳滑下树梢，又经过那株长不大的黄杨木，终于蜗牛般慢吞吞地爬上了书房的窗格子。没有错是下午三点该“起瓜”了！

对于好奇的孩童，大人偏偏定了许许多多的禁例，比如不许单独去井边就是其中之一。那口青石栏圈白木盖的水井，像所有不许触摸的事物一样，总有些特别的神秘感，那样幽邃，那样深不可测，也许老得已有100岁、1000岁了吧，谁知道底下除了汲之不尽的清泉外，还会有什么？我半蹲半跪地扶着井栏圈，只等大人一打开白木井盖，先享受那股冲上来的凉气，凉嗖嗖地拂在脸上，一瞬间汗也干了，痱子也不痒了，比什么都舒服……忽然平静的水面泛起波澜，蓦地，一个圆滚滚物体冒出水面腾空而起，我连忙帮着收提绳索，解开包袱：好大一只冰凉激淋的大西瓜呵！经过六七个小时的冷浸，西瓜更加绿得鲜明透亮了，刀锋刚挨上去，瓜就哔啪爆开了，露出嫩嫩的黄瓤、宝石般的瓜籽……

夏天的白昼热得难受，但夏夜却是最美丽而可爱的，一阵阵凉风送来一阵阵花香，一家人悠闲地围坐在院里“乘风凉”，头上是满天繁星闪闪烁烁，身畔是点点萤火忽明忽灭，一个故事串起一个故事，就像滴滴甘霖，涓涓清泉，润泽着我辈小心灵……困了，带着亲情和满足，朦朦胧胧偎在母亲身畔睡去，梦里还是数不清的星星，开不完的石榴红；幽邃的古井里，冒出了一个个翠绿……就这么着，一个个长长的白昼接着一个个美丽的星夜。凤仙花染红的指甲渐渐褪色了，茉莉花香淡散了，蝉声渐也沉寂了，扇子搁到了一边，竹榻感觉凉得生寒了，外婆买来的百合入了甏，井里除了吊桶打水七上八下外，再也见不到绿幽幽的西瓜了。我又坐在高门槛上仰望着，只等着一树梧桐叶变作弯弯的小船，载着秋天的到来……

2005.3.

旧丝绸

苏文娟

张爱玲也说，陈丝如烂草。她用祖母的旧丝绸被面做了一条裙子，米色薄绸上撒淡墨点，隐着暗紫凤凰，很有画意，她穿着这条丝绸裙子和影星李香兰合影，虽是坐着，风头也盖过她了，不知道是因为那个心不在焉的身形还是那段印满回忆的料子。

丝绸真正穿旧以后，光泽不再，可是柔软细腻，有一种冷暖自知的体恤在里面，旧的丝绸睡衣，越穿越舒适，外人看着如同烂草，它的好，只有自己知道。

节选自《苏州我记》，2011.5.

游园惊梦

曾一果

哥哥曾写过一篇回忆江南的文章，提及我和他在耦园碰到一个美丽的少女事情。其实他记错了。那个园林不是耦园，耦园在苏州城的北面，我们那天去的是沧浪亭，碰到的红衣少女是浙江绍兴人。

苏州的园林我大部分都游历过，有些园林去过好多次。读大学时候学校每年都要发三张园林券，来同学便带他们到各个园林转悠，周末自己也会和几个同学去逛园林。可惜那时没有女朋友，在园林里拍的照片也大多是和几个男生，心里总觉得有点不是滋味。所以我虽然很喜欢苏州园林，但却很少写有关园林的文章，除了觉得写的人太多，大概也和自己的落寞青春有关。

江南的园林向来婉约，沧浪亭似乎有点与众不同，它的名字有点阳刚的气势，“沧浪”二字足以让人想起还在野蛮时代的江南，古代的江南，野蛮而好战，我喜欢沧浪亭或许仅仅是它的名字，它令人怀古。我喜欢沧浪亭也或是因为它的墙外有一片很开阔的水面，看起来有点自然的味道，如果游人要拍照片，从外面取景更好。里面的景色自然也不错，虽然里面也有很多文人题词和假山亭台，但是和拙政园、留园相比，沧浪亭还是多了点野气，也如朱文颖在她的小说《水姻缘》里描述的那样，多了点杀气。但就沧浪二字就足以显现这种温柔中的杀机，再加园子外开阔的水面，真有点秋风萧瑟的味道。

而且苏州，无论是网师园、还是拙政园，大多深藏在巷子里，很内敛，唯有沧浪亭老远就可以看到，沧浪亭的性格是外显的，这种外露锋芒的性格从它的建筑也可以看出来，其他园林的建筑都由纯粹传统的建筑组成，假山亭台，无不是这样，但是沧浪亭却不同，它的里面还有一个罗马式建筑，那就是现在的颜文梁纪念馆。陈丹燕在她的《上海的风花雪月》专门一篇题为“颜文梁的客厅”的文章，写颜文梁从巴黎带回来一万多册美术书和五百多具石膏复制品，就存在当时的苏州美术专科学校，这个学校就在沧浪亭里，石膏复制品已经被战争和“文化大革命”销毁，但苏州美专的遗址还在，不过改了名，现在是颜文梁纪念馆，它是那种典型的罗马建筑，高大气派，有宏伟的罗马式圆形大柱，和周围中国传统园林放在一起，似乎并不协调，但却自成特色。进纪念馆要踏上好几个台阶，纪念馆分两层，一楼介绍颜文梁生平，二楼就展出颜文梁的作品，在二楼我看到了颜文梁获奖的水彩画《厨房》，画得确实很精湛。

沧浪亭的门票也比较便宜，即使不用学校的园林券，那时只要七块钱就可以买到一张，所以去的次数很多。我和几个同学往往先是在人民路的一家叫蓝色书店里看会儿书，然后再到沧浪亭去游玩。沧浪亭不大，一个下午就可以参观完，还可以赶回到学校吃晚饭。带哥哥去的那天是个四月的下午。阳光很好。沧浪亭门外的水面波光粼粼的，很是迷人。我们先在外面转了一圈，然后买票进了园林。

逛过很多园林，可叫我说说每个园林到底有什么不同，真的说不上，有时觉得每个园林都差不多，只不过拙政园大气点，留园精致点，网师园小巧点。但要具体说说其中的味道，真的说不上，只是觉得走在园林里，离开了人群，融入了自然和建筑中，比较舒心。我逛园林，并不太注意那些有名的景点，凡是觉得可以的地方，我就多看两眼，也不太记那些碑文，苏州园林里的碑文和题词太多，记住了也没有多大意思，我喜欢的是在园林里随处都见到各种自然或者塑造的景色，不像街道上，总是有些地方让你舒服，有的地方让你蹙眉。

就在那个下午，我们碰到了那个浙江少女，她真是典型的江南美女，迈着款款的步子，一身红衣裳，有点像从陈逸飞的画中走下来，神情很天真，她似乎只有一个人，手里拎着很时髦的黑包。我们不知怎么和她说了话，知道了她是浙江绍兴人，一个人没事专门到苏州来游玩。她给人感觉很特别，仿佛她就属于这个园林，她一走进园林，就和园林的一切都融在一起，构成了一幅我一生中再也见不到的图景，而我们都成了园林里多余的人。

后来不知如何，大家就分手了，她走时的样子我也记不得了，现在只记得她穿的是一身红色衣裳。那次去游玩，我们没带相机，没能和她合张照片。

所以一切只能说像梦一样，有点不真实。或许哥哥说是在耦园见到那个红衣少女是对的，或许我们根本就没有见过红衣少女，只是在德加的印象派绘画，或者是安格尔古典主义绘画里见到过。

节选自《游园惊梦》，2010.5.

听雨平江路

许宗祺

平江路上有许多历尽沧桑的千年古桥、百年牌坊和名人故居，斑斑点点都遗留着历史的痕迹。我走在那远古时期留下的青石板上，似乎能和古人心有灵犀，用手指轻拂路边小屋墙上的石块，我仿佛能够感受到古人留下的体温，它是那样地亲切，是那样地让人想溶入其中。

曲里拐弯的老街无声地向前蜿蜒着，顾颉刚的寓所“宝树园”就坐落在平江路一条幽静的小巷里。

淅淅沥沥，江南的夜雨说来就来。在夜雨中与友人闲谈，人也会轻声细语；在夜雨中专心攻读，身心会超常的熨贴；在夜雨中思念友人，会思念到立刻寻笔写信；在夜雨中挑灯作文，文字也会变得滋润蕴藉。老街转角处那昏黄的街灯照着稠密的雨雾，你能够看到的东西很少，却又似乎看得很远。

江南雨顿时转换成河中更密的涟漪。在茶香的氤氲里，听雨声变换，看河面碎映着的对岸老屋稀疏的灯光，忆起姜夔的词，“商略黄昏雨”。

这雨好像不是下的，而是纺的、吐的。雨在空中，纺的纱就向下；雾在地面，吐的丝就朝上。无论是纺的纱还是吐的丝，都淅淅沥沥，缠缠绵绵。一手牵着雨，一手捻着雾，捻着牵着，天和地就粘在一起了。

夜行的人张开了伞，顶着，撑着，天和地才没有合起来。雨簌簌地下，伞面上就闪烁起一圈又一圈蝉翼般的水雾，一直晕到平江路这张“宣纸”上。此时再看景，景就洇了；再看雨，雨就虚了；再看人，人就化了。景是洇在雨里的，雨是虚到人里的，人是化进景里的。一切都成了涳濛，涳濛得平江路的街色景物都从伞沿流下来了，一切都化为了缥缈，缥缈得平江路老街和小河都从睫毛里滴下来了。

风从远处吹来，吹得伞斜了，柳斜了，雨斜了，整个老街都斜了。夜雨中的平江路斜成了一幅游客手里欣赏着的水墨画。

原名《道古听雨平江路》，2014.4.

梅花香，橘花香不香

赵践

我现在真的是糊涂了：梅花香，橘花到底香也不香?

虽然长在同一座山上，树枝少不了还互相交叉，但一花开在春头，一花开在春尾，前后相差两三个月，竟似是两个季节的花。它们不相遇，也就无从作比。要不是那日进到山坞，路边山涧中有一堆堆白色的花瓣随着流水下来。

梅的季节早已过去，还有什么花能像梅一样落得满世界都是？要寻找答案只有随着山涧走。落花渐渐增多，山路都染白了，连带路边的茶丛，也盖了雪似的。半山腰里一片深色的橘林出现了，纷纷扬扬的花瓣正是从橘林飘来的，竟是橘花。

从来不知道橘的落花会像梅一样凄美、激情，义无返顾，此情此景竟至比看梅更令我们震动，因为说实在的，对于橘，不要说落花，甚至连开花我们也没有看过。

在橘林里找到仍在树端绽放的一枚花，认真地看一看:橘一色纯白，不像梅花白得含粉带晕。花朵大小跟梅相仿，也是五瓣，只是梅是圆瓣，橘是尖瓣。

自从我有一段时间在东西两洞庭漫游，便有心守候所有的开花树，看花。

首先便是看梅，哪怕这个世界上已经有太多的人看了太多的梅，作了太多的梅花诗、梅花赋、梅花图、梅花糕、梅花瓶、梅花盆，你还是会去看梅。2004 年我第一次看见梅田。连着我已经又看三年。当然还将看下去。

杨梅是从吃果子开的头，吃了多少年，后来才认识它的树。数十年树数百年树，一棵棵随着山坡盘旋而上。巨大的枝桠铺展开来可达数十近百平方米。杨梅树下的世界，安谧静穆。由于树发出的特殊气味的佑护，无蚊蝇无杂草无污秽之气，是丛林中最洁净的地方，爱沉思的人或许可以把它当成植物王国的教堂。然而这座教堂出产的神圣花朵我直至去年才守候到。朴实无华的白色五瓣小花，巨大的树开着的小小“草花”，令人讶然，而后感动。

栗子的花与它的果实反差最大。树枝上悬挂着的一个个毛茸茸的“皮草”小包，是我们所熟悉的栗子的襁褓。里面的果实更为我们熟知：一个个穿褐色皮夹克的小绅士，庄重坚挺。然而它们的花母亲却是什么？一条条活泼舞动的“毛毛虫”——你能不大跌眼镜？！

尚在追踪中的是银杏花，乡人称之为“暗花”。由于没有看到，我无从描摹。只知道高龄的银杏树在东西两洞庭是最神秘的植物，它的花也是最神秘的花朵。

花引人注目的方法各式各样。梅花以其香，杨梅花以其迷你小巧，栗子花以其痴头怪脑，银杏花以其深藏不露的“暗”。

可是橘呢？纵然它像梅一样落花，却并不像梅一样开花。

也许我们可以说它花开起来一老一实，不似梅的花期神鬼莫测，要人一天一天地仔细守候。凡花期稳定的花，人反而容易麻木，以为总在那儿，想看就能见着——就这样一年一年地滑过去而永不相见。

或许我们也可以说它的树叶一年到头都密着绿着，将花也藏着挟着，不似梅开满树，不管不顾，花萎谢才听由叶子放逸。

再有就是橘花的味了，谁知道橘花什么味？

梅花香，橘花怎么不香？我算是为这么久忽视橘花找到了一个理由，却不料引起一个乡人的反对。他蹲在橘树下的茶丛中干活，最初对我们的闯入不闻不问。此时他却抬起头来反驳我："香呀，怎么说不香？"

我拉着一根枝条再闻给他看，"就是不香嘛！"

"你早晨来闻闻试试。"乡人坚持。

他意思是说，他早晨闻到了橘花香，乡人的花，当然起得绝早的乡人能够闻到。他意思还说，早晨别的花都睡着，就橘花早醒了，因此早晨能单独闻见橘花香。他的意思应该还说，白天各种花都开就气味混杂，因此闻不见橘花香也不是什么奇怪的事。

后来我想自己大约不必真的打早从城里赶来。只要想想身处着的这个季节。

正处着的这个季节，仲春，正是一个搞不清气味的季节。桃花、杏花、李花、梨花这些农人种植的不说，还有崖畔的乍浆、猫耳，路边的荠菜马兰，这些自生自长的都在开花。有名有姓的在开花，更多无名无姓的草木也都在开花，各种气味争相散发的结果可想而知。

在我们对春花的记忆中，桃花、杏花、梨花，越是春深的花，香味越淡，越闻不到香味，缘盖当在于此。橘花开花期长，晚春，万花落尽的时候它还在开，似乎它能够熬到出头日来香一香了，然而天地间并不见清净，又有一种野生藤蔓开出花来，真正的吓煞人香。橘花即便有香，也叫它不容置疑地掩盖了。

它叫野蔷薇。当我们在橘林中说橘花香不香时，天地间正充斥着它的芳香。也就是山岩上垂挂的一串串铜钱大的白花，不懂怎么会有那么大的香味？想来这小小的藤类植物是何等热情洋溢、何等不遗余力地在天地间散布它的花味！

应该也正是它的香味让乡人容忍了它—— 一年中只有寥寥数日有花香，除此一无出产，枝蔓粗长坚韧，还长满利刺，连砍回家当烧柴都不能。

梅花的香素称幽香，与野蔷薇的吓煞人香自然不同。若是与野蔷薇同开，我们恐怕也闻不到梅花香了。梅的香得以闻名，也许源于它所在的季节。它几乎是独占了一个季节。

一个干干净净的季节。在此之前严冬早已将万物封闭，也将万千种气味封闭。

梅花香，梅花实在该香，要不然谁来给它授粉？梅开的季节，养蜂人与他的蜂群在哪儿？是掌握不了梅汛，不愿回来？梅是神踪不定的花朵。虽然作为众芳之首，独得了一个季节，却是冷暖交界的早春季节，气候诡谲无常。梅在这样一个季节里冒险，人和蜂莫不成也跟着它冒险？它开不开，什么时候开，开了什么时候谢，真正天晓得，连政府举办的梅花节也时不时跟着泡汤。梅花节没梅，只不过出出洋相而已，蜂群却会挨饿。似乎要迟至三四月间，天气稳定了，花开有序了，我们才能看见树林中有养蜂人的小窝棚。

养蜂人通常就在窝棚前坐地卖蜜。菜花蜜、枣花蜜、槐花蜜……

却没有梅花蜜，尽管梅应当算得一种巨大的蜜源树。

没有蜜也罢，梅花还得授粉才能结果。

大自然不缺少授粉者，只是梅得自己邀请。那铺天盖地的香，便是铺天盖地的邀请函，山崖上的野蜂，农舍泥墙中的飞虫，过冬蛰伏，都钻得深深的，绵长有力的香才把它们拉出洞来。

梅花所以香，或许盖缘于此。

而橘呢，它香不香，香多少，又有多少关系？橘的季节，也正是蜂蝶的季节。橘不引它，它也自个出来。橘省却它的香、省却它的色，给它的果子。如此不香的母亲、素净的母亲，才会有格外芬芳的果子、格外浓艳的果子……或许是。

2008.3.

被送走的黄狗

邢建芳

最早祖母工作的烟糖店在横街与东街的交界口，烟糖店的北面朝着横街，南面临着与橹行湾相隔的小河。隔着横街的对面就是一个书场，等我有记忆的时候已经没有人说书，只有喝茶的人。我只记得烟糖店的隔壁有一户人家的女孩和我差不多大，她们家有自己的河滩头，也许她家就是烟糖店原来的主人。我被祖母带到店里值班时认识了她，我常和她一起玩，我更喜欢她们家的那只黄狗，可是好景不长，那家人家下放去了，为此我哭得很伤心，更伤心的是她家把那只黄狗送给了乡下人，临走时黄狗从船上跳进了河里，流着眼泪回家，可还是只能被送走。我很想要那只狗，但我知道我们家是养不起的，所以根本不能开口，只能在祖母带我去送他们走的那天，一个劲儿地哭。

节选自《走在横街上的仁宝阿姨》，2011.1.

仿佛故土重游

刘桂玲

在苏州，我去了许许多多的大街小巷，时时有一种找不到来处和出处的迷茫。有一次我鬼使神差般走在陌生的青石板小巷里，停留在一扇黑漆破落的木门前，举手欲叩的同时，悚然而止：如果我敲响了这扇木门，会是谁走出来呢？我还认得吗？

在苏州梦终未圆，注定了的不能圆。自书肆里重价购得一套黑白影印的《老房子》，似乎也只是圆了半圆。昨夜重翻此书，一幅图使我又一次潸然泪下：薄雪下鳞次栉比的屋檐，雾雾的水面上不知飘来谁雾雾的歌声？而水巷拐弯的地方好像马上就会悠来一只舴艋小舟似的，那过来的该是我前世的恋人。

在苏州，所有的一切使我有体认相知的感觉：灰瓦粉墙、木格小窗、红漆木桶、百年藤萝、吴侬软语，还有泥做的茶壶、手绣的衣衫、竹骨密匀的油纸伞……绵密的小瓦，像农家编织的簸箕，细密繁复、层峦叠嶂、环环相扣、密不透风，又像幼儿园排排坐的小宝宝。在这样的屋檐下面，该有一对沈三白和芸那样的恩爱夫妻，在江南的雨夜里，静静地听雨。

即使是残破、逼仄的环境，在我的眼里也是一种美。老墙掉皮了，掉了皮之后刷了一层薄薄的粉白，粉白下面透出老墙的经络，既有旧沧桑，又有新的朦胧。木格子的小窗，有织锦的韵味，织出来的是九连环、错到底、万字不到头，又像回文诗，转来转去拗了口。拗了口在心里仍是前尘不了情。在苏州，还发生过一件有趣的事，我在杂货店门口看到摞成一排排的红漆木桶，它那圆滚滚的样子着实可爱，我立刻迷恋上了,很想带一只回北方去。后来看到家家门口都晾晒着一只，才怀疑那该是马桶。

那条临水的老街上,临水的骑楼下,有一座富贵华丽雍容不凡的“王寓”，挂这种门牌的人家该是太太小姐进进出出的，我坐在对面的美人靠上，就想看看会是谁走出来。

有着两千五百年历史的苏州，百年的藤萝显示着沧桑，遮盖的也是沧桑。我久久伫立，面向那个绿叶满墙的人家，我很希望我是你家的女儿，独养的女儿，你老眼昏花的时候，我买米买菜浆衣扫地，一辈子生活在这个繁叶掩映的窗下……如果我是你家的女儿，你会怎样养我长大？穿怎样的裙衫？许怎样的人家？那男人是不是白皙颀长，灰布长衫飘过书卷浓香的雨巷？那座洁净而略显寒伧的门楼是不是我许字的人家？门楼之内的后园里，他赶考的毛驴仍在，旧推车半倾在矮墙边，让人想起断壁残垣、折翅断戟的吴越古战场。

至于江南的吴侬软语，那是善于交流的语言，是艺术化的语言，是水泡出来的，糯米酿出来的，适宜江南的女子洗菜浆衣，边干活边说，连带着眉目含情，打情骂俏。在苏州，一年之中，青石板上的阳光就如月光一样稀薄与朦胧，正与她们的呢喃细语相得益彰。

余秋雨在他的《白发苏州》中说，苏州，这座中国文化宁谧的后院，历史上有很多文人到这里来建宅休憩。究其原因，不外是苏州的风俗民情特别熨帖人心。所以我把我梦中的前世安置到了这里。我前世是在这里度过的，今生，我来故土重游了。

原名《缘在苏州》，2003.3.

河桥

周德华

旧居三埭进深，前面街，后临河，河桥就是后面的通径。若要到乡间走亲戚，就雇一叶小舟，拾级而下，登船而去。

站在河桥上远眺，水巷深深，曲曲幽幽，两岸房舍壁立，粉墙黛瓦，马头墙飘然欲仙，翘向天际，高耸挺秀。人家尽枕河，每座临河房屋都有一排黑白相间的蠡壳窗，或开或闭，窗下的河桥像座半岛伸向水中。

我家的那座与众不同，嵌在石驳岸里，骑楼式样，两层楼上的屋檐远远向前挑出，遮阳避雨，全天候可以站、落河桥，得天独厚。因是私宅河桥，我们还装上了木栅门，晨启暮闭，成为名副其实的水墙门。长方形花岗石交错堆砌，整齐美观。岸壁还雕琢了系缆石，一个缆孔状如鱼头，另一个形如如意，线条简洁流畅，造型生动古拙，堪称精品。

清晨，朝阳初升，水面金光粼粼，河桥则已熙熙攘攘，门道里的主妇们挽篮提桶，纷至沓来，淘米洗菜，漂衣刷鞋，你上我下，络绎不绝。

河桥朝东，冬暖夏凉。下午是孩童们的天下，嬉戏玩耍，争地盘闹打架是常事。幼时，用捡来的碎瓦片削“水宝塔”，比试谁造的“层”数高。弯腰俯身一甩，瓦片在水面上轻捷地向前跳跃，溅起团团水花。

我家的河桥特别宽阔，最低一级足有一张八仙桌台面大小，涨水时成了三面封闭的小水池，戏称它为“小河浜”，常常蹑手蹑脚摸下来用木板挡住出口，于是小鱼小虾尽入篮中，甚至还能逮到螃蟹。偶尔，混水里摸到水蛇，有惊无险，虚汗一场。年事稍长，默坐竹椅，挂钩垂钓。碰到水泛，蹲在河桥石上可以捞上成斤的鱼虾。

夏日，凉风习习，实是消暑佳处。蓝天白云倒映水中，看燕子低掠，蜻蜓群飞，鱼跃水面，雨打浮萍。米船、柴船、菜船、绸船、航船，船摇过时发出咯吱咯吱的橹声，和远处杨柳树上的蝉鸣相呼应，暑天的河桥闲惬而富有诗情画意。河桥又是“看野眼”的好地方：农夫罱泥，渔翁撒网，百看不厌，乐此不疲。

我家的河桥正对着斜桥，斜桥成“之”字形，其名不假。桥身高大巍峨，连接两只圩头，东为街，西是弄。仰望桥上，商旅行客，肩挑背负，人来轿往。有时，吹吹打打，喜气洋洋，婚嫁迎娶；有时，哭哭啼啼，披麻举哀，出殡送丧。桥面上烙下千万人的脚印，你上我下，展示着人世间的悲欢离合，它阅尽百年沧桑，亦幽幽地呈显出一脉古老的深沉。

旧历七月三十夜晚，吴地习俗，要点“地藏香”。岸上、岸壁、河桥，密密麻麻闪闪烁烁的香火如繁星落地；河面上还有把香烛插在草结上的“水灯”，荧荧而来，顺水漂流，光影摇曳，前后衔接，宛若游龙。

河桥还是个小集市，叫卖声悠悠扬扬。若声调高亢，必是柴船无疑。讲好价钱，篙子一拄，缆绳一系，成担的稻草挑将上来。如是细声软语，则是网船女来卖螺蛳蚬子、鱼腥虾蟹。鱼从舱中捞起，活蹦鲜跳，虾蟹自船边竹笼中取出，晶莹夺目。瓜市季节，瓜船一靠，只只滴溜滚圆的西瓜抛将上来。还有菱藕、茭白，茨菰、芋艿，水巷自成一市。

装上自来水后，河桥显得冷落了。近年来河浜里再也听不到欸乃有节的橹声，取而代之的却是哒哒作响的机船声，水面上泛起一层黑黑的油污，烟味呛人，令人十分扫兴，河桥也失去了往日的魅力。但是，在我心目中，它依然长存，依然使我神往。因为难忘童年。

原名《难忘河桥》，1994.6.

阔家头巷的春天

柴庆翔

这是一条江南常见的小巷，紧挨着苏州城南的南园，路旁长着蓬松的狗尾草，南瓜藤从屋檐边垂下它那瘦瘦的黄花，行人寥寥，即使拉着二胡的算命先生也懒得从这里经过。1944 年的春天，我却成了这条冷巷的常客。

可能是紧挨南园的关系吧，阔家头巷的春天来得特别早，尽管风吹来仍有几分寒意，巷尾的萧退闇老先生还披着他的棉风兜去沽酒，但等到斜阳在墙上抹出淡淡的黄酒色时，空气中似乎又回荡着那古老的曲调了。

谁能知道，料峭春寒中，那披着棉风兜，穿着旧棉袍，瘦影婆娑，踽踽独行的老人，竟是当年同盟会的会员，南社诗人，博通经史和文字学的书法家？

节选自《阔家头巷的春天》，1995.1.

倚窗梦萦

阿斗

三十年代，家住苏州盛家带，常爱到葑门城头上去游玩。从小道爬上城头，站在城垛上可以远眺湖泊水网，白色、褐色的帆影点点，芦苇丛随风俯仰，城脚下密密簇簇的商肆民房。从高处望下去，只看见低矮的瓦房顶鳞次栉比，夹缝里是狭小的街道，沿河有竹行、木行和缸甏行……城头上荒草迷漫，我们捕蚱蜢，捉蟋蟀，那时心目中城头上的蟋蟀“斗”起来格外“狠”呢。城墙缝里，偶尔会长着扭曲苍老的小树，久经风雨的树干是可以用来做盆景的。

旧居盛家带的附近，有“望星桥”和“迎枫桥”两座古老的石桥。两桥是 T 字形地挤在一起的。望星桥堍是“严衙前”，那里有振华小学，我在那里上学。

每当放学回家时，在石桥上就会闻到一种特别鲜美的香味飘荡在小河上，这是东小桥的野味店正在开锅……

暮霭渐浓，河上慢吞吞撑着竹篙的旧棹，河滩上大饼店里的小学徒孤伶地在淘洗烧过的煤渣，一种静闲但有点悲凉的气息。那时的父母都极其节俭，野味店里的野味是无缘尝到的，只有野味汤里的黄豆，几个铜板却可以买到一小包，晚餐吃起来又香又鲜，那种滋味，袅袅缕缕，犹留在梦中。

“倚窗慈母泪，梦萦水巷乡”。苏州的水巷，是临河人家两岸壁立的石驳岸形成的。那时的河水还比较清，有时还会缓缓地流淌，很多沿河人家有石级可下到水面汰衣服，洗东西；也可以从窗口用绳子垂下一只竹篮，到水边小船上买瓜果、莼菜……很有水乡情趣。

有次，我母亲在石级上洗衣，竟偶然捞到一只奇特的龟。它比手掌还大些，背甲隆起较高，边缘的颜色浅浅的微黄，而纹路清晰；最奇的是它的腹甲能开合，使头尾两端闭合，似乎防御性能更胜一筹。懂得的人叫它“剋蛇龟”。我们把它养在天井里，它的嗅觉极灵，每当“小卖鱼”的送来“猫鱼”时,就会爬出来想吃小鱼。屋里只要一开西瓜，它也会马上爬出来,仰着头讨西瓜皮吃……后我离家后,龟也不知所终。

联想到小时候到古老的苏州园林去玩,最感兴趣的是去看“癞团鼋”抢吃游人丢下的大饼。那种甲鱼似的动物，浮出水面时就有小圆桌那么大的背部……不知现在这些“鼋”是否依然在池塘里沉浮？

原名《忆旧四题》，1997.2.

谢衙前之忆

绿叶

谢衙前，一条并不长的东西向老街，给我绾上了一个解不开的姑苏情结。

1927年春，我出生在谢衙前一幢朝北开向的三进住宅里。那时，祖父在家门口开一爿丝染坊。染坊里屋，天井东首是账房，西首是厨房。正中的大厅上挂着一台自鸣钟。厅背小庭中有一束天竹，灼灼鲜红的颗豆特别惹人喜爱。庭前西边是祖父的卧室，双亲住的厢房在东。住宅尽头便是花园。每到桃、梨花期，数不尽的花朵缀满枝头，蔚为红白相映、扑朔迷离的景观。当攀上园墙的蔷薇怒放时，就像一首热烈的诗，一幅浓艳的油画，给我留下了难忘的印象。

祖父去世后，老屋易主，家就从前街搬到后街石桥弄。新家也有个小园，父亲在那里栽植了一枝金银花和一棵玫瑰，还养了一大缸金鱼。我在缸边种了一棵枇杷，没几年，金色的果子已爬上了枝头。玫瑰盛开时，一阵阵浓香沁人心脾。此花可赏可餐，苏州人常用以制成香甜的玫瑰酱，母亲则将殷红的花朵和风干的莴笋盘成一个个小圈，洒上盐花，封贮到入夏，就是一碟上佳的小菜。

我和弟弟在街上的一所小学读书。1937 年 11 月苏州沦陷，父亲不愿子女接受日本人的奴化教育，就将我们转学到一所私塾，宁可去读“子曰诗云”。那时街上的两所中学都停办了，1942 年，停办的晏成中学忽然办起一所江苏教育学院，院长叫袁殊，后来才知道，他是打入日伪内部的中共秘密党员。继而，教院又办了一所夜校，让失学的少年有补习的机会。教院的学生都穿校服，在那苦难的岁月里，唯有他们为黯然的谢衙前增添了一道风景线。

街西，有一灵鹫禅寺（原编者注：现在善耕小学）。佛殿辉煌，规模极大，远近闻名，香火不绝。寺里有深深庭院和参天的银杏树。街上还有一座基督教堂和一所孤儿院。因此在抗战胜利后的街上，络绎不绝的行人中，不仅有教师学生，还能经常见到牧师、不同国籍的外国人、和尚，以及脸色苍白、结队而行的孤儿。那时乞丐也多，夜里就露宿在教堂外的水门汀廊下。

学校、教堂、寺庙构成了谢衙前独特的氛围。白天，这里有琅琅书声、诵经声和木鱼声相继四起，夜晚又有灵鹫寺悠扬的钟声，周末还有教会做礼拜的祈祷和唱诗班的歌声。多元文化的气息，在这里浓到了登峰造极的地步。

我在这里度过了童年和青少年。1951 年去沪工作后，也多次回来探望。如今老家已无人了，但是谢衙前——故乡的这条老街，却一直萦绕在我心头。

1997.3.

担潮水

朱冠军

江南常熟沿江的小镇，其典型格局，多见前街后河，街巷弹石路面，骑车子高低不平颠簸，屋后临河的水埠，稍讲究的大户，就着石驳岸还建有船棚。河上的小船，因日晒水浸而乌黑锃亮，像一只“老乌菱”。枕河人家，“门前石街人履步，屋后河中舟楫行”。

有味者是这屋后的河岸和水栈。河里流动的不是宁静的太湖水，而是潮汛活泼的长江水；世代小镇人的生活起居，都与这潮起潮落的水栈息息相关。

小镇人不爱吃土井水，他们嫌它死气不爽口，镇上那两口百年老井于是就有些糟蹋，被供作染坊漂布或偶尔救火会接水龙头之用。挑上的河水用明矾澄清后，饮用感觉舌底生津，冲泡茶叶也倍觉地道醇厚，由此，这小镇上就多出了“挑水脚夫”这一行当。挑夫们大多是附近的农夫，他们种田、挑水两不误。常见他们肩挑满满两桶水，扁担悠悠一晃一荡地踩着河埠石级往上，嘴里还打着别有一种风格的劳动号子……构成一道小镇独特的风景线。脚夫替镇上的茶馆、一些大户以及离河埠较远的人家挑水。那些人家宁花几个铜板挑几担潮水，除图省力之外,更在乎那几声“潮发”——“早发”的吉利口彩。一般人家，差不多就省下这钱，自己辛劳了。

看小镇公共大水栈担水的情景最动人。

尽管通江的河道弯弯曲曲，但受潮汛影响，每日涨落起伏，尤其初一、月半涨大潮，远远就见河塘里涌起道道波浪，平静的河面立刻颤动起来，卷起一阵阵白浪，将河岸边蒿草一齐吞没。“轰通，哐荡”激浪声，拍打着水栈石级，扬起层层白沫……唰——水流掠过水栈，此刻若有人挑水，手脚稍慢就有连人带桶被卷入河中之险。然潮声未息时，河塘水忽就陡然下降了，露出了适才淹没的几级石阶，有几尾“小窜条”或小虾、蟛蜞等,来不及随水退下就被晾搁到了水栈石上……“来呀，捡小水哟！”几个半大的孩子欢叫着冲下石阶，手脚麻利地去抓鱼虾。“快上来，大潮又来啦！”大人们声音未落，又见一股强大的大浪冲上石阶,孩子们的下半身全被打湿透,胆子大的,仍还朗声大笑,胆小的早已急得哭出了声。抢潮挑水的大人们抢步上前，将他们一个个搀扶上岸。

等三次潮过，河面又开始恢复平静，水栈上的男女，这才悠悠走下台阶，先用水桶晃开白色泡沫，后舀满桶挑起就上；也有双手提桶，哼哼哎哎地走进各家门，将这浑黄又带泥土气息的河水，倒进储水的大水缸里；水缸挑满再投入些许明矾粒，用一根木棍搅搅，无需多时，这一缸浑水就澄清见底了。用这缸水煮饭泡茶，天然有一股甘甜，绝非市下那些洁净水或矿泉水所能比拟的。

小镇临水而筑的水栈，由于常年水流的冲击，大多已淘尽了泥土，石阶间似乎也已松动，陌生人踏上石条“空通，空通”有点吓人势势，但居家的主妇们总会宽慰说：放心好了，石头下全部打上梅花桩的，坍不下去的，从老太公那辈起就是这副样子了，笃定，笃定！或许，那水栈上的挑夫们，就有这样一种信赖和安全感。水栈上每天潮起潮落之后，总会留下薄薄一层泥沙，于是，每天冲洗泥沙亦成了各家主妇的日常功课。

也难说那些泥沙不肥沃，否则，那临河的石驳岸边又如何杨柳依依？竹园青翠，芦苇葱郁，沿河四季层出绿意，舟行河中如漫步绿荫丛中，难怪当年翁同龢舟行河上，吟出“水花风柳谢家桥”。沿河岸边的苇子，可以用来编席；新鲜芦叶，可作家家户户端午节包粽之用。这得天独厚的水土环境，也给小镇居民创造了意外的财富，抑或，这也是“岁岁多收常熟田”的又一奥秘？

原名《小镇水栈头》，1997.3.

童年的街

仲彬

离别姑苏已经四五十年了，在我的记忆中，四十年代我所居住的那条葑门外的横街，仍历历在目。那时，葑门城楼尚未拆除，城门分水、陆二座，陆城门与现在已修复的盘门相似，进外城门后要转一道弯才能进内城门。当时内城门已残存两边城墙，更没有了门。每逢星期天，我常约三五个小伙伴一起爬上城墙去玩耍，看看远远的觅渡桥，看看田野、城市，看看城墙内东吴大学的洋房，看看城墙外宽阔的城河——它自北向南而流，河水时缓时急，到觅渡桥汇入赫赫有名的京杭大运河，乘船可直抵杭州……

横街就位于葑门城外，它只是一条普普通通的狭窄而用碎片石砌成的小街，街宽不到四米，街道两旁紧连着密密簇簇的商肆居家。横街连着苏州一处有名的鱼市，每当天色微明，四邻八乡的一些渔民，就会摇着小船将捕获的鲜活鱼虾送到街东一处叫兽巷湾的鱼行里来出售，城里各处的鱼贩也早早地在此等候，批了鲜鱼鲜虾拿到城里各处菜市去出售。

横街是我青少年时代成长的摇篮，在这里留下了我长期留恋思念的乡情。我家就住在此街最热闹的中心，屋后有一条清澈的小河，通向四乡八邻，沿河两岸都用条石砌成驳岸，每家屋后都用条石砌成石级，供人们下河滩汰衣裳、洗蔬菜、淘米。那时的河水是那么清澈，沿河除了开着几家鱼行外，还开着几家竹行、木行、米行、水果行等批发店。河中的船只川流不息，来来往往，呈现着一派水乡的富足繁荣。偶尔，沿河的人家会走屋后的石级，踏上鱼船，称上一二斤鲜鱼活虾，这不但方便，价钱还当然比菜市上的便宜不少。

我家对门开着一家有四开间门面的吉祥烛店，他们家有八个子女，其中的伯金、伯龙、佩娟与我年龄相差不多，因此我们除了在学业上互相帮助外，经常在他们店堂内的账房里打康乐球或在他们隔壁的一所教堂院内玩耍。

紧邻我家隔壁，是葑门外最大的一家茶馆——春沁园。每天清晨，从四乡上街的农民，卖掉了鱼虾的渔民，本街上的商贩，一早就汇集在这里吃早茶，他们有时为洽谈生意，有时即使没生意可谈，他们也可以在闲聊中得到各种各样的行情。茶吃到一定时候，天色必定已亮，一些茶客或者生意成功，或者有事将走，他们会叫上一碗双交面，或一客汤包、几个小笼包之类的点心，就店用餐，然后各自东西，早晨的茶市于是便渐渐散去。小时候，我跟着父亲曾经在春沁园饱过口福，有两次在这里还遇上过“吃讲茶”。吃讲茶，用今天的话说就是调解纠纷的茶馆碰头会，纠纷双方往往是行会、帮会成员，由地方上有一定地位的人出面坐听调解。当然，这种会的结果有好有不好，会得好，双方讲和为友，其他的茶客有时还能因此分到一根第二天早餐用的面筹；会得不好其他的茶客就遭殃了，双方极可能就在茶馆里大打出手，“害乡邻吃薄粥”，茶壶飞来砸破脑袋也只好自认倒霉。我记得我和父亲曾经分得面筹，我当然高兴，但大人们都但愿不要碰到吃讲茶。

春沁园的第二个第三个茶市是在每天的下午及晚上，那是因为这个茶馆内还开设有一个书场，茶客多为听书而来。据说春沁园老板姓顾，但大家却叫他“大和尚”，实际上他从未出家当过和尚，这么叫不知道是不是因为他长得很胖而又剃过光头的缘故。这个大和尚与评弹界的光裕社很有交情，因此常能请到一些当时很有名的评弹界名家来此演唱，在我的记忆中，说小书的徐志云、严雪亭、祝逸亭、蒋月泉、黄异庵、周云瑞、陈希安、张鉴庭、杨振雄、杨振言、徐丽仙、侯丽君，说大书的顾宏伯、潘伯英、金声伯、唐耿良等，都来此演出过，我跟着父兄也都一一前去听过。因为听书,甚至这里的账房先生也把我认下，有时不用跟上大人也能坐在前排听书。在这里使我获得了不少民俗知识和历史常识,也就是在这里,我受到了有关中国文化的一些启蒙教育，印象历劫不磨。

一转眼数十年已经过去，苏州的变化已使我这远在边陲的游子难以辨认，葑门也非昔日的葑门，大路宽阔，高楼耸立，好不容易，我才找到了我的横街。想不到，横街还保持着它的旧貌，在别人的眼里，她一定是那样的狭窄与过时，而在我眼里，她是那么的丰富与生动，因为，她是我童年的街。

1997.4.

故家旧事

费在山

抗战胜利那年，我家住在苏州临顿路潘儒巷。那是四姑父的老屋，过桥即平江路，好像是最后一家。厨房后面有桥口，桥口隔河相望是一个大晒场，晒场北面是积谷仓。我们表兄弟姐妹经常在这里玩老鹰捉小鸡的游戏，那时我已十一二岁，仍很顽皮，用瓦片在河港中划水片，又用砖头掷粪船，船家骂山门，我却哈哈大笑，这种恶作剧，如今回想起来，也真有点无地自容。

我读初小换了三个学校，先是宫巷附近的干将小学，接着是正谊小学，最后是大儒小学。在潘儒巷住了几年后，我家又搬到郏长巷，原以为换了地方，实际上是从西首到了东头，仍是在平江路的横巷里。

大儒小学在大儒巷，是一所全日制的中心小学，我当四年级插班生。有三件事，记忆很深。其一，全校歌咏比赛，我参加大合唱的领唱，得了第一；其二，学校建立校内小邮局，用橡皮刻成邮戳，把香烟壳纸翻了身做信封，班级之间互相投递，觉得很有趣。还记得同一时期，苏州市场上曾以邮票代替钞票，买小菜找零钱都用玻璃纸包好的邮票，是钞票来不及印，还是有别的原因，不得而知。时间虽短，印象很深。第三件事是父亲为我印了名片，有红底黑字的“恭贺新禧·费树基鞠躬”和白底黑字“费在山·浙江吴兴”。从此，我知道树基是我的谱名，迁到湖州后则以字行。

郡长巷的住家是独门独户，两进深，有墙门间、天井和东西厢房，厢房的落地窗棂上以梅兰竹菊和唐诗书画相间隔。有一首“少小离家老大回，乡音未改鬓毛衰……”是我初次读到的唐诗。那时祖母与我们住在一起，我就在祖母的地道的湖州话中学念唐诗，但根本不懂含义。祖母姓赵，她对自己的身世颇为自豪，时常说：“我是赵晞旸的女儿。”她教我背民谣，有一首天下十八省简称的民谣，全部用方言押韵，依稀记得“潼福临东江，滇黔苏背昌。宁沪南广浙，台贵陕云藏。”好像只有末句听懂。她还教我记住费家的祖上，什么“小河头费”“跌角方砖运粮河”“首场小亭公”等。她讲费贞娥刺虎的故事给我听，以费氏上世有这样的巾帼英烈感到骄傲。迁回湖州后，又将一本《费氏宗谱》（老三房）和两柄费晓楼绘的仕女纨扇交给我，说是传家宝，要我这个长子长孙“永宝”。

听母亲说，我外婆家是“门前竖旗杆的”。外祖父马学文，一字孝馀，官吴县主簿、县丞。我曾见过外公头戴顶子帽、身穿朝服的照片，很神气、威风，又有一张集体照，背景有两面交叉的五色旗，非常庄重。

外公有一箱图章，我年幼无知，竟把它当作积木玩，后来发现上面的文字，但不认识，用砂皮磨个精光，在上面胡乱地刻划，自然不成样子，这样刻刻磨磨，磨磨刻刻，逐渐对图章发生了兴趣。外公还能写一手蝇头小楷，我见过他誊录的诗文，毕工毕整，还以为是石印的呢。

我有两位舅父，大舅父马经元，攻读路矿学校，小舅父马纶元进了东亚体专，这在当时都很时髦。我的母亲马慧珍，诞生于民国元年，是位文明女子，学过 ABC，跳过“葡萄仙子”。我还有一位未曾见过面的姨母，她有一个女儿，名梅芳，我们叫她大姐姐，家在古市巷，从前吴状元的府第。房子大得吓煞人。仅厅屋就有轿厅、茶厅、花厅、大厅、正厅等，一厅一进深，备弄长得很，前门在古市巷，后门通装驾桥巷，这种大宅第在苏州多不胜数。

郏长巷附近有座庙，里面空荡荡，没有菩萨，只有一块大石碑，我与同学爬到石碑的顶端，横跨着学骑马。石碑上好像没有文字，像是一张大棋盘，现在知道是“平江图”——苏州城厢街坊图。前几年去苏州文庙参观时，这块“平江图”碑已移置于此，这是件文物。从前印刷技术不像现在这样发达，地图刻在石碑上，用墨拓方式流传，原拓本不易找到，但刻石完好无损，这也是传世垂后的好方法。

定慧寺巷苏公弄是我的表姨母家。姨母谢玉如，是位新女性，曾从事进步活动，冯英子在《报海忆旧》中曾提到她。姨父项印石，从业中医，为苏州名医钱伯萱的门生。我外祖父的妹妹就是玉如姨母的母亲，所以我家与项家是姨表亲。

从郏长巷到苏公弄要经过濂溪坊，过一顶桥，沿河走，就到定慧寺巷，巷中有一条小弄即苏公弄，苏公是谁？也许是苏东坡吧！

项家人丁兴旺，有九位表兄弟姐妹。大表兄祖英，属牛，今年该七十一了吧，他毕业于东吴大学，由业余民乐途径，进入专业团体——上海民族乐团，成了当代著名的二胡演奏家，现担任上海音乐学院民族音乐系教授，桃李满门，蜚声乐坛。他在苏州读大学时，课余喜欢踢足球，我也曾跟着他到定慧寺巷双塔附近的一块空地上学踢球，他给我取了“足着劲”“铁脚”等绰号，有时，我与祖华、祖萱表弟在苏公弄自宅的天井里，用粉笔划界线，踢起球来。

除踢球外，就是弄丝弦。姨夫是江南丝竹前辈，与卫仲乐、陆修棠、张季让友善，1926年创办“吴平国乐园”，团址就在他家中，笙箫管笛一应俱全。一幅范烟桥写的“音乐之家”横批，就挂在客堂内。“雨打芭蕉”“烛影摇红”“空山鸟语”等就是那时经常练的国乐曲子，就在这样的环境影响下，后来我也加入了吴平国乐团，成了一名学生团员。但我缺乏音乐细胞，没有“音乐耳朵”，只是爱好，笨拙不入门。

姨父发现我喜欢写字，就让我到他卧室中用毛笔抄写东西。六十年代中，我到阔别十多年的苏公弄，姨父一见面就说，你们三弟兄总算各有所长，一个写了“二胡”（指项祖英发表在《文汇报》上的《二胡》）；一个写了“扬琴”（指项祖华发表在《解放日报》上的《扬琴与扬琴戏》）；一个写了“湖笔”（指我发表在《解放日报》上的《湖笔今昔》），姨父说这话时的神态，显得特别高兴。

童年时代，最快活的是跟随大人上街买菜或上茶馆，可以趁机吃点心。平江路大儒桥堍有家极普通的点心店，汤包、烧卖、馄饨、面，样样有，我最喜欢吃煎馄饨，好像只有夏天才有。说起面，我终忘不了玄妙观里的“小无锡”，除了通常的品种外，这里还有为顾客特制的什么“去皮”“拣瘦”“硬膘”，那堂倌的吆喝声“来哉——两两碗——”永远留在我脑海里。

自从我家迁回湖州后，一直想吃苏州的面。五十年代困难时期，在观前街吃过一碗带鱼面，这在当时算“头挑”；六十年代黄天源的炒肉面，七十年代“文化大革命”后期的“大光”“中光”，我都尝过，那时还用粮票。八十年代到苏州机会多了,常到乐桥附近的朱鸿兴吃面,味道不减当年，近年搬迁了，就没吃到像样的苏式面了。

1997.5.

姑苏童年情

郭泽永

童年的回忆有时像梦，朦胧而又飘忽，若隐若现；有时却又清晰可见，仿佛就是昨天的事。

我家住在平江路大新桥巷，门前是一条不太宽的河，沿河是条狭隘的石子路。内宅有几个天井几个厅，但又不在一条直线上，不是笔直的，越向里越向左斜，到我祖父母住的最后一进，已经比大门大约左移了二十多米。大概因为宅后有个安节局（收容贫苦寡妇的），受到地形限制，所以只能左移建造了。

门前的河里常有船只往来，大都是没有篷的敞木船。和我们家有关系的有两种船，一种是卖稻柴（草）的，一种是卖西瓜的。稻柴船一年四季都有，西瓜船则要到初夏才开始出现。船夫一边摇一边喊："西瓜啊卖西瓜，腊斑黄格甜西瓜！"当时这些货物都靠船来运输。一般人家也就不论稻柴或西瓜，一次总要买上一二百斤或更多。我家也不例外。

娄门本来很冷落，新桥巷也不是主要街巷，连黄包车也很少经过，不免让人感到寂寞。小时在大门口闲逛，看到河对岸的远方，有多棵高大的树，树顶上的天是蓝蓝的，还有老鹰振翼翱翔，觉得另有一种野趣。

新桥巷后面有条仓街，冷冷清清，街上有个昌善局，是寄放灵柩的地方，里面放生池里有癞头鼋。小时候去过一次，买了发霉的大饼丢下池去，癞头鼋就浮上水面吃大饼了。池里有六七只，以孩子的眼光来看有方桌那么大。大人说癞头鼋要吃人的，但我看来它动作迟钝，没有吃人的凶猛相。昌善局阴森森的，以后就没有去过了。不过因为有了昌善局，每逢大出丧，新桥巷几乎是必经之路，就很热闹了。我只要听见门外有吹打和放铳的声音，就赶紧出去，总能看到前面两个高大的开路神，面目狰狞，有两个人那么高，下面有铁轮子，用人推着在石子路上发出轧轧的声音。这是哪路尊神？为什么请他开路？问大人也说不清。只能请熟悉掌故的老苏州来介绍了。因为在别的地方看大出丧仿佛没有见过开路神。

那时大人们主张三顿吃饱，不让孩子吃零食的。我们读初中了平日也不给零用钱。但苏州是美食世界，即使像新桥巷那样冷僻，也几乎每天都有零食小贩来此叫卖。臭豆腐干，油豆腐线粉，季节性的沙角菱、馄饨菱和烫手热白果。因为祖母有吃点心的习惯，总是我替她跑出去买，往往能多买一点，就算是我的“脚步钱”了。要再吃得丰富些，可到巷口平江路，有瓦爿饼、葱油大饼、斗糕、灰汤粽，还有熟食熏胴担。用排骨肉切小了，酱没浸过，油里氽一下，再撒上五香粉，号称“五香小肉”，是祖父最喜欢的下酒菜。

那时在苏州，鱼虾是家常菜。祖母给我唱山歌，就有“啥个小菜，茭白炒虾，田鸡踏杀老鸦（音喔）”。每年春天河虾带子，母亲就要买几斤，汏出虾子，自己煎煎熬虾子酱油。用它蘸白切肉是最好吃的了。其实家常菜是颇有回味的。盐齑菜炒百叶、盐触豆腐、黄豆芽烧油豆腐，幼时都吃得津津有味。更喜欢吃的是辣汁鲢鱼里与鱼同煮的油豆腐，鲜而微辣，往往鱼没有吃完而油豆腐已吃光了。母亲会烧“麻雀汤”：一片猪肝一片网油（肝附近的油），用细草扎在一起，十几扎煮一大碗汤，特别好吃，真是鲜掉了眉毛。但我没有弄懂，为什么一片肝一片网油扎在一起会叫“麻雀”？

即使吃粥，我也怀念童年时吃的焦“饭滞”（锅巴）粥。因是铁锅用稻柴火烧饭，总有一层锅巴，微焦而香脆。冬天晚上吃锅巴煮的粥，幽幽的焦香，吃进嘴里，暖了全身，还可以消食。现在用电饭煲烧饭，再也烧不出焦香的“饭滞”了。母亲炖肉烧鸡都用一只稻草做的大草窝，有半人多高，把炭墼盆连不少锅一起放在草窝里，盖紧了草窝盖，焐出来的肉酥而不烂，非常入口，而汤是碧清的。但很费时间，要焐上半天或更多，而且也不大安全吧。

童年的吃，总觉得特别有滋有味，孩子嘴馋是个原因，但那时素菜绝少污染，鱼虾大都野生，加上都是手工操作，精烹细调，小量生产，味道不免和现在所吃不一样。

讲完了吃，当然还要讲些我的“学”。

我在乐群中学读书。这是一所教会学校，在言桥下塘，离家里算远的了，于是我学会了骑自行车。苏州骑车不同于上海，没有汽车，没有红绿灯，没有人流，但是巷窄，沿河，桥多，又是石子路，迎面来了黄包车不容易让，要有点真功夫。我总算三年初中自行车练出来了，出新桥巷就开始上坡，到平江路马上转弯上桥，下桥未及一半，马上又转弯上悬桥巷的桥，一口气不作兴停一下。我还在体育场练双脱手，在家里大厅里也能在桌椅空隙中打圈，穿过观前最热闹的西脚门人潮而不下车。那时读书没有现在那么紧，书包也没有现在那么重。其实我们连书包也不用，一根用帆布做的书包带，二公分阔，一头有个带齿的扣，把书籍笔盒十字花一扎就行了，顶多五六公分厚。

那时教英文是马俊忠先生，教书认真也很和善。我们初三就读整本的 *New China* 了。教音乐是沈耀南先生，唱的是黄自、李叔同的歌曲。他把七个音符译成“独览梅花扫腊雪”，给我印象很深。他介绍一本田边尚雄著的《孩子们的音乐》，让我们认识了各种西洋乐器。教图画是胡润荪先生，图案画、水彩画都学。总之，学校里充满情趣。

特别是体育课之外还有一课童子军，教给我们独立生活的技能。它不是教你洗衣折被，而是教你如何在野外辨别方向，如何生火，如何根据太阳判定时间，如何以脚步来计算里程，如何包扎伤口，如何识别动植物等。它分初、中、高三个等级，我们大都只学了初级和少数中级技能。初三上半学期，举办了一次露营，在五卅路体育场，搭了帐篷，住了一夜，真是新鲜得很。我们晚上还轮值守夜哩！

上学骑车走小路，放学回家就走宫巷玄妙观了，为的是看热闹。看小吃店里用铁板烘蛋片，看印刷铺里伙计在一块大石板上印刷，看三清殿里的书画，再不然到东脚门书摊上去看书。那时有最便宜的一折八扣甚至一折六扣的书，如果定价一元，只要六分钱就可以买了。当然这种书纸张印刷都很低劣，字又小又密，看起来颇费目力，就是今天的盗版书吧（但今天的盗版书也不便宜）。那时我兴趣于武侠小说，但也买到过一折八扣的雷马克《西线无战事》、赛珍珠的《大地》等。我的西洋文学知识还是这些书启蒙的哩！儿童看书喜欢薄本小本，今天的儿童书却喜欢出精装本、合订本，捧在手里像块砖头，价钱又贵，为什么不出一些薄薄的普及本呢？

当然也有带回来的习题功课，不过顶多晚上一个小时就可做完，所以有时间看闲书。三年初中就这样读完，我考取了东吴大学附中高中，然而抗战爆发了，我们全家逃难到光福善人桥再深入进去的一个偏僻乡村——北竹坞。这名字有点诗意哩！那里极静，全村只有二三十户人家，附近有山石、小溪，在溪流中还能拣到六角结晶的茶色水晶石，但交通不便，生活极艰苦，祖父经不起波折在乡下去世了。后来苏州沦陷了，打听到东吴高中在上海复校，于是去了上海，就读于慈淑大楼的东吴附中。就这样离开了苏州。

虽在上海读书，却都是苏州老师。教国文的程小青、蒋吟秋老师，教化学的金立藩老师，教数学的何汝鑫老师等。印象最深的是程小青先生，上作文课时，我们在下面作文，他在一旁埋头写作。一次他带来一幅山水画挂在黑板上作题目。我写的一篇，他在卷子上批了“文笔清灵”四字，我高兴了好几天。一次他还带我们去电影厂看拍电影（好像是周曼华）。总之他教学方式多变，深受学生欢迎。解放后没有机会回苏州拜访诸师，以后运动迭起，更不敢联系。“文化大革命”以后，有机会回苏州了，托友人打听才知道均已作古！始终未能再见一面，实是一大遗憾。

2000.1.

遥远的梦

徐刚毅

《老苏州》画册，其实是梦，是一连串关于儿时岁月的梦。

我的家住在被人称为冷水盘门内西大街上。那是一条虽然坐落在繁华的姑苏城里却比那远郊小镇还要破败冷落的老街。城里许多人都管那地方的人叫“南园上人”。南园，那时候属于娄葑公社南园生产大队，是城里种菜的地方，南园上人，也就是标标准准的乡下人。

的确，我们那条街上，有一半人就是菜农，另外近一半人是第一丝织厂和苏纶纱厂的工人。我家算是例外，父亲先是在工农速成中学当教工，后来在江苏师院当教工，属于职员家庭。但因为近墨者黑，从那条街上走出来的人，多少都有点乡气，我也免不了，直到现在，与人交往，也仍然潇洒不起来，总被人怀疑不是正宗的苏州人。

西大街和南园虽然属于乡下，但那块地方给人的历史沧桑感却异乎寻常，苏州城里其他地方，或许都不及它。我来到人世间，蹒跚学步，第一次推开家门，映入眼帘的是那座斑驳的瑞光古塔和放生池边的苍老古树。放生池西面有一片荒坟，荒坟里还有我夭折了的弟弟。

长大了些，我便去爬盘门城头，磕磕绊绊，抖抖索索；又去数吴门桥上的石级，一级二级三级，总也数不清楚。

再长大了，到了1958年，一条街上许多人家都去吃公共食堂。食堂设在城墙脚边一座土地庙里，有人说那是伍子胥庙，但因为解放破除迷信，神像敲掉了，所以我最终也弄不懂庙里供的到底是谁，但反正是座古庙。因为要上学，每天一大早一个人先去吃早饭，里面黑沉沉的，踏进去心里怦怦乱跳，吃饭也不定心，三扒两扒之后就要紧逃也似地走了。而放学回家大人问起早饭吃得饱不饱，我还得吹牛说吃了三大碗，好让大人放心。

那时全国掀起了扫盲运动，父亲从工农速中下放到南园大队，白天锄头铁搭劳动，夜里就去帮助扫盲。生产队的文盲都集中在瑞光塔下的瑞光寺里，那瑞光寺也早已沦为民居，鸡狗牲畜与人共屋。夜里点一盏油灯，父亲就给农民兄弟上课。有时我也跟去旁听，因为那些大人们上的课与在课堂上学的居然差不多，也是“人、手、刀、口”之类。如果要讲发音，他们还不及我呢，跟着我父亲，一个个都是苏州官话的普通话，听起来很滑稽。

我读的是新市路上的实验小学，每天上学时总要穿过南园田野和一个叫作靠山上的土丘。那土丘原本都是瓦砾，据说堆积的是从南宋金兵毁城以来历代战乱的废墟，其中有蒙古人占领、清军屠城和咸丰年间太平天国战争遗下的残迹。瓦砾堆上后来有了土,人们种上了薄荷，而且是很名贵的那种，据《吴门表隐》载，那种薄荷只有文庙附近那一块地方才有，叫龙脑薄荷，秆茎绞丝，虬曲如龙。摘一片，放在手心里搓搓，然后擦擦太阳穴，顿时清凉入骨，心旷神怡。

从靠山上下来是梅家桥弄，那时的梅家桥弄靠西一段有几座破败的尼姑庵，东面则是连成一排的残缺的石狮子和石牌坊，横七竖八倒在路旁，就像一场战争刚刚发生，硝烟还在当空弥漫。梅家桥弄北面是一片开阔的菜地，原本宏宇连绵的开元寺古刹，只剩下一座无梁殿还在菜地的尽头孤零零兀立。一百多年前的那场太平天国战争，最终造成了盘门的彻底冷落和苏州城一段时间的萧条破败。多少年后当我明白了这个事实，心里真不知该说些什么。

走过梅家桥弄，进入新市路，煤渣铺就的路面豁然开阔。解放后这里一面建起了工人新村，一面建起了建筑工程学校，一幢幢红砖瓦房，一片片绿树草坪，给荒凉寂寞的南园带来了新生活新气象。而三层楼的实验小学在当时无疑已属高层建筑了，显得分外光彩夺目。就在学校的前面，有三座牌楼鼎足而立，那是文庙前的牌楼群，正中一座是文庙大门，东侧靠人民路的一座叫“德参天地”坊，西侧临工人新村的叫“道冠古今”坊。靠人民路那座解放初就拆除了，到我上学的时候剩下两座。那时读书回家作业不多，每天傍晚放学一路上尽可以慢慢吞吞，东张西望，同学之间说说笑笑，打打闹闹，路边再拔拔野菜，捉捉蟋蟀。伴着夕阳、古树、老鸦，从古道和石牌楼底下走过，那感觉，就像穿过了一条长长的历史走廊。

新市路位于文庙前，那时的文庙，从三元坊逶迤朝南直到新市路，殿宇轩昂，古木森严，每每到此，令人顿生崇敬惶恐之心。旧时圣贤殿宇前路面用矩形石板竖接横排，成篦箕状，故新市路旧称篦箕街。后又因街上多石刻碑记，取其音似，就叫碑记街了。

1963 年我上小学五年级的时候，因为搬家，离开盘门和实验小学，从此和这里的一切疏远了。后来“文化大革命”、上山下乡，又去当兵，等到返回故乡，旧地再去重游，一切已经变了模样，许许多多的历史遗迹都不见了，心里不禁充满了惆怅。

儿时那个充满了历史沧桑的家园就这样永远地消失了，唯有梦中依稀还能见到。而随着时间的渐渐远去，即便是这点记忆也在慢慢地消褪，有时甚至连梦也会变得残缺不全。我开始伤感，心想，等到我离开这个世界，人们还会知道那个冷水盘门么？而等到我们这一代都离开了这个世界，人们还会知道古城旧时的模样么？那可是古城历史上一段难忘的岁月啊！

于是，为了让古城曾经有过的一些东西在这个世界上能够留存得久远一些，我开始了寻梦。寻找我们这一代和我们上一代人曾经有过的梦想，寻找那个已经失落了的古老的苏州。这其中，便有冷水盘门、瑞光古寺和文庙前的牌楼群，自然，还有城内其他许多充满了古老神韵的地方……

就这样，终于有了《老苏州》画册，370张历史照片，370个遥远的梦。在我看来，历史，就是对逝去岁月的梦想？于是，我又执笔，想用文字形式，把苏州人往日的梦记录下来，把遥远的梦展现在今日苏州人的眼前，也许，今后的子孙后代，会从这些照片、这些文字中，认识他们的前辈，认识他们的老祖宗，知道他们曾经努力过，在沧海桑田中，几经战乱、几经沉浮，创造过古城苏州的辉煌，留下了多少历史遗迹，供后人回眸时依依难忘！

2000.1.

阊门忆旧

俞渭生

这是由《老苏州》画册引出的一段童年回忆，即使我已两鬓染霜，却总是难忘我纯真质朴的孩提时代。

我出生在皋桥沿河人家，这是一座以汉代大臣皋伯通取名的拱桥，桥堍西端有一座“六宜楼”，是有名的徽菜馆。解放初期我大约八九岁光景，常常喜欢在皋桥上嬉戏，累了就趴在桥栏上，呆呆张望着桥下波光粼粼的水面，看水中悠悠游过一群群窜条鱼、鳑鲏鱼和几尾小鲫鱼。那时河水清澈鱼也多，不必垂钓，我用吊桶在屋后临河踏板上打水时也常会有意外的收获。打来的河水经明矾澄清后即可饮用，记得我家对面是当时颇有名气的“梅园茶馆”，其水源就是用水车从皋桥河水中取来的。

从皋桥往西行一里路可到阊门，城门位置在今 4 路公交车起点站处。传说春秋吴王阖闾攻打楚国时从这里出征，为表必胜决心，把阊门叫作“破楚门”。所谓“金阊门、银胥门”，那时阊门的确热闹，行人川流不息、商店鳞次栉比，印象中城门附近开了好几家车木加工店铺，其车床都是用脚踩踏的。城门左侧还有一爿刨花店，从前的妇女都用刨花浸的水梳头，功用相当于现在的定型摩丝。《越绝书》中有“陆门八、水门八”之说，在苏州，往往水陆城门并峙。阊门水城门位于陆门之北 10 米左右，五十年代初城楼还在，但护城闸门已毁，城内城外的船只可畅通无阻。在水城门东面有座木桥连接南北两岸，顾名思义叫水关桥。站在桥上可望见水门洞下船儿不停地穿梭来往着，在夏天满载西瓜的敞篷船一艘艘往城里驶来，其间还有一种装运南瓜的小划船，船形前端尖窄，尾部宽平，船上的瓜农一面划着桨，一面用常熟口音大声叫卖。流进城门的水途经阊门皋桥、胥门来远桥，出盘门水城汇入大运河。

阊门水陆城门的城墙上是贯通的，从陆门内北侧一径石条铺设的台阶拾级而上，向北走可直抵平门，向南行则可到达金门城楼甚至更远的胥门。小时候我们一群男孩常常这样“南征北战”，可走遍小半个苏州城。长长的城墙上砖块已经所剩无几，不过是些土墩。城墙上芜草丛生，透着一股荒凉，但我们小孩子却兴致盎然，在草根和碎砖下掏蟋蟀、捉蚱蜢，不知不觉就从这座城门走到了那座城门。遥遥回望自己的家只是一个小小的黑点了。这时夕阳柔和的霞光笼罩在我们身上，归巢的鸟雀越过城墙时从我们身边扑扑飞过，我们这才尽兴而归。

翻开《老苏州》画册，你将发现，它会拾起你梦中的片段记录，带你走进童年田园诗般的回忆之中，温习一刻恬淡宁馨的往事。

2000.2.

古城水缘

谭亚新

早先，苏州有一种称“老虎灶”的水灶，是方便人家泡热水用的。砌一坨灶头，支几只汤罐，取来后门水港之水，炉膛内烧的是不值钱的砻糠，花一分钱就能泡上一瓶热水，吃用都实实惠惠。老虎灶边往往相连着简陋的茶室，居住附近的老茶客，自然每天聚集在这里喝茶聊天（苏州人称之“孵茶馆”）。

我家巷口原先就有一家老虎灶，烧灶头的伙计叫阿二，识字不多，但能说会道，话题总不离他的本行——水。听他说过，苏州老早是块龙脉宝地，稀奇就稀奇在这一片片一道道的“活水”中，水乡土地长出的植物碧绿生青，喝这里的水长大的人也显得水灵……

我不大相信阿二的说法。但一晃好多年过去，却又常常会记起他的说法。

童年时的我，对苏州的水很不在意，随着年龄的增长，不知怎么真还感觉苏州这个地方与水有着一种特殊的缘分。你想，浩浩荡荡的京杭大运河行至这里，怎么就会变得平静和缓了，贴着这座美丽的城市拐了一个舒舒坦坦的大弯，像一幅绿缎子把古城柔柔地包裹了起来……还有那名闻天下的太湖水，三万六千顷丰盈之波，为苏州水城提供了不尽的源头。试着开掘水港引水入城，历经了多少代的修缮呵，才形成“水港小桥多”的格局。苏州人一代一代做足了“水”的文章，生发出种种“靠水吃水”的妙趣，难怪唐朝诗人杜荀鹤见到苏州的水巷，吟出了“人家尽枕河”的诵唱。

我在苏州生活了几十年，大大小小搬过好几次家，可搬来搬去总在水巷边转悠，心甘情愿与水朝夕相处——前门一条弯弯的小巷，后门一条弯弯的小河，脚步敲着青石板的清脆，合着水巷里桨声咿呀……这样的环境常给文人墨客带来灵感，即便你刚作罢力气生活，歇下来坐在门口依然有一份清凉的惬意。

从太湖到运河，从运河到水巷，傍着两千多年的岁月，古城成了一张绿滢滢的水网。

苏州的水巷，常常让我想到一个经济术语——流通。从历史上的繁荣联想到现代苏州的发展，似都与水动脉之流通密切相关。水港的流通引来舟楫，大船驶进了运河，小船摇入了水巷，苏州人看惯了一幅幅“春船载绮罗”的盛世繁华图。我小时候家住在阊门下塘，一条水巷就从我家后门驳岸边流过，一年四季都有载着瓜果蔬菜的船只来往不息，想买啥先闻叫卖声，或亲临水码头看货论价，或从窗口吊只篮头下去完成“交易”……明代才子唐伯虎曾以“翠袖三千楼上下，黄金百万水西东”来描绘，至今难得还能见到这一幕情景呢。

以前苏州还有一种“廊桥”，如彩虹弯弯横跨河上，这种是桥也是楼，常常权作临河人家的通道。当年我们巷内有家小小理发店，店主的家在河的北岸，剃头店开在河的南岸，中间一座廊桥相连，既方便又美观。我去理发时，常常倚在小小廊桥之上，俯视一条条小船从桥下悠然而过，别有一种情致。我想船上人看风景肯定比我更有趣，他们抬头可见一座跨于绿水间的廊桥，低头可赏碧波中的倒影，多么难得的一幅水上美景呵！或许苏州人对此司空见惯，但对那些初到苏州的外地人、外国人，君不见他们在曲曲弯弯小巷中流连的身影？

还是烧老虎灶的阿二讲得好，说苏州像只“古色古香的大茶壶，泡一壶就让你吃得有滋有味”。作为苏州人，我倒感觉故乡像一壶“碧螺春”茶，那清澄碧透的液体中，满溢的是浓浓的乡情和文化……从泰伯南下，吴王建城，秦王置县后，苏州一直就是江南经济文化中心，二千五百年来历代文人骚客留下的文字魅力四射，一首《枫桥夜泊》诗不但兴盛了苏州寒山寺，还漂洋过海写进了几代日本人的教科书，我所接触过的日本朋友几乎个个都能一字不差地背诵之。我从中琢磨出“江枫，渔火，客船……”无不隐喻出水之内涵；再读陆云、白居易、韦应物、陆龟蒙、范成大以及近代俞樾、苏曼殊、柳亚子等众多咏水、赞水、感水、叹水的精彩篇章，感受这些柔和滋润的文字中，凝聚着多少对苏州水乡的一往深情。

原名《水缘》，2000.3.

浒关

杨松年

我八岁的时候，大约是在 1940 年秋，全家由常州迁居浒墅关镇。

浒关镇东临沪宁铁路有一个车站，大运河从镇中穿过，将浒关一分为二，河上自南而北有三座石拱大桥，桥名依次为兴贤、南津、北津，十分雄伟，是连接上塘与下塘的必经之路。镇的西面紧靠观山和阳山，风光秀丽。

浒墅关是我国改良蚕种的制造中心，全国闻名。镇上有大小蚕种场二十余家，著名的有：大有总场、大有一分场（老虎牌）、三元（三元牌）、天远（西瓜牌）、永新（飞虎牌）等。我父亲那时就在大有蚕种制造场总场任会计，所以我有条件到各蚕种场去玩、去看如何养蚕制种，引发了我对养蚕的浓厚兴趣。

于园养蚕场离浒关小学校最近，从我教室的窗口就能看到该场边门外的一块空地，有一个浅坑，里面有许多被丢弃的半大的雪白的活蚕宝宝。养蚕工艺有规定，在喂养新鲜桑叶时，凡不能在短时间内爬上桑叶的蚕，说明它体质不合格，必须连同下面吃剩的残叶、蚕屎一同抛弃。在我们幼小的心灵里感到这是多么残忍的行为啊！于是下课后立即赶到那里，拣回一些看来很正常的蚕宝宝，带回家中，仔细喂养。看着这些救活了的蚕宝宝一天天成长，最后吐丝结茧，心中充满了成功的喜悦。

还有一种乐趣，出郏家弄在南津桥上看船。河里大小木船撑篙的摇橹的川流不息；较大的轮船拖着十几条方头大货船像条巨龙似的，小一些的轮船只拖一条方头大客船，由远而近逐渐驶近桥洞，穿过桥洞再渐渐远去。

当然坐船要比看船更有意思。那时镇上有元元班轮船，拖一条木客船，往返浒关和苏州之间，上下午各一班次。多次跟父亲和舅父到苏州去，大都不乘火车而乘元元班轮船，来回三个多小时，来往船只、两岸风光可以看个够。轮船停泊在广济桥堍，下船后到金门石路一带或进城到观前北局等处，繁华热闹的景象胜过浒墅关，高兴得胜似过年。

上塘街北端的河沿叫作下牵埠头，河岸没有商店住家，地方开阔，是看船看捕鱼的好地方。每逢阴雨天气，坐在岸边用方网捕鱼的人不少，河水清纯，从太湖里一路游来的鱼极易入网。我在一旁观看也能分享到一份丰收的喜悦。

浒墅关还是草席的集散中心。浒关草席闻名全国。镇上大小席行数十家，还有不少草行。一大早草席交易就十分火爆，每家席行都有人在收购，成交后就在草席边角处写上黑色的几个草体字，大概是价格和签名吧，我是绝对看不懂的。席行都有较大的仓库贮存草席，霉雨季节过后即要晾晒，或挂在竹竿上或铺在地上，一眼望去简直像一片浅黄色的海洋。下牵埠头的席行比较集中，如万凤记、张洪源、糜永盛等都是很有名的。

这些都是近六十年的旧事了，写不完也想不完。几十年来我无数次的回浒关，是恋家也是恋乡。浒关有我家的老屋，有亲人，苏州也有，常常旧地寻梦想找回一些童年美好的东西。

原名《浒墅关旧事》，2000.5.

卫道观忆旧

张崇德

一

小时候，碰到别人问起家住哪里，就出个谜语叫他猜：“卫前街、道前街、观前街，不许重复你加一加。”答案是卫道观前。这条街就因为有一卫道观而得名。我家就住在卫道观的隔壁。

那时，热天有当街乘风凉的习惯。傍晚，藤椅竹靠背小矮凳，门口沿墙摆了一长溜做市面，大人们摇着蒲扇吃茶看野眼，论古道今、说三话四。“先有卫道观后有玄妙观”。大人们都这么说，虽然没有考证过，相信这道观确有历史的了。邻近几家人家的后门都和道观的菜园相通，平时马桶就倒到菜园围墙边的一排大粪坑里。

二

卫道观坐北朝南在街中，东靠徐家弄，西至猛将弄，约五十米开阔。正门前一堵照墙上可见“道派联宗”四个砖刻描金大字。门楼下两扇大门三寸来厚，平时只开一扇，另一扇用天落撑撑着。

踏进门，跨过几步长满金钱草、酢浆草和苔藓的天井，就是灵官殿。正中神龛座子一人来高，里面的王灵官神像三尺多高，金身金甲，手执钢鞭高高地举着，塑得弹眼落睛凶相毕露。奇怪的是两旁神座上各有四尊女神像，慈祥端庄，手执丝绞桑枝等物，据说是嫘祖娘娘。大概因为街东头有不少缫丝作和机房（仓街上有振亚丝织厂，草庵弄有千里绸厂），地处丝织行业中心，是缫丝公会把他们供奉的老祖宗寄放在这里的吧？想必是这个缘故。

这灵官殿是我们这批小家伙的乐土，是跳绳、踢毽子、飘洋画、打弹子、滚铜板、掼菱角、拍墙、弯弯四的角的好地方。中午、傍晚，大人们都会到这里来喊吃饭，一寻就着。

绕过王灵官神座，再进去就是一个开阔的石板大天井，靠左边一棵高大的枇杷树后面，是当家法师的书房和住房。朝西是火居道士们的住处。有五眼灶的大厨房、柴房。一条长长的备弄朝南通到边门，再向西通西华堂，直到徐家弄为止。据说西华堂是明朝万历年间宰相申时行的居处，后来一度作为家祠。

从正门朝右走是东华堂，当初申时行读书的地方。一进又一进的天井、房子。刻了文字的青条石嵌砌在墙上，除了供牌位的万年台，香炉供桌，空空荡荡。一个人在那里静得叫人汗毛直竖。1957 年复习迎高考，我就一个人躲在那里，墙上的石碑正好当黑板，用粉笔演算习题。一次听到天井石香炉下蟋蟀叫，“嚯、嚯、嚯”三声后隔很长时间再重复三声。听得出这是一只又老又大的蟋蟀。轻轻过去用力扳倒石香炉，不料游出来一条尺把长两指阔的大蜈蚣。紫得发黑发亮，是我生平所见最老的“老百脚”了。蟋蟀这时当然跳掉了。蜈蚣是食肉的，怎么会和蟋蟀同居呢？再也不到这个地方来了。

东华堂南面是杂草丛生的菜园。

大殿——三清殿，自然居中，在正中央的位置。殿前炉台、铁香炉。三清神像（称之为三清菩萨，恐是道佛混淆之误），虽然比玄妙观里的三尊略小一些，但身下都塑有彩色坐骑，不只是三个圆墩墩而已。六十年代初电影制片厂拍文献纪录片《打醮》，就选在这里，而不是在玄妙观。正殿平时不开放，踮起脚尖从高大的镶木窗棂格里朝里看，黑黝黝的。两旁偏殿，有一处没有进去过，不知供奉的什么神；另一处，搁了许多棺材，是附近大人家存放的寿材，小孩看了都害怕，认为触霉头。

三

庙主姓钱，大人称他钱法师，我们叫他二伯伯。高高的个子，发髻盘在头顶上，穿长衫袍子，斯斯文文，可惜缺了三绺清须，不然可真有那么一点仙风道骨的气概了。见我们一群孩子在头殿里玩，总是和蔼地点头笑笑。好好的方砖地，被我们甩菱角掼得七撬八裂，也不责备。二伯母心地极好，立夏时分，枇杷熟了，她采下来装在篮子里，逐家分送。记忆中那是最香甜的枇杷。

最热闹的莫过于打醮做道场。事先贴出毛笔字写得极好的黄榜告示，然后各方集资捐助，再将收入公榜告示。到时候，里里外外，红蜡高烧，香烟缭绕，鼓乐阵阵。道士们头戴七梁道冠，身穿绣有仙鹤、锦鸡、白鹇等花样补子的鲜亮道袍，合着音乐的节拍跟在法师后面步罡踏斗，通神祝告，顶礼膜拜。规模的大小，看法师的多少。这时五眼灶上下忙得非凡，邻里妇女也请过来相帮。法事结束，赞助的、相帮的，一桌一桌开饭，热气腾天。

道观与邻里的关系也极好。谁家遇到操办红白喜事，往往到观中借些台桌椅凳，碗盏家什，钱法师回答："都是庙产，有借有还就是了。"古风犹存。

可是，听大人说，一次大法师打醮累了，到里间静处打瞌睡，看到一个头戴纱帽身穿红袍的老爷朝他走过来，一吓，中风倒地，不久就升天了。三法师乐器精通，尤其笛子吹得好。解放后转业考进中央民族乐团当乐师。我们见到他从国外（那时多数是民主国家）寄回来的照片，西装革履，完全是另外一副派头了。

留给我印象最深的是我们称之为李先生的道士。那年父亲病危，中医黄一峰、西医马友常先后上门来看过，不约而同，不开方子不留药，无救了。邻居好婆帮母亲出主意，请道士来做做压压邪。死马当活马医，试试。于是清扫出共用的小客堂，请来了隔壁的道士先生。也真亏他们能在这样狭小的地方，螺蛳壳里做道场。大香大烛，吹吹打打，除了念咒烧符，最闹猛的就是铙钹。李先生盘腿坐在中间拜毯上，墙角落四个搭档。铙钹先在他们五人手中玩出各种花样：一个个顶在左手食指尖上，用右手食指轻敲其边，让它不停地旋转；再一个个叠起来，叠成一大幢，三个五个轮番地抛上接下；最后是那位李先生，把一个穿了长带子的铙钹，用双手斜向、平向，飞出去，收回来；正在眼花缭乱之际，李先生忽又在左手食指上平转着的一只铙钹，把那只飞来飞去的铙钹收回来，让它在平转着的铙钹上竖转。整个过程，旋转着的铙钹，发出一阵阵轻轻的、锵锵的、悦耳的撞击声，真比表演杂技还要好看。末了，照例念咒碰灵牌烧符箓，再叫家人随处捉一只小活物（记得我从门角落里捉到一只小蜘蛛）用手帕包好了放到父亲的枕头边，算是恶鬼捉到了驱走了。这一切，当然于事无补。

二法师有个儿子和我同岁，小名兔子。不上学，承父业。他很用功，功课之一是练吹笛子。天蒙蒙亮，他就练了。他的练法很特别，不只是坐着吹，一架长梯靠在天井里墙上，笛子末梢挂个秤砣，一边吹一边爬梯子，上上下下，用以测验他笛子是不是荡平的。这一板三眼的基本功练起来真是不容易，尤其是北风凛冽的三九天。他们用的是竖写的工尺谱，外行看了简直是天书。因为都是小孩子，见面调侃打趣免不了：我们学他通疏头（念经），齉了鼻头拖腔拖调胡咒一通："至心朝礼，玉皇大帝，玄通告上——徒弟徒弟，门角落里，在把斧头，带俚转去，劈劈硬柴，也是好的——太上老君急急如令敕！"

一解放，道教活动看作是迷信，道士们多半成了各剧团的乐师。正月元宵节后，剧团歇年，大家小聚几天。有时凑在一起，点上一炉檀香，各抒其能，切磋技艺。丝竹悠扬，锣钹声响，或三六或是将军令，其乐融融。

2001.3.

水井

车前子

没有什么地方的水井有苏州这里多。苏州的水井不但多，而且还多种多样——在形式上：独井，双井，三眼井，四眼井，七井等。有七井的地方还不是一处，自跨塘桥直北至齐门，有古井七口在路傍，以压城中火患（见顾震涛《吴门表隐》卷十一）。“以压城中火患”，看来是七井的真正用途。

三眼井有排成一列的，也有写出个“品”字：品字井。品字井在汤家巷中，明申用懋记勒石（见顾震涛《吴门表隐》卷十一）。这申用懋是万历癸未进士，官至兵部尚书。爱听弹词《玉蜻蜓》的人都知道申时行，申用懋就是他的儿子。

还有“井挑桥，桥挑井”的，昔人谚云：“出娄门，九槐村（有九棵唐朝时候的槐树，清朝的时候还幸存两棵），井挑桥，桥挑井。”所谓井挑桥，是指桥底有井；所谓桥挑井，是指桥两堍都有井，详见顾震涛《吴门表隐》卷四，但他在注解的时候，说错了，正巧颠了个倒。

有画意的井叫凤眼井，在凤凰山下，甚小，土人汲以缫丝，甚佳（见顾震涛《吴门表隐》卷八）。只知道酿酒重视水质，原来缫丝也是如此。汲井水以缫丝，是一幅好图画。

有的巷名就以井为志：大井巷。大井巷即大酒巷，唐人于此酿美酒处（见顾震涛《吴门表隐》卷四），那么这就尽可以给我想象了。西北有个酒泉，我特意跑去一喝，一点酒味也没有，甚甘冽，倒可以解酒。我就把大井巷里的井想象成酒井，唐朝的苏州刺史大诗人韦应物沽酒泼井，井也就成酒井。北有酒泉，南有酒井。

顾震涛的《吴门表隐》里，多有对井阑石刻的记录，他还搜集了他人的记录，这在其他的地方志书里却不多见："墨池园井阑石刻有'宋□祐七年腊月□兀判司宅重修'等字""朱长巷井阑石刻有'义井'两大字，'元大德八年六月旦日盛带住坐二十八王大妈舍财造'等小字"。这两条见顾震涛《吴门表隐》卷三。井阑现在通常叫井圈，或者叫井阑圈。

井圈又特别好看。宋朝的静穆，仿佛吃素的老和尚；明朝的简洁；清朝的只图实用功能。它们都是石头的。走在小巷里，看到井圈，像看到大地的眼睛——朝井里望一眼。

有象形的石井圈：一只北瓜似的清供在清水之上。这个我见过。

有把井圈做成扇子形的，而这只是我的猜测。扇子井在雍熙寺大殿后西首，吴周瑜故迹，久旱不竭（见顾震涛《吴门表隐》卷七）。我想这扇子井没有典故的话（比如落瓜桥），就可能是把井圈做成扇子的形状。如果是三国时期就叫扇子井，井圈一定是宫扇的样子吧。因为那时候折扇还没从高丽传入中国。

一些井圈的内壁凿了一条条直杠，吊桶的绳子沿着直杠下滑，方便是方便了吊水的人，但也不一定方便。这样的井圈它先破了相，自然显得丑陋了。

苏州完全可以做一个水井博物馆:有关水井的图片、资料、艺术片；挖井工艺；淘井技术；让参观的人学习吊水——我想现在的孩子大都不会吊水了；井圈陈列；等等等等。

前几年，我建议苏州做一个小巷博物馆。如果资金缺乏的话，水井也可以作为小巷的一部分，做在小巷博物馆里。水井是比小巷更古老的物事，在我看来，城市是从水井开始，水井也就是城市的滥觞。靠水而居是对环境的利用，而知道挖井这才是人类的创造和发明。苏州的水源丰富，还挖了如此多的水井，说明了苏州人具有浓厚的城市意识。我这有点儿胡说八道。以前的苏州人挖井，像修路造桥一样，是为了积德:“狮林寺巷大井头井阑石刻文有‘圆明院伏承湖州路长兴州至德乡第四保施主章尧、丁一父母、丁七五郎、丁五八母、丁七三郎、丁寿□郎名同妻顾氏，同施净财，开义井□功德，各家保扶，身宫康泰，寿算增崇者’（见顾震涛《吴门表隐》卷十）”云云。也有为了超度亡灵的。

节选自《再谈井与桥》，2004.2

深巷卖花吟

宣树铮

一位久居纽约年届古稀的北京人说他想北京。我随便问，你最想北京的什么？

声音，他说，打小听在耳朵里的声音：卖硬面饽饽老汉的叫卖声，苍凉啊！夏日里卖凉粉敲‘冰盏’的声音，那清悠；卖羊头肉的；磨刀剪的，剃头的……现在都听不到了。

竟宵春雨，虽然高卧纽约公寓大楼，还是想起了陆游的名句："小楼一夜听春雨，深巷明朝卖杏花。"陆游写的是杭州，我想的是家乡苏州。深巷寂寞，清韵袅袅，卖花声无疑是叫卖声中最脱俗的。只是我没有听过卖杏花是怎样唱的，儿时常听到的是"阿要（要不要）买栀子花白兰花"的吟唱，吴侬软语与花香融为一体。入夏，村姑农妇，三角包头，束腰束裙，挽着篾篮进城，栀子花、白兰花静卧篮中，轻轻覆着沾湿的布巾，倒像是美人春睡。白兰花往往穿在拧股分叉的细铁丝上，配成组，少则两朵，姐妹花，多则十二金钗，密密一排。女眷们好买了佩在襟前纽门上，明媚鲜妍，暗香浮动。也有用麦秆编成一指长的玲珑乖巧的笼子，放进两朵白兰花，金屋藏娇，揣在口袋里，清芬浥人。稠人广众，空气污浊，摸出来一亲芳泽，精神为之一爽。栀子花可用线串成圆镯，戴腕上，像一串玉铃铛，颤动生香，“阿要买栀子花白兰花”，第一个“花”字，情丝袅袅，荡得很长，第二个“花”字，只在嗓子眼里道一声万福，羞于出口。这一声声浅吟轻唱铺出一条细软香径。

除了沿街唱卖的栀子白兰，还有卖玫瑰的，但买主并非用来寄情示爱，而是自家制作玫瑰酱。卖玫瑰花的农妇不走大街好徘徊深巷夹弄。每到炎炎夏日，寂定慵懒的午后，远远就传来了“玫瑰花、玫瑰花”的叫卖声，如叹息，如梦呓。叫卖玫瑰无需大声，因为跟着花香袭来，先是淡雅，渐趋浓郁。玫瑰花盛在筲箕篾篮里，也有松松地打在包袱里，以朵论价，买上百来朵，放石臼中细细捣烂，装入瓷罐或玻璃瓶，加几个乌梅，白糖腌渍，密封，秋后就成了地道的玫瑰酱。

叫卖声中也有激越高亢的，比如夏秋之际背着木桶厉声疾呼于大街小巷卖煮熟菱角的。他们提着秤杆、小篮，一路匆匆快步，出着粗气喊：“沙角菱”“和尚菱”“热乌菱”。沙角菱有四角，和尚菱圆秃，乌菱最大，乌沉厚壳，长一对弯弯羊角。菱贩吆喝起来，总是声嘶力竭，脖子上青筋梗起。三个音节中只有一个音节高声拉腔，主峰突起，余下的两个音节一蹭而过，于是听起来成了“沙——”“尚——”“乌——”，沙哑的、脆亮的、尖利的、厚沉的，前街后巷遥相呼应。当年听到菱贩吆喝叫卖，总感到心惊胆战，仿佛有什么灾祸袭来，而他们是惶惶奔走一路报信的。

如果说，叫卖菱角声叫出了岁月的煎迫，人生的仓促，那么秋冬之际的卖白果则唱出了人生悠闲随缘的一面。秋去冬来，霜风凄紧，每到暮色深凝，街头巷尾就传来了响铃声，伴着悠悠吟唱："烫手炉来热白果，香是香来糯是糯，三分洋钿买两颗，要吃白果就来数。"白果摊好停在路灯柱下，借一片光。摊主守着我们称之为风炉的红泥小火炉，风炉上坐着编制精细的铁丝小笼，网眼匀称，状如茶壶，有手柄。白果放笼里烤，炭火舞青逗红，铁丝笼上方系几枚响铃，颠簸的时候哐令哐令响，宛如古道西风瘦马行。待闻到甜糯的香气，听到轻微的爆裂，也就烤熟了。烤熟的白果装入狭长的棉口袋里，有人买再往外数，还发烫呢。"烫手炉来热白果……"所有卖白果唱的都是同样的调，同样的词。

小时候常听一则笑话，说是一个主人吩咐新来的乡下佣人上街买豆腐花，佣人出门上街转了一圈回来了，两手空空，回主人道：街上卖豆腐花的都喊"完"了。主人又好气又好笑。我们听了总是哈哈笑，我们都知道卖豆腐花从来只吆喝一个字："完"。喊的时候往往按住一侧耳朵，声音出自深谷，盘旋而上，及至登峰造极，即刻悬崖撒手归于寂灭。

叫卖也有自制新词自度曲的。当年我家附近沿街夹道的菜场上每天早晨总可见到一老一少彳亍而行。老的是瞎子，一手扶着男孩的肩，一手拿个小铁匣，脖子上套个布袋垂在当胸。老汉朝天眨着白眼，唱"疳积药饼，杜打油灰，阿要买刨花——"发声嘹亮，迴肠荡气。十三个字板眼有度，徐疾有致，要唱上一分钟。只要瞎老汉一唱，黄钟一声，菜场上的市声就成了瓦釜之音。疳积药饼，治小儿黄瘦积食，装在老汉胸前布袋里。"杜打"意为"自制"，杜打油灰都在小铁匣里，灰白泛绿的小圆饼。一长条一长条薄片片白生生的刨花挂在小竹竿上，男孩执着，如招魂旛一般。刨花是从树材上一片片刨下来的，究竟什么树前些年问过几位家乡耆老也都是含糊其辞。刨花浸了的水粘滑如油，女人们用以梳头抹发，乌光青亮。有道是苏州人的头扬州人的脚，刨花功不可没。

还有一类走街串巷的声音叫人难以忘怀，那出自收破烂杂物人之口。这些人晃悠一副担子，见哪家掩着门留着缝，就上前去唱上几句："锡箔灰换铜钿""鸡毛换草纸""破布头换长生果"……别看一句才几个字音，经嗓子舌面的揉搓，就像拉面一样拉成了宛转的曲调。鸡毛与草纸，破布头与长生果，贫贱夫妻配了对，结为良缘，还拆不开。

前些年回国，从纽约楼宇下来，走进苏州寥寥无几未经改造依然旧观的深巷，但没有了感觉。

有天在街上迎面碰到一位农村老妇，手里托着铝饭盒，里面竟是白兰花。我有点儿愣。老妇人说:"阿要买几朵？便宜点，一角钱一朵。"我说买四朵,给了她一元,老妇人给了我四朵,摸索着找我钱。我说:"卖栀子花白兰花以前都是唱的。"老妇人说:"现在唱给谁听啊？"说着竟哼起来，"阿要买栀子花、白兰花！"还是我童年时听惯的声音，我立时眼泪都涌了上来，"不要找了"，我转身就走。"一声何满子，两泪落君前"，想起了这两句诗。

原名《苏州的街市》，2008.1.

书肆梦回

宣树铮

下着毛毛雨，青石板街闪亮湿滑，石板上大眼小眼，水汪汪的，走起来要一步三跳。跳啊跳，青石板成了木地板，竟跳进了一家书铺，店堂开阔，架上摞的、桌上摊的、地上堆的，全是书，书雾腾腾，而且全是线装书。人不少，都在悄悄翻书，看不清脸。我找个角落，也拿了本书翻，书页上的字像蝌蚪一样在游动，滑溜溜晃眼。终于翻出一本书，上面的字像清溪卵石，清清楚楚，书名是五个大字《桐桥倚棹录》。我欣喜若狂，这可是一直想要而无从到手的书。不知道是怕别人分享喜悦呢还是想要和别人分享喜悦，我怯生生举目四顾。咦，人呢？店里的人都哪儿去了？统统不见了！不对，怎么都变了。这哪是书铺？分明是一间空荡荡的大屋，仅四堵白墙。我毛骨悚然，出什么事了？一定出事了，快走吧！然而门呢？没有门……

这是我今年上半年做的一个梦，我平均每年要做上一个书肆梦，只是多半醒来即忘。如今依然还能记起的另一个书肆梦是逛庞诺（Barnes

& Noble）书店，提了满满一篮书，洋装洋书，一本本比砖头还重，到处找收款的地方，就是找不到，问讯，没人理睬……直到醒来还是没有找到收款处，这些书自然留在梦里带不出来了，但胳膊的酸疼倒是带出了梦。今年这梦记得最为真切，居然连五个字的书名都记得。当时醒来后，心突突跳，想起《聊斋志异》上的描写，某个书生刚被送出灯火辉煌的厅堂华屋，回头一望，竟是白杨荒茔，那一份惊惶凄迷！怎么会做这样的梦，到底有什么依据？于是想起了年轻时逛古书铺翻线装书的如烟往事。

上高中时偶尔读到郁达夫的小说《采石矶》，对黄仲则感起兴趣来，一心想得到一部《两当轩全集》，为此生平第一次跨进了卖线装书的古旧书店。苏州的古旧书铺向来很有名，早年文人学者，包括郁达夫，到苏州没有不去“淘”旧书的。所谓“淘”，也许有沙里淘金的意思，运气好说不定能淘得一本昔日官宦门第、藏书世家散落民间的善本珍本。不过在我念高中的时候古旧书业已凋零，古旧书铺寥寥无几，而且都在苟延残喘，往往是临街一间寒酸铺面，书架贴墙而立，摞满了奄奄一息的书，写着书名的纸条像舌头一样伸出书缝，望去书架上满是舌头，怪怕人的。店主都是上了年纪的，坐在放着砚台算盘的账桌后，托一把小茶壶，像诸葛亮坐城楼，望着街景。那年月革命当道，线装书仿佛都有几分反动派的嫌疑，上门主顾也就很少。店铺白天从不开灯，如果店堂窄深一点儿，即使大天白日，望进去也暮色苍茫。我跑了第二家书店就发现了书架上格并列伸出两条《两当轩全集》的舌头。有两套，一套是大字木刻本，一套是扫叶山房的石印本。踮起脚刚够着，我正想往外抽，店主已站在背后，慢条斯理地说：“我来拿我来拿。”我指着《两当轩全集》，店主道，“那都是古诗啊。”听起来好像是在自言自语。我知道他的意思——你看得懂吗？我故意轻松地回了一句："这谁不知道，黄仲则的诗嘛，常州人！"店主不吭声了，踩了条小板凳取下了书，又拿过鸡毛掸子到门口上上下下轻轻一掸，让它从尘封中醒来。两套书都是三毛钱，两斤来米的价钱。我挑了石印本，嫌木刻本纸黄，模样又傻笨，那时还不懂版本是怎么回事。店主用报纸将书包好，我用手臂将书夹好，黄仲则就此请回了家。

也怪，打那以后，过上一段时间，口袋里稍积了几毛钱，就忍不住会去古旧书铺淘一淘，那几乎是一种诱惑。我喜欢走进古旧书铺的那种感觉，像是走进了另一片世界，尽管门外是阳光灿烂的街市，而这里则是星光熠熠的旷野，散发着略带霉味的暖洋洋的书香。望着满架的书，恰如望星空，一腔肃穆，挪步翻书自然也就轻手轻脚，都不敢大声咳嗽，像年节祭祖怕惊动先人一样。当时对古籍知之甚少，所以也只是漫无目的地翻，翻得多的是诗词，诸如王安石的《唐百家诗选》、元好问的《唐诗鼓吹》、周密的《绝妙好词》，最早都是在书铺里浏览的。书名古怪的也忍不住要翻翻，比如全祖望的《鲒埼亭集》，"鲒埼"？这是什么意思啊？《采石矶》中，郁达夫写到了黄仲则的密友洪亮吉，看到《洪北江诗文集》不免有一份亲切感总得握握手寒暄几句吧！每次进书店少不了要盘桓上一两个小时，临走花上几毛钱淘一部书走。但有那么一次，翻着翻着心里突然惶恐不安起来，"空山不见人，但闻人语响"，有种孤零零陷身深山四顾寂寥的感觉。紧忙撂下书，几乎夺门而出，到得街上，眼前轰一亮，车声语声铿铿锵锵，满街哗哗流着热络的日常生活，心里这才踏实起来。

和古旧书店结缘，前后也就是一年光景，1956年，这些私营书店在社会主义改造运动中统统被"赐死"，沐浴皇恩浩荡。不过在这一年中我陆陆续续倒也淘了一些书，不知好歹的“混淘淘”而已。有的书是一时心动买下的，比如买了一部《施愚山集》，那是因为想起《聊斋志异》名篇“臙脂”里有这位施愚山学使，多亏他才断清了案，买！结果买了以后始终没有认真拜读过。买冯班的《钝吟集》，是因为看中了上面的行书字体，刻工极佳，字又潇洒俊逸，可以用作小楷字帖。至于冯班何许人，那是以后才知道的。另外像《两般秋雨盦》《寄园寄所寄》，则是看到书名别致才买的，自然价钱也便宜。这些书大多毁于“文化大革命”，《两当轩全集》既遭凌迟，被人撕成一条一条，又受炮烙，卷了抽烟，终于灰飞烟灭。如今静卧在我纽约寓所书橱里的《日知录》《随园诗话》《吴诗集览》等线装书是残梦摇曳的劫后余生了。

纽约古书最多的华文书店当推华埠的东方文化书店，自然都是现在的洋装古书。有一回我偶然在一排杂书中淘到一本清人顾禄的《桐桥倚棹录》，真是天上掉下个林妹妹。那可是我在大陆托了多人都没有觅到的，而且价格只有令人难以相信的美元一元六角。没有想到《桐桥倚棹录》今年竟走入了我的梦境，而且改了装束，成了线装书。

原名《苏州的街市》，2008.1.

旧居与护城河

陈平

旧居

上世纪五十年代初，我的家，居住在这个江南名城的西郊，老护城河畔那座已有上百多年历史的古宅院子里。我出生在这里，并渡过了童年的大半！

那时，站在老护城河上那座高大的石拱圆洞桥上，朝北看：这古城历史悠久的老城隍庙，就展现在离你不到三十米处。这里是当时市人委机关办公的所在地。沿着老城隍庙黄色围墙的右侧不远，有条宽不足丈余的石板路小巷子。小巷子两边有许多交叉错落的小店面、住宅。顺围墙一直往西走，快到百米的右手处，来到了一个门面朝南的两扇黑漆门，门牌是“十四号”。走进去就到了我当时的家。

从这两扇黑漆的门面上看，古宅院落并不显眼。但进去后你就会发现，这院子进深足有百米深呢，是由五排宽大朝南的高大平房组成的。每排平房前均有一套独立的庭院，但庭院大小不一。第三、四排平房是属于正宅，所以前面的庭院最宽敞，据说，这位姓王的房东的祖上是位前清时期的大官，后退隐回家，才造了这片大院子。十四号院，仅是其中的一座！

当时我家，就居住在第三排庭院里那三大间高大的平房里。进门后，穿过第一排庭院里那间平房的中间屋，可以走到第二排平房前的庭院，庭院东有个小偏房。穿过小偏房旁的通道，就来到最大的第三排庭院里宽度有五尺的长廊里。沿着那排由许多结实笔直的圆木构架成、廊顶与周围房顶连接的长廊，朝北拐西约走十六七米的砖路，过我家居住的三间平房门口前后，就有一个圆门洞。穿过圆门洞，来到了一个小天井里。走几步后往北一拐，再穿过一个通道，就可以走到下一个庭院里去了！这古宅院是南北贯通的，且各有大门可以进出。

我家房门前的这个庭院很宽绰，除了有条长廊外，庭院里还有个小丘坡，上面有座用太湖石垒起的假山，造型非常精致。沿着小丘坡的两边小路旁，还长满了各种花草，如美人蕉、牵牛花、鸡冠花等，一到秋天，它们就到处开花，争相斗妍，非常好玩。到了晚上，皓月当空，庭院里就会传来阵阵“瞿瞿”的蟋蟀鸣叫声，令人悦耳。假山边有棵高大粗壮的广玉兰树。平时绿叶团簇，非常茂盛。每天早晨，还常会有几只喜鹊栖在树枝上“喳喳”直叫。到了开花时节，树上就会挂满朵朵雪白的广玉兰花，在阳光的照耀下，那肥厚的花瓣，散发出阵阵的清香，沁人肺腑。待到雨后，那棵广玉兰树上的树叶，花蕾和花瓣上都挂满了无数个小水滴，如同挂着的无数个水晶珠子，在阳光的照耀下闪烁着光芒。庭院小丘坡旁边，有个大长方形的金鱼池，周围由许多块形状各异的太湖石环抱着。金鱼池的上面，还有座由一块小石条搭架成的可以南北上下的小石桥。

一阵风吹来，那些随风飘落的广玉兰花瓣，常会晃晃悠悠地落到了那个金鱼池里。这片片乳白色的花瓣，星星点点地落在碧清的水面上，并不停地浮动着，如同一只只小小白船，在微风的驱动下，悠哉！悠哉！到处漂荡，非常有趣！这从未见到过池水漫溢，但也很少见到干涸的金鱼池里，有许多条小金鱼，它们在水池里游来窜去的，时隐时现，追逐着那些花瓣，显得非常活泼可爱！有时我感到很纳闷：这些小金鱼们，从未见过它们吃饭，为什么它们还生活得那样健康、愉快呢？

在长廊与庭院隔开的栏槛中部，有条小道可以走到小丘坡上，也可以走到那小石桥上。但那个小石桥太窄了，我有时不小心就会掉进金鱼池里面去，虽然这池水不深，但有时掉得很不巧就会跌得很重很痛的，所以有时疼得忍不住哭了。

邻居们有事时常从我家庭院进出，都是从长廊里经过的。但要通过那些没有长廊的其它庭院时，就非要从人家的房子里穿过了。因此，只要稍一探探脑袋，这屋里主居家人的生活起居情况，就会一目了然。但因为同住在一个古宅院里生活，时间一长，彼此之间都很熟悉和了解了，习惯成了自然，也不会觉得不太方便了。

我家居住的这三间平房，很宽敞也很高。中间的那间是客堂屋，两边是大厢房。当时，在家里生活共有九口人，但好像未觉得是怎么拥挤嘛。中间客堂屋的门槛很高，房门也很高大，有三对开六扇木门，到了夏天，都可以拆卸下来的。每扇门的上半部，有许多小方格组成的窗格子上都镶着云母片，所以透光性很好。而下半部分的门板门框上面雕刻着许多花卉虫鸟、动物和人物的形象，且雕刻得非常栩栩如生。客堂间与厢房之间是用厚厚的杉木板隔开的。由于年代已久了的缘故，木板已呈古铜色。客堂间里的地面上铺的是大方块的泥金砖，非常平整结实光滑。两个厢房的地面铺的都是结实的杉木地板。厢房里朝南面的木板墙上，有一大排木框玻璃窗户，都是可以从里朝外支撑着打开的，所以光线很足。朝北面的木板墙上，只有一个同样的小窗户可以打开。整个房屋冬暖夏凉！三间高大的屋子里，有许多根粗壮结实的圆木柱子，它们有规则地相互关联和支撑着，显得非常坚实、牢固。而且一到干燥的秋冬季节，屋子里就会散发出一阵阵异常的木头香味，的确令人感到难以忘怀！

长廊走到西边的尽头是个门洞，穿过门洞，就是个天井。天井里有口水井，那井水非常清澈而充盈，但这井水只是用来洗涤的。到了夏天，大人们上午把买来的几只西瓜用网兜兜好，系好绳子放到了水井里去，待到中午后再取出来，那黄瓤的西瓜破开后，吃在嘴里，真的是非常冰凉冰凉的呢。天井旁边有个大厨房,后面还有堆柴草的屋子，厨房里有口大水缸，每天都会有人挑自来水送来倒满水缸。那时，一分钱一担水，倒满了再算钱！

打我懂事起，就认识了这位天天来送水的小伙子，知道他家里很穷，没有钱去读更多的书，所以他小学未毕业，就只好帮家里出来干活挣钱了！但是，他人穷志不短，为人诚实正直诙谐，也很勤快灵巧。深受邻居们的喜欢。后来又知道，他那时才十六七岁，大家都叫他“阿金”。

厨房里还有座两眼大火灶，全家人每天的生活，都是靠着这座大火灶来炒菜煮饭，灌汤烧水，一直到我八岁那年，全家都搬到了新家前为止！

护城河

这座古宅院前门外的小巷子，不深。沿着小巷再向西朝南一拐，不远，就到了老护城河畔。

阳春三月，春光妩媚。这条宽宽的老护城河里，河水泛着荡漾的碧波，时湍时缓地向东流淌而去。两岸沿河滩边曲径蜿延的杨柳树细细枝条上，都已透出了星星点点鲜嫩翠绿的苞芽，树枝在春风的激荡下，风影婆娑地摇摆个不停。河面上，常有些乌篷木船来往。船上装满了各种商品，在乌篷船上那个摇撸人的驱动下，船身在水中一扭一扭地摇摆着前进，搅得河面上白浪泛泛，那水波一波接着又一波地冲击到河岸边。在不远的那座石拱桥下面的圆洞里，不时传来艄公们互相会船的吆喝声。两岸边的码头上，妇女们正在河边洗涤。她们手中挥动的洗衣捧，正在不停地敲打着，发出“啪！啪！”的声音，如同击鼓般久久地回荡在这个老护城河的河面上。

转眼，雨季过后就是盛夏。

猛涨后的河水逐步地开始由黄变清。中午的骄阳，如炽烈的炉火，知了栖在柳树枝上，不厌其烦地鼓躁着。此时，这老护城河里开始热闹起来，大批的孩子们光着屁股正在河里水中嬉得正欢，逮鱼摸虾的、穿水打闷斗闹的、从石拱桥栏杆上纷纷朝河里跳水的，把那河水溅得个白浪滔天，搅得个“天翻地覆慨而慷”。

几场秋雨后，天气很快地就转凉了。

仲秋的早晨，当晨曦刚刚掠过这湍湍的河床不久，淡淡的雾气飘动在河面上，正渐渐地逝去。雾气中，有几艘乌篷木船，正从石拱桥的桥洞中悄悄地鱼贯而出，并徐徐地准备靠岸。那些岸边起早晨练的人们，透过了雾气看到，这乌蓬船上堆得满满的那些筐筐篓篓里，装的都是肥嫩鲜红的鸡婆菱角和浑圆肥壮、白生生的莲藕哩！于是人们一呼百应，蜂拥而至，一阵骚动后，不到一个时辰，几船时鲜便空空如也了！艄公们见了心里开心，但嘴上却还不停地嚷着：“太便宜哉！吃都亏哉！明朝我伲要换地方哉！”可是到了第二天，比今天还早呢，那几艘装满了同样时鲜的乌篷木船，又靠拢到这个码头上来了。

在我上小学二年级的那年夏天里，我的家搬走了！从此，我也很少再回到我出生并渡过童年大半的那个古宅院里去了。

拆前我特地抽空回到了那已阔别多年的小巷子，“十四号”内的旧居里，作最后的告别！看着那些曾留下过自己童年踪迹的假山，金鱼池、花草，庭院和三间高大结实的平房，又摸摸那棵更加粗壮茂盛的广玉兰树，竟久久不忍离去哩！心里默默地念叨：“永别了，古宅院！永别了，我的童年！”

不久原地平整铺设出块块带有喷泉的绿化带，还有五颜六色的彩石子路，风格迥异的风景点。沿街的人行道旁，全种满了棵棵粗壮的广玉兰树。有次我路过此地，抬头无意中欣喜地发现，这其中一棵最高大的广玉兰树，就是我家曾居住过的旧居庭院中假山上的那一棵呢！因为，在这棵粗壮的广玉兰树的树干上，有我小时候淘气爬上树曾用小刀划过的那个“致”字！

2008.2.

团花湖

龚平

唐家巷在相门城内。我住在唐家巷的辰光，正是自己的童年和少年时代。这条长不过三百米、铺着小石子的巷子，地处城东僻静的一隅。

当时在我家周边，“钟楼头”要算是最富有诗意的了。野地其实并不荒芜，附近有许多“种地头”的人家，经常种些蔬菜、山芋什么的。

“野地”这个很大的土坡，一直伸展到江苏师院后门的团花湖。坐在团花湖畔，望着水中对岸钟楼的倒影，这幅纯静的水粉画至今还常常定格在我的脑海里。就因了团花湖对岸的钟楼，这片“野地”又被呼作“钟楼头”。[1]

节选自《我儿时的唐家巷》，2004.3.

---

[1] 本文写于 2003 年 12 月 26 日。

萍踪江南

曾一果

题记：有时候，我觉得江南已是我的故乡，有时侯，我依然有一种孤独感，觉得我始终是它的客人。十多年了，我就在江南——这块土地上羁留、行旅。有点安慰，也有点寂寞，有点欢喜，也有点伤感。如今，我甚至说不上，我是喜欢江南，还是……

1994年夏天，我从苏北的一个中学毕业，考进了苏州大学的历史系。那时坐车远没有现在方便，而且在父亲眼里，我是个没出过远门的孩子，所以开学那天，他特地找了一个熟人的车子送我。因为有车，母亲、大嫂、侄儿和表妹，还有一位邻居也都搭着便车，要到苏州——这个闻名遐迩的天堂来瞧瞧。于是那时还算时髦的桑塔纳满载着一群憧憬的面孔，在朦胧的晨曦中，驶向了江南。

几年过去，我熟悉了这个城市，而我曾经熟悉的故乡，逐渐褪色为一种记忆。回故乡成了一种临时而仓皇的举动：匆忙地收拾行李，匆匆地赶到火车站，急切地排队、买票、上车、找座位；到南京再转车回到在我眼里巴掌大小的故乡。呆上几天，很快又背上旅行包离开。是的，我已习惯了异地的生活。十年中的绝大部分时间，我是在这个江南小城里安静地学习、生活和工作。

有时，我会和朋友一道，或者孤身一人，徜徉在这个城市的每个角落，纵横的河道，玲珑的桥梁、摇荡的船只，古旧的建筑、精致的园林和幽深的小巷，它们是这个城市特有的景物，构成了一种优美的形式，莫不让我感到喜欢。

这是一个水城，水是这个城市的灵魂，许多民居都是临河而筑，有些临河的人家窗户对着别人家的窗户，两排建筑之间隔着河道，而桥将隔开的地方，又连接起来，桥在这里便不仅具有美的价值，也富有了哲学意味，两排建筑大都是白墙青瓦，蜿蜒伸向远方，立在两排房屋之间的桥上，可看到远处的桥，也可以看到河里的小船。暗白的墙上是红得发黑的褐色木窗，屋顶则是黑色的琉璃瓦，它们与白墙构成了安静的色彩。屋顶有天窗，从那里可看到蓝天。或许苏州人意识到他们人多地少，缺少了与自然的亲近，所以他们想方设法接近自然，通过天窗，大自然的阳光便照在屋里。苏州人也喜欢在任何狭小的地方种上花草，他们对土地的珍惜达到了难以想像的地步，只要有一块合适的地方，他们就会建造亭台楼阁、假山小桥，并在其周围种上花草树木。

临水的人家，必铺设了石阶到水里，许多妇女便在石阶边洗衣、聊天，不过这是好几年前的事。现在由于工业的污染，河道里已不能洗衣服了。但是河道上还经常有船只经过，平静的河道上有了船便有了灵动感。在我所住的那幢简陋寓所，每天早上，打开窗户，常见到一只敞开的摇撸，从屋后那条狭窄的河道上穿过，船上是一对穿蓝衣的清洁工，他们一人摇撸，一人用顶部有网的长竿，打捞着水中漂浮的垃圾物，那么协调而有节奏：船慢慢朝前行驶，摇撸起伏，划起了阵阵波纹，长竿一落一起，虽很辛苦，却也充满了趣味。

而在那些宽阔的河道上，船只就多而繁忙。以前从校园里穿过的相门河里，每天都有好多船只，甚至船队过往，有一种几十只船连在一起的“连船”，装载着煤炭、大米和沙子，经常在河道上开过，蔚为壮观，船头站着皮肤黝黑、身体健壮的男人或女人，手拿着一根用来衡量船距的长竿，挥舞晃动，这个景象常让我着迷，它也让我觉得南方有豪迈之处。

河边有一个码头，劳累了一天的人们，傍晚时都把船停息在这里，有时码头一片安静，冬天时，偶尔的灯光照在水中，显得特有暖意。有时码头也很热闹，大概是哪个船民家娶媳妇，船上灯火通明，灯光熏红了水面，喝酒的嘈杂喧哗声老远可以听到，深夜里，偶尔也会听到哒哒的马达声，这样的情形定会让文墨之人深受感染。

那些离开水的地方，是巷子或街道。有时巷子很热闹，人来人往，尤其早上时，巷口热气腾腾的包子店围坐了一大群人。巷子里则通常蜿蜒曲折，纵横幽深，甚至有点千变万化，走在里面，一不小心，就失去了方向感。两边是陡高、雪白的墙壁，巷道却狭窄得很，有时甚至只容一个穿行，如果这时对面来个人，便有“狭路相逢，勇者胜”的味道，有时巷子里空无一人，还会滋生不测之感。但许多时候，这里生长的是一种柔情密意，一种邂逅和奇遇，在春雨缠绵的日子里，孤身穿过“雨巷”，谁都希望碰到一个撑着油纸扇的丁香姑娘，朝你投来“惊鸿一瞥”。那些深深庭院也让人好奇，每当我从某一个紧闭的大门前穿过，总在想：“这里该有点奇异的故事。”

街道上则热闹繁华，每天都经过一个叫“十全街”的地方，那是个繁华忙碌的街道，开设有古玩店、酒吧、茶馆和首饰店，每个店铺的大门敞开，直到深夜。如果嫌太吵闹，你就独自或邀一两个朋友，到一个叫“水天堂”的茶馆里坐下，打开窗户，要两杯“碧螺春”，一边品茗，一边聊天，一边欣赏窗外的景致，必定很有情趣。若这样还不行，那索性邀请两个好友，到附近的园林，或周边的小镇转转，日常的劳累和烦闷，必会渐渐消散。

就是这样，我在这个城市的大街小巷，走走看看，不知不觉，断断续续，消磨了十余年的光阴。是的，我喜欢这个安静的地方，这地方有诸多富有味道的景物和人事,我几乎把这里当成了“故乡”。但有时，我依然感到寂寞，甚至怀疑我的喜爱，这个地方太安静、惬意，安静得都没有梦想了。

过于细致的心灵，使得他们与人交往的过程中，总保持着一定的距离，无论是如何亲密的朋友，甚至是亲人之间，都有意识地保持着距离，这在他们看来，一方面是保护自我，另一方面是对他人的尊重。然而，这却使他们的心灵永远处于半封闭的状态，他们便很少有真正的朋友，尤其是无话不谈的知心朋友。我不能再说下去了。如此喜欢这个地方，怎么却又说了诸多的坏话呢。是不是因为萌生倦意，想到北国，或更遥远的地方去?

我有过短暂的离开，实际上，那只是一次逃逸，借一个冠冕堂皇的理由，到了新疆昌吉的一所大学里支教，但那不能称为漂泊的经历竟然成了日后炫耀的资本。那确实是自由的一段时光。那儿的景物与江南完全不同，尤其是到了冬天，那小小的城市，便被厚厚的积雪笼罩起来，每次下雪，我和同去的一位，总是欢喜雀跃，站在窗户前看雪花飘落。停了雪，便跑到街上去看雪景，那个城市很小，用不了半个小时，便可以绕城一周。到了吃饭时间，我们在一家名叫“宫廷葱花饼”的小店里，买两碗玉米糊，再各加一个葱花饼，“宫廷”二字很气派，但整个店面其实不足二十平方米，开店的是三个甘肃人，两个小姑娘和一个小伙子。有时，朋友也带我们去吃羊肉，一大锅羊肉端上来，热气腾腾，吓人得很。吃了两口就饱了，他们便说：“你们南方人的胃真小。”我怎么写到了北国去呢？是啊，我有点怀念那个雪花飘飘的地方。

2006.2.

小学碎影

王阳明

我是小学四年级转学到苏州就读的，当时祖母看我父亲生活不易，就把我接来抚养。那时苏州人到上海去叫“上去”,从上海到苏州叫“下去”，上海人眼里苏州是“乡下”，我就算是“下放”了。

到苏州进的是养育巷第一小学，简称“养一”，在景德路上。是我堂兄的同学张达伟帮忙联系的,他在学校任教。开学前他带我去认教室，从窗户往里看还有点够不着，他把我抱起来才能看清。学校不大，有的教室是用芦席隔墙而成，与原来上海的校舍比真是“很土，很乡下”。但此校与“环秀山庄”在同一小弄里，山庄几乎是学校的后花园。

环秀山庄在苏州园林中是袖珍型的，但在造园艺术上地位极高，最早可上溯到晋代的“景德寺”，几经兴废，明朝万历年间是大学士、状元申时衍的花园，申状元也是弹词名篇“玉蜻蜓”里的主角，古往今来有一番故事可讲。园里的假山出自名家之手，占地半亩，却尽显山中景象，有尺幅千里之势，独步江南之誉，所谓“造园者不见此山，正如学诗者未见李杜”。有此名园为邻，学校何陋之有？山庄不对外开放，但有时体育课老师会带我们进去玩，更有时与同学溜进去，偷摘园里的枇杷，与看园老头斗智斗勇。

我从小学到初中继而高中，总有缘与名园相伴，由环秀山庄，而后怡园，再后沧浪亭，切身感受到人类文明的精致，到大学又与“圆明园”为邻，深感文明的脆弱。

相比上海同学，苏州同学更显单纯朴实，课余常踢皮球，养蚕玩，有位同学家里有片桑园，常去采些桑叶。蚕宝宝很娇气，容易拉稀，我养的等不到吐丝就都呜呼了，原以为蚕茧都是白色的，其实不然，也有粉红的，浅绿的，很稀奇。

六年级时，怕考不好中学，与三四位同学共请一位“家教”补习，每周两次，每月二元学费，与今之每小时一百元乃至二百元的时价相比，真是“换了人间”，这是我唯一请过的家教。

张达伟长得一表人才，白皙清秀，文质彬彬，却有傲骨，可惜出身不好，无缘上大学，曾想不开而喝墨水，吞图钉，上吊，“三料”自杀，竟未死成，当了教员。后来到“文化大革命”，终于自杀成功，差点把年幼的女儿也带走，足见其对人世之绝望。

家里常雇的女佣叫“阿金”，四十多岁，郊区“溪上”人，也即“越溪”或称“越来溪”，二千年前越王勾践攻吴，就从那边进来的，越人屯驻在那里，是名越溪。阿金是典型的吴地农妇打扮，一身蓝土布斜襟衫，围条“竹裙”，足蹬草编船型鞋。她叫我“毛少爷”，我小名“毛毛”，儿时头发稀软而得名。有时下雨，她到校送伞，也如此称呼，搞得我很不自在。后改称“毛毛倌”，这可以，和“牛倌”“羊倌”差不多。有一回家人让她到邮局买张邮票寄封信，她兴冲冲回来说：“我看邮箱边没有人看，悄悄就把信投了进去，省了邮票。”

我到苏州后，祖母就与伯父家分开起伙了，与我两人单独开伙，她是为了“长治久安”。为了经济自立，她把第二进房租了一部分出去，房客是位姓朱的老先生，浙江平望人，据称上代做过道台，他的女婿是上海著名作家黄裳。朱老先生闲来就自己一个人摆围棋，也写书，写了本白话文的“火烧赤壁”，从“火烧新野”写到“赤壁大战”，这是我读的第一本“三国”故事。

五十年代中期苏州才开始铺柏油路，以前大街小巷均是石子路，街边都是梧桐树，不高，但伸展得开，能遮阴。夏日七八月，天气闷热，每日傍晚洗完澡，提桶凉水，把大门前人行道的灰土、热气冲刷干净，安放好竹椅，就在门外乘凉，开始欢乐时光。看街上风景，也当风景中人，就像今日T形舞台下看时装秀的观众，看人流如鲫，谁家阿姨时髦，谁家姑娘漂亮，尽在巷议之中。那时苏城人口五六十万，七拉八扯的都能找出点关系，哪怕是“坟客家的乡邻”，谁想保持点隐私可不容易。

那时人们也“追星”，追崇当红的评弹艺人，艺人们赶场乘的是专包的三轮车或“黄包车”（“骆驼祥子”拉的人力车），比一般的车宽敞干净，罩着白布椅套，车前挂着铮亮的马灯，车铃叮咚也与众不同，男的一身长衫，女的一身旗袍，头发油光水亮，蚊子都会打滑劈叉，招摇而过。有时祖母跟我开玩笑说：“你长得不错，去学评弹吧。”

稍晚，叫卖炒白果、五香豆、糖芋艿的小贩出场了，敲梆子，吆喝阵阵。

那时没有空调，电扇也很少，人手一把蒲扇或纸团扇招引清风。闷热天很难熬，床睡热了换到桌上，桌子睡热了换到椅子上，一夜几换。作为孩子最爱听人讲故事,每晚围着邻居“王老板”要他讲鬼故事,一边听一边不时往黑漆漆的“财神弄”深处瞄上一眼，有一种刺激和快感。怕鬼也是种快乐，一个人全不怕鬼，就失去某些感觉，会少不少乐趣。只要“鬼”能使人少做些坏事，就有其存在的价值。

家里天井顶上装有大布蓬，夏天拉出来把整个天井都罩住，挡住热气，显得格外阴凉。天井里支上竹塌，可以下棋，看书，摆上小桌还可吃饭。苏州人做菜很精致，我常看祖母炒菜，许多人以为苏式菜就是个“甜”，这是种误解或误导。苏菜看起来“浓油赤酱”，其实是讲究一个“鲜”字，苏式菜烹制时都加点糖，不是求甜，而是为把鲜味“钓”出来。此鲜与广东潮州菜之“鲜”不全同,后者是“生猛海鲜”,鲜活之“鲜”，苏式的“鲜”不仅在鱼虾，也在于素菜，如蘑菇、冬笋、豆制品、蚕豆、雪里蕻都很“鲜”，酱油是黄豆制成的，豆里藏鲜。吴地有种酱菜“春不老”，用萝卜和青菜在春天五月间腌制，到冬至启封食用，青翠玉白，鲜而不咸，原是尼庵的秘制，后传入民间。冬至节喝“冬酿酒”，尝“春不老”，冬令春意，别具风味。

2008.6.

牌位凳子

韩树俊

小时候读书时就知道，学校是由一个祠堂改建的。后来在一份资料中得知,那是白居易祠。学校原是个祠堂,我们当年坐的“牌位凳子”可以作证。

1949年前后平直小学一二年级学生坐的小板凳，是由三块木板钉成的，长一点的一块是凳面，短一点的两块与凳面垂直钉在一起就成了凳脚。这些木板都从祠堂里“就地取材”，是祠堂里的牌位。

坐这样的牌位凳子，让人不寒而栗。有的小板凳把凳面翻过来，牌位暗红色的底漆还没有刨光，中间那凹陷下去涂金粉的字让人看了就害怕:“考妣 ××× 之位”“先祖 ××× 灵位”……尤其那个繁写的“灵”字,“雨”字头加三个口,像张开了血盆大口随时都要把你吞噬一样，下面还有一个长长的、大大的“巫婆”的“巫”字。这对于一个小学一二年级的小朋友来说着实可怕。

对于今天的孩子来说，坐这样的凳子绝对是不可思议的，无论从民俗、卫生、心理的角度看，都是无法让人接受的。但是，在那个年代，我确确实实坐了两年“牌位凳子”。

节选自《平直忆旧》，2010.2.

人在山塘

潘敏

一

旧时，青山桥绿水桥一带的两岸，虎丘的花农种满了白兰、茉莉、玳玳、栀子花等花树。清明节后，花树出厢，花农们开始忙起来，打叶，剪坏根，翻盆。翻盆，是把隔年的田埂泥敲碎，拌上砻糠灰，翻入新盆。树一年年长大，小盆常常要换作大盆。

四月这个时候，茉莉的新叶要爆出来了，爆出来的新叶绿得透明，在阳光下有水色。

到了花开的夏季，花农摇着装满白色香花的小船从青山绿水桥下过，送到茶厂去窨茶叶，花香在山塘河上一路弥漫。

二

半塘，曾是整条山塘街上我最熟悉的、最热爱的一段，也是我童年臆想中的繁华地方。理由只有一个，那里有好吃的，似乎要什么有什么，想到半塘或者看到半塘，应该咽口水。

在那时，从我的家到半塘要经过一座小石板桥，再穿过两道铁路。这是我害怕的两个地方。小石板桥上没有栏杆，极窄，两个人并排走都难，每次经过我都要拉着别人的手，怕掉进河里。只能一个人去半塘时，我内心恐惧，但还是忍着腿软，脚横着走过去。还有铁路，想抄近路从上面走的话，一看见火车轰隆隆地过来，也是很恐怖的事。如果不是到半塘，如果半塘没有我热爱的吃食，我想我是不会去的。

明清时的半塘，向西至普济桥，有卖竹器的铺子，有卖花树的店，卖洋琴的铺子，还有酱坊等。“苏州好，竹器半塘精”。等到我去半塘的年月，卖竹器的铺子还在，小椅子，扁担，晾衣竿，都有。卖花树和洋琴的铺子没见过，不过那时我不知道这些，也不会关心这些。我关心的是小馄饨芝麻汤团，是一包拷扁橄榄一包支老卜两粒咸味糖，是一只橘子一根甘蔗几只荸荠。半塘就是这么美妙的地方，天下所有的小孩子都会爱这样的地方吧。

半塘彩云桥堍有爿理发店，理发店东对面有家大饼油条店，大饼油条店北对面是茶馆店，我站在那转角的路口，有时会想，长大了我要做理发员，穿白大褂，干净好看。大饼油条店油烟气重不干净，茶馆店里水雾腾腾太暗。现在，店都在，人少了些。山塘河水流到这里，似乎突然安静起来了。

从前的热闹是家常的，现在的安静也是家常的，各有各的日常生活滋味。

三

山塘街上有紫藤，也有梧桐，都开紫花。

天井里，方正微蓝的天底下，窗台上粉红的石蜡花开着，着地种的树长得油光水绿，两只毛色一模一样黄的小狗在晒太阳。两个阿婆坐在树荫下的小矮凳上，一个抚弄小狗一个打着毛衣，篾黄的匾里晒着挂面和笋干。树上、屋檐下挂着一笼笼黄的、翠的、黑的鸟。一只鹩哥和一只八哥隔笼相望，说着人听得懂的鸟语，大鹩哥在那里说：阿爹，你好。小八哥在一边说：勿要你讲。

节选自《人在山塘》，2010.3.

黄昏绢本

石青

三十年前，大约十全街还叫友谊路的时候，苏州城的黄昏一如绢本般的安谧。才下过雨，五龙堂的石子路斑驳透亮，褐色的塑料凉鞋踩在上面，一路打着滑。一个小孩浑身湿透，手里捧着一只玻璃瓶，就那种广口的，装玫瑰腐乳的瓶子，里面盛着四只活物，刚从南园上捉来的蟛蜞。快到家了，他走得更小心翼翼。

边上一个带伞的伙伴，比他大几岁，一把油布伞时而拄地，时而扛在肩上，从未见撑开过。当走过那段高高的围墙，他突然大叫起来，伞柄往里一指，喏，蒋介石的小老婆就住在里面！

小老婆啥意思？不太懂，瓶子里的小螃蟹只能叫蟛蜞，这倒是知道的。也不去管它了，反正地主坏分子都有小老婆的，何况蒋介石！

节选自《冶长泾》，2010.5.

从渡僧桥开始

石青

石路常给人这么个印象，人多，店多，桥多，茶馆多……红尘滚滚，似水流年，自然也留下了许多传说和故事。这里的每一条街，每一座桥，无不铭刻着属于它们的红尘记忆。

比如说渡僧桥，我一直觉得这就是一个节点。一个繁华与落寞，浪漫与现实，入世与出世之间的节点。它一头连着石路阊门，那是何等繁华所在，曹雪芹所谓“最是红尘中一二等富贵风流之地”；另一头连着姑苏第一名胜——虎丘。如果说，七里山塘从渡僧桥头算起，那么，石路的故事也常常是从这渡僧桥开始的。

清代乾隆年间的《苏州府志》对这座桥如是记载：孙吴时，民为舟以济商，有僧呼渡，舟子弗应，僧折杨柳枝浮水而渡，众惊异罗拜，愿藉神力成此桥，遂募建，不日而成，以渡僧名。

虽说是正史记载，但读来总觉得靠不住，太过怪力乱神。之后，有历史学家寻证，此桥始建也不在孙吴，而在北宋至道年间。这种学术考证就更无趣了。相反，苏州的老百姓会告诉你另外一个版本的渡僧桥故事，谁听了都不会忘记：

不知何年何月，山塘街上有户人家，女主人年轻守寡，带着一幼子艰难度日。隔河有座寺院，一僧每日见此妇人在对岸淘米洗衣，遂起相思。天长日久，竟两厢情愿。为避人耳目，和尚常于夜半泅水过河与妇私通。一晃经年，幼子长成，并考取功名。那和尚却情深依旧，仍于夜半勉力泅水私会。毕竟年老，过河后浑身湿透体力不支，妇人则以身体暖之，嘘寒问暖互诉衷肠，至鸡鸣老僧又泅水而返。儿子嘴上不说却心知肚明，见和尚情深意切，又不忍拂母意，便在河上造了一座桥，名为便民，实为免和尚泅水之力。又过数年，妇人年迈去世，临终因得和尚慰藉，走得极安详。

本来这故事也该结束了，千百年的伦理纲常之下，居然能容得下如此人性的做派，足以撼天动地了。很遗憾，狗尾续貂，故事还要继续往下说：

母亲死后，儿子尽孝料理完了后事。接下来做的头一件事便是回家取刀，过桥进寺手刃老僧。和尚似乎知有今日，无一丝反抗，闭目受死。事毕，儿子自至衙门归案。说到这，如果是苏州评弹，说书先生定会醒木一拍，念出一句定场诗：造桥报母恩，杀僧雪父仇。

千古人情，道德文章，不过是渡僧桥头才下过的一场清明雨。不死的，还是那个正在泅水的僧人。

如此的野话实在是太多了，所以苏州人爱听书，孵在石路的老茶馆里，沏一壶茶，听一档书，看看河里的船来来又去去。

离开石路的繁华，从渡僧桥头走下去，就是七里山塘。所谓七里，民间也有争议，认为此“七里”并非指长度，而应该写作“七狸”。传说明朝朱元璋路经山塘，见山塘河有龙气，担心江山不稳，遂命刘伯温跨河造了七座桥，如七把锁一般锁住龙身，又雕了七只石狸猫，耸立桥头永世看守。老苏州人对这七只石狸居然还一个个报得出名字：山塘桥的是美仁狸，通贵桥的是通贵狸，星桥头的是文星狸……反正，假作真时真亦假，真作假时假亦真，这《红楼梦》开篇第一回里，引出甄士隐和贾雨村的葫芦庙，传说就是山塘普福禅寺的影子。

在石路的老茶馆里听完一档书，带着那种似梦似幻、亦假亦真的感觉，行走在石板路上，常常是会有奇遇的。或是某个黄昏的雨天，前面弄堂里撑出一把油布伞，伞下的人道骨仙风衣袂飘飘，跟着他一路走去，一拐弯，庭院深深……不过，即便碰见了，也不能告诉老苏州，他们准会凝起眉头煞有介事地提醒你，阿会是碰着石狸哉。

2011.5.

马平　图

卷三

苜蓿花球

王利群

绿油油的苜蓿开花时节，一朵朵淡紫、粉红的、由细细小小的花瓣拼合成的苜蓿花在细长的茎上摇曳着，在金灿灿的油菜花、和煦的阳光映衬下，真是有着说不出的动人。

每每这时候，母亲就要带我到花海中去采集一大捧苜蓿花，然后用一根细棉线仔细地把花茎扎紧，再把花瓣散开，一个小巧精致的花球就出现了。我总是小心翼翼地把它别在胸前，睡觉时把它挂在蚊帐里，即使干枯了也不舍得扔掉，要放在书本里好长一段时间。

节选自《女孩子》，2000.5.

小书情

何大明

苏州的过去和现在都有不少书店，新华书店就数观前街的名气响。古籍书店呢，文学山房就可翘大拇指了。但是，那些遍布大街小巷的小书店和小书摊，也可算作苏州一景，这是苏州小囡启蒙教育的知识乐园。

小书店和小书摊租阅小人书。所谓小人书实际就是连环画书。我们小时候租书的小书摊一般都由私人开设，门面不大，门口挂着五彩缤纷的连环画封面，算是店招。拥挤的客堂间隔出一半或者就用店主家的灶间，放上几个书架，置上几张长短板凳，就是我们这些小读者的阅览室了。

连环画的内容丰富，有民间传说、电影故事、传统戏曲等。男孩子们最爱看打仗的书，老书有《三国演义》《水浒》《西游记》；新书有《红日》《上甘岭》《董存瑞》；后来又有《卓娅》《丘克和盖克》《安徒生童话》……小小书店足够我们这群小孩子过书瘾了。

一本小人书租金虽只需一分钱，对我们小孩子来说，手里的“铅角子”并不多。于是，我们也会想办法少花钱多看书，最常用的办法是“挑书”，左挑一本翻翻看看，右挑一本翻翻看看，似乎是想挑最好看的。实际是我们已经白看了好几本了。店主发现我们这些鬼把戏后，就对我们很凶，大声训斥，吓得我们赶快挑几本坐下来乖乖地看书。有时，几个小朋友一起来到书店，挤坐在一起，趁店主不注意，迅速交换着看；或者两个人搭档，坐在一起，我的书翻给他看，他的书翻给我看，只要适可而止，店主也就不加干涉。

也可以把书租回家看，一本一角钱，第二天就要还书。我们几个小朋友就合起来租一本，回家后，晚上轮着看或在一起看，这样就可以天天看到新书了。想想当年我们儿时的岁月，再看看现在的儿孙们，吃一次冷饮，就得吃掉当年我们一年半载的租书费。

小书摊一般设在闹猛地段，当时北局一带最多。摆摊的多是失业的男子，扁担一挑，木板一搁，放上小人书和几张小板凳就开张了。中午和下午是小学生最多，也有一些在家闲得无聊的老人，经常到小书摊上来消磨时光，还有一些外地人，到人民商场买完东西，顺便在书摊上歇歇脚。碰上星期天，有时人多得连凳子也坐不上，小朋友们就坐在街沿石上看。

我们曾经喜欢上一位老人，他的书不管厚薄，一分钱可看两本。对我们又特别地和气，星期天只花五分钱可以连看一下午。有时觉得不好意思，就硬充大人，要帮他挑担，一人挑，两人扶，真是“六指头帮忙，越帮越忙”，老人前前后后照顾着我们，比他一个人挑担还吃力。直到升入小学五年级，功课紧了才不得不和他的小书摊告别，但对老人的情谊和对他的思念，却至今未泯。

如今，苏州的大街小巷里，专供租阅小人书的书店和书摊已经消失。新华书店、邮局和街头书亭里，各类装潢考究的小人书也是琳琅满目，内容却有些令人失望，不外乎是警匪、打斗、妖魔鬼怪，造型可憎。每当看到中小学生沉湎于此的时候，我心里便会升起一丝苦涩的遗憾，更加怀念起当日的悠悠小书情。

原名《悠悠小书情》，1994.4.

童年坐航船

龙池

苏州水乡，湖泊星罗棋布，港汊纵横交叉，进城下乡，都得乘船，有轮船、航船、游船。旧时，苏州金门外南新桥一带是有名的水陆码头，万人码头附近停泊的小火轮很多，南浩街那儿则停泊许多航船，这是人们常乘坐的那种，不大不小是船兄弟中的老三老四，它能坐人也能载货。船身油光锃亮，标新立异之处是把船舵在船艄高高竖起，上面写着吴江、平望、同里、木渎、东山等地名，乘客只要在岸上一望，便能找到自己要乘的船。

当年，我经常坐航船往返于城里和乡下的家，年龄虽小坐船资格却很老。我常坐的那条航船被桐油油得光可鉴人，味道难闻却使我兴奋，只要坐进船舱，就可以不进私塾，不见老先生的面，还可以在城里玩上一天，在那时就赛过过年了。

船老板姓王，脸上有几粒麻子，人称王老板，熟人就叫他王麻子，他也照样应着。一件长衫已看不出是什么颜色，那袖子和船身一样的油亮，腰间串着一只硕大的牛皮夹，里边装着人家托带物品的贷款和字条，诸如蓝士林布六尺半、白酒一甏等。摇橹的阿五是个年轻的小伙子，敦厚壮实的身坯和王老板那秋丝瓜般的身材对比鲜明。王老板一声吆喝："开船哉！"阿五随即搬橹解缆，接着身躯便前俯后仰地摇着橹，光脚板随着身躯的晃动在平基板上前后地踩踏着，不时发出啪哒啪哒的声音，好像击鼓伴奏一样。

航船在碧绿的水面航行，轻巧如燕穿梭在夹岸垂柳之下。两岸景色如画，堤岸边农田里排出的水形成小小的瀑布，银色的水流直泻河滩，阳光之下竟然晶莹夺目。鲫鱼、鳜鱼是最喜欢"抢水"的，不时逆水向水面上窜；野菱、浮萍不时从船身擦过，引得乘船人都想伸出手去采几把野菱，其实是可望不可即；最没有规矩的要数水蛇，它总是不断地弯弯曲曲地横穿水面，这些都是我坐船时消磨时光的最佳景观。

黄梅天莳秧时节，河滩边常常泊着不少渔船，多数是捕鳝的，船头船篷，河滩岸上，鳝笼堆积如山。船主的打扮有些怪，蓝布衫灯笼裤，裤的两侧打了无数的裥，裥上又挑了图案。蒲扇般的双手不时掀开笼盖将黄鳝倒入桶中，有时也有意外收获，倒鳝时居然倒出了一条赤练蛇，把看的人和倒的人都吓了一跳。

进城途中要经过不少石桥、木桥、竹桥，结构简单名字也简单，用什么材料就叫什么桥，所以一路上只听见说：小石桥到了，小木桥到了！难得经过一二座雕琢得十分精致的桥，有人就会走上船头品评一番。桥洞两边的石柱上刻有名人拟就的对联，对仗工整，刻得也美，对联的上面刻着如意头，对联的下面则是浅雕莲花座，线条流畅，点划如书。我只觉得像煞哉，大人们就说真是鬼斧神工啊！

枫桥是桥中的名士，航船到了这里气氛骤然紧张起来，船舱里的说笑声变成一片寂静。王老板嘶哑着喉咙直叫:“来船松摇!”本来悠悠然坐着的他，这时手执竹篙站在船头，一如立马横戈的将军，船近桥处四水交汇，形成许多旋涡群，湍急的水流常常把船冲向桥基，一不小心就会出“船祸”。只见王老板指挥若定，一会叫阿五推艄，一会又叫扳艄，竹篙在他手中点、戳、勾、拉、撑地挥动着，最后只听得“嘭”的一声，竹篙已放在船舷边，船已窜过急流滑过桥洞来到街岸边了。

枫桥十分闹猛，商贾如云店铺林立，有名的“枫桥大面”散发出阵阵香味向船舱袭来，引得一大早赶船的乘客，个个饥肠辘辘。但离城还有一段路，只好见枫桥说枫桥，用故事来消磨时间。据说枫桥开始造时，造了坍，坍了造，就是造不出来。后来买了一对童男童女把他们打在桥基下，又来了一位仙人托住了桥背才把枫桥造起来。就在这种荒诞而残忍的叙谈中，航船驶进了市区。

进入市区，河道顿时狭窄起来，航船像个刚会走路的小孩，谨慎地穿行在大船之间。岸上房屋鳞次栉比，驳岸上的条石水埠犬牙交错，行船比过桥洞还难，怪不得王老板早已手持竹篙站在船头上了。只见他竹篙往船左舷一点，阿五一扳艄，航船一头扎入了与水道平行的普安桥桥洞，普安桥与其他的桥不同，在桥北有一座庙与桥相连，在水面上形成一个水上坑道，船到里面光线很暗，王老板在船头前方一点篙，船立即后退，船尾渐渐退出桥洞来，只见阿五再一扳艄，王老板再用篙一撑，航船已掉好头，竟然稳稳地停在茶馆的水埠边了，订好下午回程时间后，乘客便纷纷下船各办各事去了。

每次回航，我都是闷闷不乐的，真是进苏州心情舒畅，回乡去愁肠百结。我对没有假期的私塾和板着面孔的老塾师，很是厌烦也有些害怕，但又不得不回。只有一次例外，那就是父亲在苏州为我买了一支竹笛，我对着笛孔拼着全身力气，也没吹出一丝声音来，可是竹笛一到父亲的嘴边，悠扬而高亢的音符立即从他的指缝间流淌出来，我真不明白那粗糙而长满老茧的双手是如何把握住那些优美的乐曲的？那乐曲随着航船的摇荡飘向水面、飘向岸边，飘向我的耳际，沁入我的心田！

1996.4.

夏夜捉“纺织娘”

李孝祥

夏末初秋的一天，一位乡下亲戚大清早就来到我家里，喜孜孜地拿出一只麦草编织成的小笼，里面装着一只生青碧绿的“纺织娘”，说是送给我儿子玩的。城里孩子没见过，接过“纺织娘”也不知道怎么个玩法，呆呆地望着我。亲戚对我笑着说：“你小时候是最喜欢捉的了，南瓜秧子一爬藤，叶子长到手心大，你就会到南瓜田里把南瓜叶子一片片地翻过来捉‘纺织娘’，踩坏了瓜藤，还要挨打挨骂呢！”

一句话猛地把我推到了童年时代，儿时捉“纺织娘”的趣事浮现眼前：因淘气挨打在瓜田里逃跑却因此踩坏了更多的瓜藤，气得父亲隔着田畦脱下鞋子向我直掷过来，我只好躺到田沟里，滚了一身泥，还得让父母捉到小河浜里替我洗干净。

我老家在市郊阳澄湖边，河道纵横，流水小桥，是典型的江南水乡。四季作物茂盛，冬种小麦夏种稻，地头屋角种瓜点豆，家家户户都在宅边种着垂柳翠竹、桃杏李树，一年四季满目葱郁，这是我童年里的仙境。每当夏初，我就牵肠挂肚地盼望着田里的南瓜秧子快快爬藤长叶子，倒不是想吃南瓜，是想大显身手捉“纺织娘”呢！

“纺织娘”和南瓜藤有着不可分割的亲缘关系，也可以说它是靠着南瓜藤长大的。“纺织娘”每年深秋产卵，要到来年初夏才开始孵化出绿色的幼虫，从幼虫开始，它们就躲在初生的南瓜叶里，随着南瓜秧藤长叶茂,它们也渐渐长大,待到进入伏天长出翅膀就成了翠绿可爱的“纺织娘”,在静谧的夏夜,它们的奏鸣给劳累一天的农民带来了由衷的喜悦。

每当这时，白天灼热寂静的院场，此时显得凉爽宜人，听着田间野风送过来的蛙唱虫鸣,特别是“纺织娘”清脆悦耳的鸣叫声更是动人。

捉“纺织娘”都在夏夜，月明星稀，当它们躲在南瓜叶子下放声歌唱自得其乐之时，恰恰也是它们危险当头之日。我们几个小伙伴带着手电筒，循着“纺织娘”的叫声，来到南瓜地里，一个个像小哑巴似地打着手势，仔细察听，一旦发现，用手电一闪一闪地招呼，于是，当时被封为“孩子头”的我，就敏捷地行动起来，用手电牢牢照住它，快速按住它的翅膀，捉得巧时还能见到它正抖着翅膀唱得欢畅呢！在正常情况下，我是手到擒来，不会落空，直到每个伙伴都能得到一只，我们才心满意足地回家。

也有失败的时候，一把捉住了一只，用手电仔细一照，只见尾巴上长着一根小剑似的针，原来是只雄性“纺织公”，是个哑巴老公，只好随手放掉；还有更倒霉的，毒蛇最喜欢躲在南瓜藤里，长长弯弯的，晚上看不清哪是藤哪是蛇，被它咬上一口，就是乐极生悲的事了，好在我和小伙伴们都“平安无事”。

1997.5.

野蝶飞来都变黄

艾雯

细雨杏花落。一清早，父亲捋起袖口，从天井里端进一盆兰花搁在书房高脚几上，扶持端详。

我在父亲大书桌一端撑起临帖竹架，搁上文征明的千字文小楷，蘸着端砚里磨得浓浓的墨，一笔笔临摹天地玄黄……一抬起眼来，正好从和合窗望到对面的屋脊，瓦楞缝间冒出了几丛青青的小草，忽然一双喜鹊飞来停在脊檐上，又一迭声唱着飞走了。

“早上喜鹊叫，天气必定好。”父亲兴致来了，“临完这页，带你南园踏青看菜花。”

春天嘛，到处是碧绿的树和草。去游春玩景，远一点，就去城外灵岩山、天平山、虎丘；近点么，到苏州有名的几个园林，像留园、拙政园、沧浪亭、网师园……南园我倒是第一次听见。

姆妈帮我换一件浅杏色绸袄，外罩墨绿色长背心马甲，清癯的父亲穿一袭鸽灰色长袍。父女俩共坐一辆黄包车，穿过鹅卵石长巷，青石板大街，沿河小路，一道又一道拱桥。

没有围墙门坊，没有亭榭回廊、假山池塘。一片辽阔，无限空旷。近傍一些桃柳，竹林中几间农舍，遍野尽是烂漫缤纷的菜花。分明是乡下，却远远在一抹城墙里，河浜兜绕过来衔接上护城濠。应该还是在城内，稀奇的是所有的大街小巷，到处都是房子密密麻麻，竟在这里留了偌大一片空地种菜，似乎不该叫什么“园”，应该叫“城里的乡下”！

没有砖瓦铺砌成图案的宛转小径，四周全是厚厚的草地，是那种不怕践踏的野草，布底鞋踩上去软绵绵的。还有细小的蚱蜢跳过脚背。越向前走近，菜田面积越大。竹柳农舍全远远隐退，拦在面前的只是菜花世界。田塍上一站，簇簇花朵齐到我胸口，一阵阵掺着泥土味的清香，直涌扑鼻际，沁甜的空气渗入心肺。

“南（北）园春尽菜花黄，野蝶飞来都变黄。”父亲告诉我那是从前的人赞美菜花的诗句。菜花招引来的几乎都是大小差不多、色泽纯净的粉蝶。但在大量彩色渲染和阳光的映照下，看起来仿佛一色地闪动着淡金的粉翅，不停地起起落落。

苏州人炒菜用菜油，所以油菜要留在田里等长老结籽采下来好碾油。这是老妈妈（奶娘走后照顾我的阿妈）告诉我的。她是木渎乡下人，常常会讲些庄稼事情给我听。记得她说：“种菜么，落地像黄金。”地要耕得勤，“锄头底下三分油”。水要浇得足，“油菜三遍浇，产量一定高”。若种得迟了，“还不够女人擦头”。原来乡下女人头上搽的也是菜油。采收菜籽很辛苦，而且时间也长，“菜花收籽廿日忙”……我当时站在油菜田里，将老妈妈平时说的有关种菜事全记起来了。

父亲遇见了两个也来踏青的朋友，相约去茶棚里歇脚。我坐在面向菜田的长板凳上，一面吃小贩送上来的香椿头、干草梅子、五香豆，还有一种就从树上摘的金钩子，很甜，一面看结伴来赏花的好娘娘。

父亲他们从眼前的景色谈到南园久远的历史。一个说原来是吴越广陵王钱元瑑的私家林园，有流水奇石，楼榭亭阁，后来遭兵灾荒废了，不知什么朝代变作农田。

又说到小时候，田里菜花收割后便种毛豆。秋天时偷偷地溜到毛豆地里捉攒绩（蟋蟀），那攒绩狠斗厮拚，真叫勇猛。听他们前朝后代的，越说越有趣，笑得好开心，完全不像平常那般正经八百模样。我望望碧蓝碧蓝的天，飘拂在春风里的柳条，闪耀在阳光里灿烂无垠的菜花，飞舞的蝴蝶，闻着空气中那种搅拌着泥土、青草、菜花的好闻的气味，想来是这一切，让他们又回到了快乐无忧的青春年少。

从南园回来，那鲜明的景象一直留在脑中，只要定一定神，一大片黄澄澄的菜花就浮在眼前，连做梦都梦到它。

1997.6.

耦园三题

钱辉

回耦园是一件愉快的事，五十年前我们曾住过耦园，五十年后回耦园怀旧，更是快乐。

耦园变了，但也似乎有没变的地方。无论变或不变，都亲切。

若干年前，耦园的大门开在东面，一进大门就是一个园子，有花草，有盆景。走过园子，有一个圆月形的门洞，通向东花园。圆月形大门的门楣上，有砖刻“耦园”二字，门边种有苍松、紫竹和绿梅，还有几块太湖石，很是秀美。透过圆月形门洞，东花园内的黄石假山和满园芳菲隐约可见，颇能给人诱惑与回味。

五十年前，这里是一个菜园。园子中央有一棵蛀空了树干的大榆树，树洞里有猫头鹰，夜里，猫头鹰咕咕叫，我们这些孩子还是要到菜园里玩，是为了显示自己的勇敢。

园子里遍植桃树和梅树，春天的花、夏天的果自然给孩子们欢乐。那些小树苗，孩子们曾经拔下来，移栽到别处，幻想着有一天能吃上自己种植出来的桃子或梅子。

桃树和梅树下，由花匠种植了许多蔬菜，所以这儿被称作菜园。

菜园里有一口井，花匠用井水浇菜，而孩子们却把井当作大冰箱。夏天，争着把西瓜用网袋装了吊在井里，过两三个小时取出来吃，西瓜是那么鲜甜可口，至今想来都觉得满嘴生津，透心凉呢！

花园里有花草，香草叶插在头上，头发就香了。凤仙花可以把指甲染成红色。菜园里有蝴蝶、蜻蜓、纺织娘，有萤火虫、蟋蟀、知了，菜园里还有磷火。菜园曾经给耦园的孩子许多快乐，许多惊险，许多忘不了的故事。

耦园里的建筑，大都是原有的，这里说的“原有”，是指六七十年没有变的，我们小时候就这样了。唯有大厅，曾经在五十年代被一把大火烧了，近年来耦园对外开放才重新修葺。

2000.2.

最忆是童谣

陈铁

“绿树阴浓夏日长，楼台倒影入池塘。水晶帘动微风起，满架蔷薇一院香。”炎炎夏日中读到这首诗便心弦猛然一动，老家那几棵杉榆槐，池塘那茂盛的茭白菱角，一点一滴连成一线，儿时的生活便清晰起来：潜小河游泳、趟河岸摸螺、看鱼鹰捕鱼……

风凉笃笃，螺蛳嘬嘬，咸鸭蛋剥剥

老家的门前是条蜿蜒流淌的小河，一头系着浩渺的太湖，一头注入绵长的大运河。清清的河水养育了一方水土。枕河而居的我们淘米做饭，洗衣、汰菜与它朝夕相处。儿时虽已掘了公井，但我们家和左邻右舍一样，宁愿食用河水而舍弃井水，当时每家每户都有一口大缸，担满后的水缸便放些明矾澄清，食用河水的优点是烧水的锅内少有结垢，这也许就是大家大抵选择河水的缘故。

在物质生活贫乏的年代，小河里的螺蛳、河蚌、鱼儿以及小蟹小虾丰富了许多家庭的餐桌。每当暑假来临，来不及做完暑假作业，就约好小伙伴一起用自做的鱼竿钓鱼，再不就是赤露着背去摸螺蛳。小河的两岸是石块砌就的驳岸，那里是螺蛳的天堂，赤日炎炎下，晒得脊背乌黑的我们沿着河岸一路摸过去，一个来回下来总不会让你失望。当劳累了一天的全家围坐在屋后的大榆树下，一大碗红烧螺蛳便端上了桌。那是一顿无需赶时间的晚餐，晚风吹拂，一家人其乐融融地说笑着，一天的艰辛就在这份浓浓的亲情中飘散。

若是螺蛳摸多了，那么多出的螺蛳便成了我们家鸭子的美餐。家中的鸭子大抵如上工的农民一样早出晚归，一大早从窝棚里出来，就嘎嘎地直奔小河，等到天黑在水中玩够，已是自己觅食得差不多，有时往地上撒把谷子，不及吃完它们就如一个乖孩子般钻进窝棚去了，但对半荤的螺蛳它们可是没有回头的。

每年的三四月鸭子便开始下蛋，早上捡蛋便是我们家争着做的一件事，谁第一个起床，谁就去窝棚摸蛋，若是遇上鸭子全部下了蛋，便会报喜一般大呼小叫道：今天是满堂红。

母亲总是将一只只鸭蛋盛在垫放砻糠的篮筐里，盛满半筐，母亲就叫我们先洗净蛋壳，等淋干水便在蛋壳上写上日期，然后放入盐水卤中。生怕鸭蛋浮在水面腌不咸，母亲又用一块小木板压在上面。一个半月后，母亲便陆续取出煮给我们吃。我们家的咸鸭蛋每个蛋黄都流着一层黄灿灿的油，不亚于高邮咸鸭蛋呢！有一年夏天，年迈的外婆住在我们家，母亲特地给她煮咸鸭蛋，想不到原本胃口不佳的外婆一连吃了三只，边吃边说：“这样的咸鸭蛋配我的胃口，我喜欢！”

冬瓜皮，西瓜皮

那时，每家每户最为关心的是如何让一家人吃饱。因为缺少吃的东西，我至今仍记得亲戚中有几家对家中的孩子每天限量供应，全不管你吃饱没有。

比如说冬瓜皮。冬瓜皮咸菜汤差不多是每天必不可少的家常菜。原先那表皮带点毛刺的冬瓜皮都是一扔了之的，也不知道如何竟有人开始食用并极力向左邻右舍推荐起来，说是极具清热解毒功效，于是桌子上除了一大锅冬瓜咸菜汤外，又多了冬瓜皮炒辣椒或是冬瓜皮炒毛豆子。

再就是西瓜皮了。每个月等到父母发薪，父母就会给我们买上二三只西瓜。圆溜溜的西瓜或是拎桶井水浸没在桶里，或是干脆系在一个尼龙网袋里，用一条粗麻绳荡在井水中，生怕不能全部没入水中，又在网袋里放一块砖。于是，井栏圈上便有了一根根粗细不一的绳子，到了黄昏，一家家按绳索把自家的瓜儿取走，鲜有弄错。有时即便主人忘记了井中之瓜，第二天早晨，那根绳那只瓜依旧荡在井中。

甘甜可口的西瓜瓤吃完，西瓜皮也是舍不得扔去的。刨去带蜡质的青绿色表皮，将瓜皮切成豆腐干大小，放入一张匾中，在太阳下曝晒一二日，然后放入盐、糖、味精之类，便成了可口的酱菜。

萤火虫，夜夜虫，笃爷娘寻倷吃夜饭

童年的夏夜是丰富多彩的。尽管没有电视机可以随时知晓全世界的讯息，但 5 分钱一场电影，也让我们看得有滋有味。当时的电影院也没有空调，几架吊扇也根本起不了作用，往往一场电影下来，我们的汗衫也湿了不知几回。然而，电影让我们领略的神奇世界，让我们这几个小伙伴大开眼界。

电影我们是不会常去看的，因为我们儿时口袋中都少有这5分钱。然而我们的童年绝不会因无聊而睡大觉。白天上河岸捉知了，钻桑树林逮蟋蟀，到了下午四五点，忙赶回家，忙不迭地提着桶上河岸给灶间拎满一缸水，只为做完后父母就不会呵斥，又可尽情地在小河里游泳。

游泳，我们称之为“溷河浴”，从狗爬式学起，也没人教，什么蛙泳、蝶泳等无师自通起来。在水中比过谁扎的猛子远、时间长后，又开始比谁最先游到对岸，这之后便是看谁有本事去吊大轮船，攀住行驶中的轮船船舷，那不只是要水性好，还要看我们的胆量。本事大一点就能翻身爬上船舷，在船老大怒气冲冲的追赶下，来一个优美的跳水动作。

在水中玩耍够了，便一个个水淋淋地爬上岸，回家换身干净衣服，匆匆从碗橱中找点吃的东西，又野到外面，寻找乐趣。等到天微微泛黑，我们就会溜进山芋地里，从地里刨几个山芋到小河里去洗净，连皮吃下去。

路灯亮了起来，从黑夜中飞来的蚊虫聚在一起，来回飞舞。这份热闹并不只是它们的。我们一帮小伙伴也就聚在一家创建于乾隆年间的染坊前的大广场上戏耍，路灯下玩“斗鸡”，一群男孩子分成两队，模拟成敌我两方，直到最后一名金鸡独立者为胜。

附近的公房里有一家最先买了电视机，夜幕降下，他们家便搬出了那台9寸的小电视机，放在一张垫高的桌子上。左邻右舍也就搬了小板凳一个个围坐在电视机前。那时我最爱看的是《敌营十八年》《排球女将》之类的电视系列剧，然而有一晚却放了外国电影《简爱》，我很失望地挤出了人群。

悄悄溜进家中，不敢惊醒在后院蔷薇架下乘凉的父母，借着月光直奔碗橱。碗橱里有父母特地替我留下的一碗饭，匆匆扒下，然后搬个小凳悄无声息地坐到父母身边，听着他们谈家常。在蒲扇拍打声中我的睡意就上来了。母亲拍着我的肩引我上床，我就在半醒半睡中钻进蚊帐，一觉到天明。

2002.2.

快活的春假

叶至善

父亲[1]……写信给我说：学校四月一日起放春假，全国是一律的；本想让我回家，因为伯祥先生约他一同回苏州上坟，叫我四月一日下午在卫前街等他。信上虽然没说，我想母亲有妹妹弟弟拖累，不会同来的，果然不出我所料。在嘉善教书的长胡子公公先到，听说我父亲要来，立刻带着我上街去打好两斤绍酒。两位公公都喝不多，陪着我父亲喝到了深夜。父亲说上坟船已经由王先生托人雇定了，长胡子公公说愿意陪我们去看看石湖。第二天一早，老小三个一同出了胥门，望见王先生已经站在埠头上等着了。船家看客人进了舱都已坐定，解了缆，把船撑离了岸，挂起帆，趁着东风不到一个钟头就进了石湖。大家都说不亦快哉，船家说要是风不转向，怕今天回不到城里。船绕过上方山，拐进顺湾里，到叶家祖坟的埠头停住。船家已经把中午吃

[1] 本文和《上祖坟》中的“父亲”为叶圣陶。

的菜做了几样，连同茶酒，供在坟前的石桌上，点上香烛，香烛纸锭都由船家代办。父亲带我磕过头，烧过纸锭，就完事了。供过的菜和茶酒，仍搬回船上。代我们照看祖坟的坟客是附近的一家农民，照例要来帮忙张罗，唠叨个没完；我父亲照例要送他二三十块钱。

于是回到舱里，小方桌上已摆好了四碟办自城里几家老字号的名件；酒已烫得，那就喝起来吧，等着"船菜"在舱后做得一碗传出一碗来：平常材料，只求新鲜；家常做法，只求清淡鲜嫩。父亲他们边喝边谈，不觉船已到梅湾里停住。王先生家的祖坟离岸边有里把路，他让船家提了食篮，上岸去了，等了好一会儿才回来。

于是开船往回走。过了石湖，东风可越刮越盛了，只好拉纤；我们都上了岸，帮船家拉。好容易拉到横塘，船家说真让他说着了，请客人在镇上找家旅馆住下，明天再看吧。长胡子公公说："我们走。"老小四个就顶着风走回城里。

王先生虽然也筋疲力尽，兴致却极好，定要去护龙街，找念草桥时和我父亲常去的那家小酒店。小酒店居然还在，真小得可以，只三张桌子，厨房在后头，小院子里有瓜架豆棚，天黑了看不清楚。招呼我们的是个年轻人，问旧时的老板，他说老人家已经过世，场面由他撑着。王先生对他说："那一天老太爷盛红烧蹄髈，倷缠在脚跟头一定要吃。老太爷抠了块栗子肉塞在倷嘴里。我看了，付帐硬扣了他五分钱。倷阿有小囡勒？生意捺亨？"王先生说不完的老话，正好下酒，可惜我那时还不会喝。父亲对我说，明儿带我出去玩一天，问我想去哪儿。我说去邓尉看"清奇古怪"。父亲说可以，只是当天来不及赶回来，得在光福镇上住一夜。长胡子公公说他还没去茶馆看老朋友，明天不奉陪了。王先生自去他的亲戚家过夜，明天就回上海了。

第二天跟父亲出胥门，乘上了去光福的小火轮，大概中午时分到了这个靠着太湖的小镇。父亲好像熟门熟路，在镇上找了家旅馆开好了房间，带我转身出来去到一家面馆，一人吃了一大碗鳝糊面，就出了光福镇，沿着大路往邓尉山走去。父亲告诉我说，“清奇古怪”这四棵古柏在司徒庙里，名称是乾隆给起的；我们走的，就是为他下江南筑的御道。那种用青砖直砌的二丈来宽的大道，苏州西边的各座名山都有。司徒庙在山脚下，是座小庙。来的人就为了看四棵古柏。古柏按“清奇古怪”为序，挨挨挤挤排成一行。除了叫“清”的一棵枝干疏朗，那三棵确实长得奇怪，尤其叫“怪”的那棵，从树梢到树根，可能被雷劈成了两半，半棵笔直，半棵卧倒，还都活着，中间还连着木丝。父亲和我绕了两圈，抬头望不见树梢。父亲说：“四棵古柏挤了两千多年，还能活得这样好，真不容易。最好在周围多留些退步，好让人看到全貌。”我说：“挤得这么紧总不好看。两千年前的种树人，怎么没想到给它们留下发展的余地呢？”

出了司徒庙，父亲带着我还是顺御道走，说是去看太湖。路边有座松林，父亲说歇歇再走，找了块石头坐下。父亲问我：“你听见了吗？”我说：“只听见树梢有哗哗的微风。”父亲说：“这就叫松涛，你再仔细听听，像不像海涛？”我说：“是一阵一阵一阵的，可我没听见过海涛。”父亲说：“好，放了暑假我带你去听。我们走吧。”越向前地势越低，望见太湖了，太湖岸边有座大牌楼。父亲说是圣恩天寿寺。真是座气派的大庙，父亲却说里边跟西园差不多，没有什么好看的，带着我沿着西墙朝山上走。路边有引水的竹笕，淙淙地响着，泉水的源头看来就在寺后。上了个坡，路边有座两层的阁，叫还元阁。我跟着父亲上楼，突然眼前一亮！两大棵碧桃开着大朵红白相间的花，树顶正好铺满窗前，太湖好像就在盛开的碧桃前边，湖面上波光粼粼，白帆点点，隔几座不太高的山就是天空了，天空好像也不太高了。和尚端出两碗茶来；父亲和我真个口渴了，靠着窗栏一连喝了几开，就俯身细细观赏太湖。茶客还有三五个，在看什么佛牙和血经。

回到镇上已经上灯了，父亲把我带到一家菜馆，拣张靠墙的桌子坐下。伙计泡了壶茶来，问点什么菜。父亲问我，我说了个油爆虾，父亲要了一斤酒，加了一道红烧肚裆，原料单挑大青鱼肚皮底下那溜没有刺的肥肉。父亲慢慢地喝着，跟我讲他念草桥的时候，几个老同学曾游过东山西山，去无锡游过鼋头渚；对太湖来说，还只是东边一溜。菜真配胃口，分量又多，我和父亲都吃了一小盅饭。走出菜馆，向东不远出了光福镇，登上一条不太高大的石拱桥，桥左首正对太湖。那天恰好是阴历十六，一轮明月已经升起，天上没有一片云，浩浩渺渺的太湖被照得上下通明。我跟父亲坐在石栏上看了很久，直到身上觉得凉了才回到旅馆休息。那石拱桥叫作虎桥，说是吴王阖闾饲养老虎的地方。

第二天早上洗过脸就出了旅馆，仍旧去面馆吃了鳝糊面，到码头乘上了回城的小火轮；在卫前街吃的中午饭。铮子公公带着吴阿姨已经去上海我们家了，父亲跟长胡子公公两老夫妻告了别，带着我到观前街，买了不少糖果糕饼，当然少不了各色瓜子。最后父亲问我要些什么，我早想好了，说要脆松糖和枣桃糕。父亲买了同样的两份，叫我把一份送给长胡子公公。他提着一大串吃的，雇了辆黄包车出平门去赶火车了，我的快活的春假也就此结束了。

节选自《叶圣陶在苏州的日子》，2006.3.

上祖坟

叶至善

在日记上数了数，父亲在上海的最后一年，自仲春起，回了四趟苏州。头一趟是带我去上祖坟。十八年前我在草桥念书的那个春假里，带我去过一回，遇上了大风，这一回却是在蒙蒙细雨中。乘午后的快车到苏州站已是四点半，路滑难行，走到玄妙观，爷儿俩足力不济，踅进宫巷里一爿小酒店歇脚。一人一斤绍兴，消磨了一个半钟头，似乎吃了一碗面。没见着几位酒客，也不见挎着竹篮卖小吃的人。灰黄的路灯亮了，爷儿俩深一脚浅一脚，好容易找到幽兰巷，我母亲的圣南表妹家，她已等得心焦了。听我父亲说用过晚饭了，她说给我们备下了十斤绍兴，得喝干了才放我们走。我说怕什么呢，明天喝不完还有后天。当夜让我们爷儿俩住在一座三面有窗的小轩里，第二天清早才发现，窗外是个精致的小花园。天仍然下着小雨，爷儿俩打着伞赶早出胥门，登上去洞庭山的汽轮，在石湖边杏春桥上岸。冒雨绕过上方山麓，到了顺湾里才想到菜无一碗，酒无一杯，地上又是湿的，爷儿俩就鞠三个躬了事，倒给了朱姓坟客一百二十万元看坟的酬金，请他摇一艘没有篷的舢板送我们回杏春桥。雨中看石湖，颇有点烟波浩渺。在桥墩边上了岸，循公路走到横塘，搭汽车到胥门，爷儿俩赶到幽兰巷。长胡子公公早从黄埭赶回来了，还像十一年前一样清健。计阿姨端出她亲手做的家常菜，公公不喝酒，我和父亲喝了二斤多。下午跟公公去怡园走了一圈，破败零落，无可留恋。又穿过观前街，到悬桥巷的九如吃茶。父亲告诉我：他就生在悬桥巷，小时候常跟我祖父在九如吃茶听书。

晚上爷儿俩又喝了三斤多，听公公说苏州沦陷的几年中，那些诗礼之家的丑态。第三天，屋檐前鸟雀呼晴，迎来了朝阳满窗。用过早点，爷儿俩去青石弄看了看；父亲思念的是他当年手栽的花木，一棵棵抚摩遍了，说都长得太高，得修剪了。以待来年吧，收拾了叫谁来住。我和父亲去公园东斋吃茶歇脚，走过草桥也没进去，又到观前街买了些糖果酱肉之类回幽兰巷，把剩下的酒全报销了。父亲跟公公说了些最近的军事形势，是从苏商出面办的《时代日报》上看来的，苏州的茶馆里看不到这份报纸。五点钟吃了早夜饭，告别了公公和阿姨，爷儿俩乘八点一刻的飞快车，十点多就回上海了。

节选自《叶圣陶在苏州的日子》，2006.3.

提线木偶戏

丁竹鸣

我六岁的一个秋日，小镇人嚷嚷说：快去看木榔头戏，木榔头戏！那天下午长街的市民这样地奔走相告。南方人把木偶简化成木榔头的说法是很不确切的。因为木偶有五官、四肢、七窍，还有和大戏一般的生、旦、净、丑、末的角色区别。

小小的我却犯了愁，哪来买票的钱呢？后来我父母说：去吧，他们在黄案岸上我家那块空地上演,说好不收我们钱的。我简直喜出望外，打破了刹那间的踌躇，跟着理发店的学徒明侯一起去了。

戏场是用布幕围起来的，我们作为场主家的，毫无阻拦地进了场。小场地已挤满了穿着灰旧连襟衫的男女老少。有戴瓜皮帽的老头，扎两条长辫的大姑娘，围着蓝腰群的主妇，更多的是小孩。

我和明侯站在板凳上，可以看得清楚点。舞台的上方遮了道横幅，把真正的演员挡在布景后，使木偶活动的空间刚好与人物的大小合适。说时迟那时快，只见那诸葛亮戴着羽扇纶巾站在硬版纸画的城墙上，摇头晃脑地唱：我本是卧龙岗散淡的人……一忽儿就有两个胸前贴个圆“兵”字的老军，在城门前弯腰作扫地状。忽然，从幕后又跑出来一个司马懿，背后还插着五色小旗，跟着两个持刀的小兵，对城头又指又唱。那似进欲退的往来状态，被手、足、马鞭、矢翎的动、静、摇、甩、冲、退刻画得活灵活现。尤其是那一对眼珠子随着主人公的“啊呀呀呀”的叫喊声急急地转动，把司马又疑又急又气、难以割舍、踌躇不前的神情，演得出神入化，比那个诸葛还活。

这就是从京剧蜕化而来的那出《空城计》。如今想来，那司马的秘密全在于幕后操手的情绪已与木偶融为一体，使木偶充分人格化了。木偶是不会说话的，木偶的精彩是幕后人在说话。而琴师的那把京胡，拉得激越亢扬清冽流畅，也为木偶的身段表演增色不少。那高亢激烈的京剧音乐，与南方的舒缓清丽的滩簧大不相同。

那次演出我几乎被这些小小的木偶人迷掉了魂魄。有说小孩路上遇到拍花子，一拍头顶就失却魂儿，跟着他一起走四方了。第二天上学，木偶竟成了操场上课堂内的热门话题。小镇的孩子们爱上了木偶——这些不会说话的精灵。

孩子们对木偶戏感兴趣，是因为缩小了的世界最接近他们的年龄，他们的内心包容着一个与成人不同的浪漫世界。

节选自《飘零的花朵》，2008.1.

夏日小城

宣树铮

我升四年级那年暑假，父亲去吴江办事，我跟了去。结果父亲在吴江城外忙，我则被安顿在城里一个我叫他寿叔的远亲家里住了十天。寿叔是中学教师，一家三口：寿叔、寿婶，一个还睡摇篮的儿子。

寿叔家门临大街，房子宽敞，我一个人住一间西厢房。每天上午写大楷，做暑假作业，午饭后照例要午睡——“打中觉”。寿叔一家三口都睡客堂，客堂阴凉。寿叔睡躺椅，寿婶睡藤椅，儿子睡摇篮。什么都在睡：花瓶在长几上睡，鸡毛帚在花瓶里睡，水井在天井里张着大嘴睡，吊桶趴在井栏上睡，连客堂正中画轴上那大眼长睫的梅花鹿这会儿看起来也睡意朦胧……

但我睡不着，躺在西厢床席上辗转反侧，有时候迷迷糊糊了，但马上惊觉过来：我怕一觉睡过去再醒不来，或者醒来看到了一个完全陌生的举目无亲的地方。怕得没有道理，但就是怕。

第三天下午，我终于趁寿叔寿婶睡着的时候溜出了门。街上住家

马平　图

户居多，难得夹着几家小店铺，也在恹恹地打瞌睡，静悄悄的。唯一没有睡意的要数寿叔家对面的水果店。水果店老板据说在外码头做生意，我只见了老板娘，高高瘦瘦，头发朝天扎起，像一排葱插在脑后，说话像爬楼梯，而且是店堂里侧那又陡又窄往上去的楼梯。老板娘站到店门口一声："三宝你死哪儿去了！"声音蹬蹬蹬往上去可以让整条街哆嗦（三宝是一年前老板娘从乡下弄来当小大姐使唤的外甥女）。

两点过后，老虎灶的水车照例辘辘滚过街面，一路上将人从"中觉"中唤醒。

晚上，天边闪着粉红色的闪电，小风在街上醉移舞步，这是家家户户坐在人行道上乘凉的时候，絮语浅笑，空气有着轻罗薄纱的质感。突然间，一个声音猫爪似地抓破了这轻罗薄纱。那是老板娘在哇哇训斥三宝。

节选自《宝塔》，2008.3.

新年新岁

鲜于筝

我不记得去年的春节是什么光景，我也不记得去年的去年的春节是什么光景。在我记忆的荒原上，只有儿时的春节，还如一簇小草，在岁月的深处晃着绿影。

吃过腊八粥，开始忙过年了。夜里，父亲在灯下的的笃笃拨着算盘，估计置年货的开销，割多少肉，买几尾鱼，虾多少，蛋若干……都写到小折子上。至于鸡鸭，那是早买了养在天井笼子里了，大公鸡尾巴上玄青闪绿的翎毛已在姐姐的毽子上招摇了。老佣人四姐忙着将小年夜祭祖用的碗盏酒盅、香炉烛台从灰尘悉索的床下橱顶拾掇出来，一件件洗净备用。一家人忙得团团转。我也忙，无事忙，小猢狲似地跳进跳出，东看西看。好婆说了："阿官啊，你转来转去，做了八府巡按了？来，跟我拣米去！"拣米，将米里的稗子、谷糠、砂粒拣出来，可是个苦差事，这是要磨粉做糕团的米，粳米、糯米加起来几斗，要拣两三天。这是老例：做了糕团要挨家送亲朋邻舍，留下的自己吃，总要吃到春三月糕团上长出绿苔白花春意盎然而后可。

推磨做糕团是腊鼓声中攻年关的大战役。光推磨做团子就要一个来星期，这多半是姐姐们的工作。团子分咸甜，咸的有开洋萝卜丝馅、笋衣肉馅，甜的是猪油豆沙馅。我的工作是团子一出笼就用洋红水在上面盖戳,萝卜丝馅盖方戳,一个“福”字,肉馅盖圆戳,一个“寿”字。豆沙团本该是个“禄”字,但戳找不着了,就用筷子在顶上点三个红点。

年糕自己做不来，要约了日子请糕团店师傅上门来做。到日子师傅来了，后面跟了个帮手，背着蒸桶、升、尺之类用具。灶间外的穿堂里搭起了作台板。蒸米粉不用稻柴要用劈柴，可见是打硬仗。我总是等米粉差不多蒸好了赶去看。蒸熟的米粉倒在作台板上，热气升腾，甜香扑鼻。师傅拳掌并用，揉槌甩拍，推展卷压，一双手不时要在冷水里浸一浸。师傅头上冒汗了，这一堆原先热腾腾松散散的粉也终于因输入精气而获得了生命，成了细皮嫩肉、容光焕发的年糕。四姐在一旁看了笑眯眯说:“师傅功夫到家，做出来的年糕一湖鲜水。”师傅不言语，啪啪啪，得意地在细皮嫩肉上脆脆地打了几巴掌，我禁不住一旁哆嗦，这巴掌像抽在我屁股上一样。师傅将揉好的年糕顺着作台板拉抻捋直成一长条，量了量宽厚尺寸，行了，帮工递上在菜油小盅里浸过的棉线，师傅用棉线将长条年糕拉成一块一块，四寸长两寸宽半指厚。我直勾勾地看着,抿着口水。师傅将两头切下的边棱,所谓糕头,递给我:“馋了吧？尝尝，当心小嘴巴烫出泡来！”我接过糕头，指头烫得弹钢琴，嘘着气转身就跑。

吃完年夜饭要封井。用竹筛架在井栏上，里面盛黄白年糕各两条，三四个福橘，一盅水酒，小香炉里插三炷香，压一条红纸，上写“井泉童子”四字。井就算封起来了,要到年初三才能汲水。按《白泽图考》

记载："井之精名观，状如美女，好吹箫。"所以有称作吹箫女子的。也许是因为疾风吹过井栏，往往嘘嘘作响，状如吹箫的缘故。但在我家乡吴地吹箫女子成了井泉童子。好婆说，井泉童子住在井里冷清得很，谁家小孩趴在井栏上探头探脑，他就会招了去作伴。结论是：小孩离井远一点儿。

除夕夜，"千家笑语漏迟迟"，合家融融一室，吃着说着，好婆叹气了：咳，现在过年哪比得上从前，没有那么多景致了。好婆说的从前是泛指民国二十六年以前，那时候我们家还在吴江。"那时候"，好婆说，"过年要烧十庙香，要走三桥，看草台戏，还有听响卜……现在都没有了！"我最感兴趣的就是除夕夜听响卜。所谓"听市人无意之言，以卜来岁休咎"。照清人褚人获《坚瓠集》上说，听响卜先要在灶神前祈祷，还要带上镜子。但好婆那会儿似乎已从简，不必祈神带镜了，只需躲在暗处听过往行人讲话，听到的第一句话作数，这就是来年谶语。好婆说，"那年李家墙门的大少奶奶叫家碧的，年三十夜出门听响卜，听到一个乡下人说：天要落雪了。过了年夏天，男人就坏在伤寒上。天上雪飘，地上带孝，你看准不准？"问好婆自己听过响卜没有，好婆说小时候也听过，早忘了。但四姐说她听过，然而没有听到人说话，听到一阵狗叫就回来了。不料开春就生了场病，郎中说五更泻，拖了两个月才好。四姐说，这和听响卜无关，毛病出在狗叫上，老话说：年夜狗弗叫，来年疾病少。年三十夜听到狗叫是不吉利的。父亲笑道，这些都是没有道理的。但我还是提心吊胆竖起耳朵听街上有没有狗叫声传来，我隐隐听到了击柝喊"火烛小心"的声音，这是"叫火烛"。

父亲不让我们守岁，看我们打哈欠了，就说："寒气重了，睡吧，熬夜伤身体。"睡进被窝，四姐帮我用被子塞紧肩头，一边悄悄说："大年三十夜老鼠要做亲，听到咪哩吗啦咪哩吗啦的声音，那就是取亲的花轿到了，往墙脚根看，老鼠都披红挂绿的……”我说她骗人，但对老鼠难得有了点儿好感。第二天清早四姐说，她听到咪哩吗啦的声音了，本想起来叫我，但怕惊了老鼠的娶亲队伍。

大年初一，早起吃完年糕汤，就催着姐姐上街看热闹。路上行人杂沓，都透着喜气，蓬蓬的炮仗，哔卜的鞭炮，远近呼应，满街飘着淡淡的火药幽香。店铺都打了烊，但香烛店、糖果店、茶馆店是开着的。其实就是打了烊的店也稀开着门，真有生意上门多半不会拒绝。一路走去如果看见哪家铺子前围着人，准是叫化子在跳乌龟，那是非看不可的。只有过新年叫化子才跳乌龟：用麦草扎成乌龟的形状套在头上，有的还戴一副麦草眼镜，手拿济公扇，在店门口划着扇子又跳又扭，脖子一伸一缩，嘴里反复唱着“乌龟爬门坎，元宝滚进来”，也有唱出一串来的：“乌龟上阶头，生意闹稠稠，吱钻尾巴橄榄头，胡椒眼睛骨溜溜，爬前不爬后……”看的人乐，店家也乐，笑嘻嘻地打发几个钱。

“苏州人爱轧闹猛”，这是苏州人对自己的评价。新年轧闹猛一定得去玄妙观。年初一玄妙观人如潮水。进山门的空场上支着帐篷有各种吃食小摊：水豆腐花、鸡鸭血汤、油豆腐鲜粉汤、赤豆糖粥、藕粉圆子、梅花糕、海棠糕……有卖小孩玩的刀枪剑戟的，卖虎面壳子（硬纸做的面具）的……也有街头艺人，唱小热昏卖梨膏糖的，做木偶戏的，北方人来耍猢狲出把戏的……但我们先得进三清殿去点星宿、看画张，当年不叫年画，叫画张，或者再加个“洋”字，洋画张。

玄妙观三清殿正中并排三尊三清座像，巍巍然有十米左右高。四周一转圈有六十尊真人大小的金身星宿像，模样各异，有穆穆文臣，有桓桓武将，有方巾小生，有道冠老叟，有慈眉善目的，也有如凶神恶煞的，每尊像下有木牌，上书某某星君，罡星斗宿的名号稀奇古怪。跨进三清殿就往人堆里挤，挤到右侧，从第一个星宿点起，新年后几岁就点到第几个，这就是你本年命宫里的星宿。那一回我点了个糟老头，姐姐点了个狠巴巴的黑须将军，大失所望，都不愿意跟本命星宿拜上一拜，掉头就往外挤。

出来，看了一会儿猢狲戴面具骑山羊，又各吃了碗鸡鸭血汤，心里才又舒坦起来，于是再进三清殿。三清殿里沿墙绕一圈全是卖画张的，挂得琳琅满目。福禄寿三星、南海观音、关公捋着美髯看《春秋》、胖娃娃抱大鱼、春牛图这类画是一定有的。但没有看头。我爱看的是有故事的画张，比如昭君出塞、西施浣纱、文姬归汉、荀灌救父、红线盗盒、待月西厢、岳母刺字、桃园结义、苏武牧羊、武松打虎，以及什么张仙送子、八仙过海，还有陈琳棒打寇宫人、八锤大闹朱仙镇、卖油郎独占花魁女、杜十娘怒掷百宝箱……足可以看上半天。

三清殿那六十尊星宿像"破四旧"中被堆一起交给火德星君了，也算是从星空中来，回星空中去。如今三清殿上没了星宿像，也没了画张。谁还看画张？

吴地民俗，正月初五接路头。好婆称路头为路头菩萨，初五正是路头菩萨的生日。父亲说，路头就是五路财神，五路不是五条路，是财神爷的名字。但财神不是封神演义上的赵公明赵玄檀吗？那个头戴铁冠，黑面浓须，执鞭骑虎的赵公元帅？怎么又出了个五路？父亲也说不清。我长大了才从书上看到，所谓五路，据说是行神，即路神，唐代颜师古说："昔黄帝之子累祖好远游而死于道，故后人以为行神也。"由行神而变财神，倒也启发我们财生于行。

照说接路头是年初五的事，但都怕路头被人接了去，所以往往初四夜抢先接。一九四八年，风雨飘摇，百业萧条，我们家经营的店铺已濒临倒闭。那年春节，从来不接路头的父亲也想起了接路头。年初四夜里，正对店堂大门摆了桌子，供上菜，有整鸡有猪头，年糕也少不了。特别是桌上还放了一把算盘。快到半夜时，点上香烛，筛上酒，又在铁盆里化了纸锭，蒲团上磕了头。四姐后来告诉我，这纸锭不是化给路头菩萨的，财神不缺钱，是烧给路头菩萨的随从的，他们得了钱才会帮你忙，把路头菩萨领上门来。可见人神虽不同界，但行事还是相通的。父亲看着他的怀表，子夜十二点一到，就将店门霍地拉开，一股冷气直窜进来,铁盆里的锡箔灰扬了起来。于是大家高兴地喃喃道：路头菩萨接来了，路头菩萨接来了！街上也传来别家高兴的喊声。然而这一年的春夏之交，店还是倒闭了，盘给了一个姓朱的老板。

接过路头，初五开市。走到街上看商店差不多都开门营业了，过年的气氛消失了，我心里怅惘得不行：一个新年就这么过去了？

2009.1.

白相玄妙观

陈健行口述　陈峥整理

五六十年前白相玄妙观，我最喜欢去的地方是三清殿。

三清殿内开了不少画画张店，五六十年代是苏州新华书店的图片门市部。殿内四周墙头上挂满各种各样、琳琅满目的画画张，各种青绿山水、花鸟、蔬果、走兽是应有尽有。那时候，令我最感到画得神奇、生动和令人有点畏惧的是一幅幅高挂的大幅中堂《乌龙图》。一条巨龙张牙舞爪地在翻滚的层层乌云中昂头而出，向前伸出一双无比有力、锋利的龙爪，张开大口把江海之水从下而上汲入口中。还有一幅是歪戴着官帽，突出一双大黑眼乌珠，满腮老长的胡子，被风吹得直飘，一面孔杀气腾腾，身穿官服，腰系宝带，脚蹬官靴，一手持一把锋利宝剑，一手提着青面獠牙小鬼的《钟馗捉鬼图》。

初秋时分到三清殿前的露台上去看唤黄雀也很好玩。

黄雀比麻雀稍大点，全身通黄，毛色亮且紧而匀称、非常秀气漂亮讨人喜欢。每年农历七八月份从海边飞来，千百成群。一群群飞入江湖边的芦苇丛中，日间飞到水稻田饱食稻穗。所以，我们常见即将成熟的稻田边竖起一个个头戴草帽、身着衣裤、手持芭蕉扇的稻草人，风一起，扇子直摇，那就是用来赶吓麻雀、黄雀的。

捕黄雀的农民傍晚前潜入芦苇丛中，待黄雀成群晚归后，张网捕捉。捕到后，次日晨，有的送到常熟马咏斋野味店、大三珍、陆稿荐熟食店烹制成野味出售；有的拿到玄妙观内成批卖给花鸟商店或自行设摊出售。

在玄妙观内西脚门北边和东脚门东岳大殿北面，都先后开过几家花鸟商店。每年初秋，卖黄雀的生意很兴隆。苏州大人小孩喜欢驯黄雀玩的人很多，我小时候的同学和邻居中就有好几人，当算邻居金坤驯的黄雀最好，他每年经常到三清殿前露台上显一下身手。

黄雀站立的钢叉有圆圈形、方形、三角形、葫芦形，上面全包裹着红绿头绳。装盛黄雀吃的鸟食“苏子”的盒子，全是大小不同的“百雀铃”“友谊”“万紫千红”护面霜的空盒子。黄雀佩戴在颈圈上的大红“流苏”，这些花鸟商店都有出售。

每年三清殿前的露台上，秋高气爽时，都会聚集不少苏州驯黄雀的高手在此做精彩表演。届时露台周边都围满了老老少少观众，石栏杆上也坐满、站满了人，有几个顽皮的小孩甚至爬到大铁香炉上去。但大家都很自觉地不大声喧哗，静静地观看。等驯鸟高手把放飞到三清殿屋脊上的黄雀唤飞下来啄食时，这时大家都报以热烈的掌声和“好！”“好！”的赞美声。高手们轮换着放飞，大家尽情地鼓掌叫好，二三个小时后大家都尽兴而归。这些放飞过的黄雀当然身价就不菲了。

三清殿后面也有精彩之处。每年秋天，三清殿后东北面直到牛角浜一带全是卖蟋蟀、斗蟋蟀、卖蟋蟀盆、卖蟋蟀令房、食盆、水盂小件，还有卖斗蟋蟀草的。从三清殿高高的台阶上看下去，几百人黑鸦鸦一片。

卖蟋蟀的农民、小贩们每人身上背一二只包，包内几十个全是三寸左右的小竹管，一头或两头塞着青草，竹管内全是从近郊捉来的蟋蟀。最好的品种大都来自横塘新郭及越溪沿上方山周边的乡村。

六十几年前小时候也跟过比我大的同学、邻居去捉过蟋蟀。那时候苏州不少人家自己家里都有大小不等的菜园子，有的在厨房后面，有的在住宅侧面，里面有小池塘、有井，种了青菜、韭菜、药芹……还有沿墙开黄花的丝瓜、南瓜，爬墙的开紫花的扁豆，墙脚、墙角乱砖碎瓦成堆，蟋蟀的鸣叫声就来自其中。我们时常到同学家的园子里捉蟋蟀，也有时到城墙脚下、北园、三家村、金家花园、蒋桃园、徐家桑园中去捉。捉蟋蟀脚步要轻，静静地听其叫声发自何处，说不定就在一块碎瓦下面、翻乱砖碎瓦也要轻，但手脚要敏捷，有可能一只大蟋蟀乌头青就跳出来。发现洞内有，要用蟋蟀草引，或用水灌，让它跳出来，再用铜丝网罩住，一不小心从罩中跳掉了。

养蟋蟀的盆很有讲究，就现在也是苏州陆慕名家制的盆全国最好。

一二十年前，我住在潘儒巷老房子里，每年初秋都会到三清殿后面去买三五只蟋蟀，把它们放到天井中，任它们自由。待到月夜凉如水、皓月当空，百年古玉兰树影洒满天井时，我在窗前灯下静下心来观看拍摄的一张张反转片，这时耳边不时传来“蠼、蠼、蠼”蟋蟀的低吟轻唱。好美的秋夜啊！久久不会忘！

三清殿后面，西边的一排是好几家小书摊。小书摊是小朋友最爱去的地方。书架一排排，每排上下都排满一本本或一套套小书，如《三国演义》《水浒传》《红楼梦》《施公案》《彭公案》《林海雪原》《红岩》《白毛女》《西游记》等等。一分钱看一本，二个人合起来看合算，二分钱就能看二本。看小书大人小孩都有，人多凳子坐满了，就坐在三清殿台阶的青石条上，夏天还真凉快。

上世纪七十年代一天凌晨，我赶到虎丘去拍照片，回来路过石路邮局边上一家小书摊，看见两位小朋友挤坐一起合看一本小人书，看得那么专注、那么聚精会神，我赶忙停下自行车，拿出相机拍了二张，这留下我对童年的回忆，仿佛又看到自己的童年时光。

“文化大革命”中，玄妙观成了东风广场，是平江区造反派开展大批判、大辩论，批斗走资派等活动的中心。“破四旧”时，三清殿内三清老爷当中的一尊被造反派爬上去锯掉了头。后来三清殿内成了阶级斗争教育的场所，举办了“泥塑收租院”展览。

“文化大革命”结束后，对三清殿内三清老爷进行修复。那三座老爷的头，据说是香樟木雕的。搭好高高的脚手架后，市工艺美术厂石木雕车间严阿五老师傅担当这项艰巨任务。严老师傅修塑佛像全国有名，是这个领域里的名匠高手。他带了徒弟爬上爬下，辛勤劳作，就在快完工的时候，一天收工时该徒弟一泡尿熬了很久，下梯时脚步一震动，更是熬不住了，爬到老爷身后的方洞时，实在无法再忍，就对着方洞畅畅快快轻松了一下。（可他不知道那是万万使不得的，据我知道，这是每尊菩萨身内安放金、银、铜、铁、锡五脏的地方。）就在下梯还有三五级的地方，突然一脚踏空跌了下去，疼得怎么也站不起来，结果是脚骨折。

2010.1.

躲猫猫

金泓

童年时的我，爱去外婆家，因为那里有我亲密的小伙伴，有我最钟爱的躲猫猫游戏。

因为躲猫猫，我熟悉外婆家的一切。

那堵斑驳的长满青苔被我们写满“××× 大坏蛋”的颓圮的墙，那口饱经沧桑刻满绳痕被我们丢入很多砖瓦的老井，那口豁了口被外婆填满土种上腊梅花的大缸，那破败漏风的门窗，那吱吱作响的楼梯，那散发着红木味道的大床底下的地板……

那里曾经都是我藏身的最佳去处。

节选自《躲猫猫和拍洋画》，2010.3.

马平　图

听书

金曾豪

“听书”，苏南俗语。这里的“书”指苏州评弹。评弹是评话和弹词的简称。

书场是茶馆兼营的。茶市既罢，将桌凳稍加调排，就成书场了。书台是固定的，木制，高二尺许，两边各有阶梯接脚，凡三级，取“连升三级”之义。台上置桌椅。桌是“半桌”，开评话（俗称“大书”）时横置，开弹词（俗称“小书”）时竖放。桌纬和椅披用彩缎制成，配以明黄流苏，场子里顿时就有了艺术气氛。椅子上还有蒲团，以素色缎子饰面，挺讲究的样子。墙上有水牌，写明所请先生和日夜场弹唱的书目。

紧靠书台的长桌称“状元台”。原称老人台，为年老耳钝者特设，后来少壮者常杂坐其间，名不副实，索性更名。

书场一般开下午场和夜场两场。夜场书更受重视，总是演员的看家书目。

场子里有提篮小卖，无非是西瓜子、南瓜子、花生米和五香豆之类的消闲小吃。回想起来，我跟着大人去听书的本意就是为了这些小吃，后来耳濡目染，喜欢上了听书。

一个堂倌来为汽油灯充气，另一个上台为说书先生备茶水。这是开书的信号。提篮小卖的赶紧收起生意。

男先生和女先生上台了，亲切地微笑着，一举一动都努力携带一点书卷之气。

开书前，书场门口总有些妇女挤挤地站着。她们是来听开篇的，更是来观赏女先生的“行头”的。女演员都十分考究服饰化妆，一排书说十五天，每天的服饰不会重样。那时，小镇上的时装潮流可能是她们引领的吧。所谓“开篇”即是正书之前加唱的小段子，和正书无关。常唱的名篇如《宝玉夜探》《莺莺操琴》《战长沙》《林冲踏雪》等，词藻极其精美，是文人和艺人反复打磨出来的精品。“香莲碧水动风凉，水动风凉夏日长”。这些文学味极浓音乐性极强的句子使我钦佩尤加。

男先生穿长衫。衣料相当讲究，不是毛哔叽就是派立司。衣袖长出几寸，连同白衬衣的袖子一齐翻折成洁白的一截。先生带上书台的还有老三件：折扇、手帕和醒木。三件皆有实用，又都是道具。尤其那折扇，一会儿是刀枪剑戟，一会儿是船帆状纸，说什么像什么，神了。衙门里案桌上的木块称警堂木，说书先生这儿就叫醒木。关节处拍一记醒木，也能惊天动地，吓走听众的瞌睡虫。琵琶和三弦是早就备在半桌上的，那样般配地并放着，任从什么角度看都能看出线条和木质的美感来。

那时，我与其他孩子一样，对这两件乐器并无好感。使我们入迷的是故事，对打断故事的弹唱挺烦的。最怕先生抱起乐器来慢慢地唱。“小书一段情，大书一股劲”。听评话就没有这个麻烦，醒木一响，故事哗哗地流。

起先，听唱是被迫的，后来，居然就渐渐地听出些好处来了。蒋调的清雅，徐调的温软，琴调的潇洒，张调的激昂……到能接受弹唱的时候，我已经是个大孩子，再不好意思拉着大人的衣角进场听“白书”了。就有点尴尬。

几个大孩子凑在一起商量，想出了“派代表”的穷办法——每个人凑点钱，供一个人去听书，次日找个时间让他向大伙传达。派出的代表是我们中最能模仿说书人的，受此重托，竭力地绘声绘色，却远远没有原版的生动迷人。故事是有的，但听半天也“进不去”故事里。这是怎么啦?

想想这个问题，多少使我悟出点艺术的真谛。说书人远远不只在讲故事，他们把难叙之事娓娓道来，把难状之物呈之目前，把难言之情诉出微妙，看似随口而出，其实句句都是有苦心的。有时细针密缝，有时一表千里，说噱弹唱演，皆追求具体、生动、传神。这种追求是和小说一致的。那时候，我是非常钦佩那些评弹艺人的，惊讶于他们把故事说得悬念迭出引人入胜，把人物刻画得栩栩如生，把人情世事评点得练达洞明。在我少年的眼中，这些穿戴整齐、温文尔雅、说古道今的说书先生是值得信赖、应当尊敬的。他们通过卓有成效的历史和道德知识的传播，在不经意间薪传着我们民族的文化传统。这样的口头传播在乡村尤其重要，因为那时候的乡村比城里有着更多的文盲和准文盲，口头传播是他们获得知识的主要途径。通过口口相传，代代传承，不识字的人同样可以通情达理，具有相当高的道德水准。

听书还得听“原版”的。

东园茶馆坐南朝北，书台背面是一排格子长窗，窗外便是练塘河。这就有了一种可能。总有泊在镇上过夜的船只的，快到开书时，我们几个就去说动一个船主，让他把船泊到东园那边去。这样，我们就能在船上听隔窗书了。听隔窗书不是全天候的，天凉，书场的窗子关起来，隔窗书就听不成了。天热，窗子开着，可水上的蚊子多，得不停地和它们战斗。羊尖镇上有我的一个朋友叫李钟瑜，他们家和书场只隔一道墙，他可以睡在床上通过一个墙洞听书，真是美妙极了。房间在二楼，墙洞高踞于书场接近房梁的地方，书场老板是不会认真追究的。对这个宝贝墙洞，我只有羡慕的份儿，因为羊尖镇远在三十里之外。

听隔窗书是难于过瘾的。总是有了阻隔，声音渺远飘忽，更重要的是看不见说书人，使评弹的魅力大为逊色。

到了关键章回，我们只好老着脸皮混进场子去过把瘾了。我说过，东园书场是背靠着河的，而且书场还有一个“水后门”可以利用。卷起裤腿，沿着石驳岸趟一段，就到了一个水栈（水后门），登上十几个石级，穿过厕所，再走一段小弄堂，就从侧后进入了书场。这时，书已开讲，一切都安定下来了。老听客是不会嫌我们的，因为他们小时候也是这么过来的。他们的眼神里甚至还有些欣慰哩——有接班人确是值得欣慰的。有了这些“基本群众”，加上堂倌停止了续水，我们被撵的可能性不大。当然，“小落回”的时候我们会去厕所里避避风头，给堂倌一点面子。其实，无论老板、堂倌、说书先生，对我们都是没有反感的，他们知道培养听众的重要。

说书先生和听众的关系是很特别的。老听客中有文化素养较高的人，更不乏见多识广、谙熟世事人情之人。评弹即是弹唱世事人情、评点善恶美丑的艺术，这些人会情不自禁地参与到创作中来。

散书场之后，有话要说的老听客会留下来，当面“扳错头”。哪一节书不合情理，哪一句唱词不合韵辙，哪个词用得不切……老听客不但扳错头，还会出点子，听说《杨乃武与小白菜》中的几张处方就是由一位当中医的老听众改定的。

评弹艺人乐意和听众切磋书艺，这实在是苏州评弹的好传统。那些传世精品，那些人气旺盛的响档，正是在这样的环境里一点一点打磨出来的。

苏州评弹始盛于清代，在我少年时代，评弹在常熟还是相当繁荣。常熟听众对评弹有相当高的欣赏水平。评弹界流传过一种说法：要出道，须在常熟的湖园和龙园接受听众鉴定，然后才能遨游江浙沪的三关六码头。

2003.1.

从前的从前，我们的“年”

尼楠

我跑到屋后的水渠边，敲下一块冰。然后用一根准备好的麦管，对着冰块吹出一个小孔，用绳子系紧，拎着往家里走。

天冷极了，我的手指在寒风中冻得像一截截紫红萝卜，没有知觉。天色昏黄，带暗红，显得有点脏，像是要下雪了。我拎着一块冰，觉得很高兴。因为隔壁家的小孩每人都拎着这样一块冰。他们缩着脖子，像笨重的鸭子，神气活现地在我面前走过来走过去。

我把冰拎回家的时候，母亲正提着一桶开水从院子里走出来。她把桶放在地上，捉住我，把我手里的冰一把夺过去，掼在地上。她说，烧火去。

厨房里人满为患。祖母在往一只鸭子的肚子里塞糯米。祖父向一只陶缸里撒盐，他在腌鱼。腌鱼可以一直吃到来年的春天，是最物美价廉的年货。父亲在拆一只硕大的猪头。

猪头盛放在大木盘里。刚才，它还被朝南供着，朝天仰起的鼻管里插着两根葱，滑稽极了。桌上同时供有各色干果，整鸡整鸭整鱼，丰盛得不像话。桌旁站着两支甘蔗，比我还要高，高多了。当然，重点是，它很甜，非常甜。

父亲在外面放爆竹的时候，我就看着桌上的所有食物。我觉得饿极了，有些迫不及待。我跑去问祖母，“年”怎么还没有过好，我们什么时候吃饭呢?

“年”从很多天前就在开始准备了，到现在还没有过好。从我们开始放寒假,“年”就到了村里,一住这么多天。可是它住在村子里真好啊，每个人都兴致勃勃地忙碌着，采办年货，一趟一趟地上街。

从村里坐车去街上，这就是我们的节日了。

再早些，我四五岁的时候，是坐船去。母亲说，走，我们出街去。于是妇女儿童，熙熙攘攘一大群人，都拥向码头。在码头等船，看到一片大水，一望无际。在望不见的地方，是我的神往之地。那里有小馄饨、梅花糕、热腾腾的小笼，许多的店，许多的人，各种平时不能见识到的稀奇玩意儿，有漂亮的衣服。

再过几年，我十岁以后，过年的最大意义是可以穿漂亮的新衣。母亲总是给我买红色的衣服，红色的扎辫子的蝴蝶结，红色的鞋子。年三十的晚上，母亲把一整套红色的新装放在我的床头，第二天早上我一觉醒来，就可以穿得红红火火，一脚踏进新春里去了。

然后是宰猪，这是件大事，场面总是非常隆重。寻一处空旷的场地，猪被五花大绑，由几个壮年扛着，架到准备好的木长凳上。杀猪是一门技术活，选的是村里最有经验的人，一刀进去，猪就不再叫唤了。然后各家分配，一一分好，然后慢慢散尽。

但是，在这一段时间，所有的事都是热闹的，并且隐含喜悦。

父亲买回来一条大鱼，躺在地上，像个小孩。一条那么大的鱼，浑身散发着腥味，躺在家里，我高兴地叫起来。家里每添置一样年货，我都更感快乐。那些瓜子、糖果、鸡鸭鱼肉，统统到家里来聚会，是多么富裕的生活啊。

我的农村生活的童年，物质匮乏。然而每到过年，节日盛大，享受着丰富的物质，几乎奢侈。所有平时吃不到的东西，穿不到的新衣服，买不了的东西，像梦想一样实现。

可是“年”怎么可以每天都过呢。

母亲开始计划去烫头发。这个习惯，母亲保留到了今天。临近春节，她总要去一回理发店，隆重地把头发烫卷。村里的妇女，在春节到来的时候，都变成了卷毛。她们将在新春里穿上干净的新衣服，顶着新烫的头发，悠闲地走家串户。我们呢，我们可以享受丰富的食物，放鞭炮，拿压岁钱。

这是一年中最好的时光，团圆，隆重，富饶，郑重其事，尊严。

最极致的时刻是吃年夜饭。

在年夜饭之前，祭祖，祭神。这是一套非常复杂的仪式，是“年”相当重要的一部分，如果是一场戏，那这绝对可以算是重头戏。我们这一带传统的意识一向薄弱，然而唯有这方面却继承得一丝不苟。也是件有意思的事。

我只负责磕头，在拜过祖先又拜过神，在所有应该磕的头磕完以后，迅速地从桌上的盘子里抢下喜欢的食物，一阵狼吞虎咽。然后和隔壁家的孩子一起去放鞭炮。村里此起彼伏的鞭炮声，像“年”的脚步，硫磺的味道，也是“年”的味道。

“年”的味道还包括各种食物的味道，新衣服的味道，压岁钱的味道。

我常常是在年夜饭之前就吃饱了。等到一家人坐在年夜饭的饭桌上，望着琳琅满目的一桌菜，我只觉得肚子不胜负荷。可是非常高兴。

费尽心思做出来的年夜饭，平时想也想不到的菜，只看着，眼睛也觉得满足。摆满了一整张桌子的菜，几乎是个美妙的童话。我坐在年夜饭的桌前，觉得自己是个小富翁。许多年后，我回忆起那种难以言喻的满足，充满了往日不可重现的遗憾。那时我年幼，对生活的要求是可以随心所欲地吃东西，穿新衣服，睡懒觉，是希望生长在每天都像过年一样的日子里。

那时我们家有七八口人。有一年，我年轻的叔叔穿了一条大喇叭的牛仔裤，他春风满面地在家里走来走去，有时自己一个人笑起来。他快二十岁，刚谈了女朋友，因此得以在新年里穿上了当时最时髦的裤子。而现在呢，他完全成为了另外一个人，使我时常担心他生活得不好。

有一次过年，父亲竟买回来烟花。年夜饭后，邻居都聚到我们家的晒场上，而父亲犹如英雄般地站在中间。他点燃了第一颗烟花。那五彩缤纷奇丽的一朵盛开在空中，照亮了夜晚，如同幻境。大家发出惊叹与欢呼，我则在惊叹的同时，为父亲感到自豪。

很久以后，我才明白“年”的珍贵在于，它是我们在积蓄一年之后的物质与精神上的满足的一次爆发。它正如烟火一般，照亮了我们的生活。

2008.1.

童年的玄妙观

艾雯

玄妙观内外就像个大广场，周围是一些固定的店铺，中间层搭盖着不少开敞的篷帐，也有不少是露天场子，隔老远就听得见嘈杂的声音，像扰乱的蜂窝又像打翻的鸭船，唢呐、风琴、南腔北调的吆喝声，搅和在一起此起彼伏。

变戏法的人，穿了一件宽大的长袍子，不断抖动一块像床毯一样的"障眼幕"，嘴里念念有词，猛一掀毯，就会变出一碗红烧蹄膀，或一大盆寿桃，更绝的是还能变出一缸游来游去的金鱼，变到最后是一把熊熊燃烧的火炬。

小猢狲骑在羊身上，沿场跑一圈就换一顶帽子，一下是歪戴乌纱帽的糊涂县官，一下是戴大礼帽的假绅士，一下又是戴僧帽的酒肉和尚，装模作样像煞有介事，惹得一条黄狗气吼吼追着小猢狲吠个不停。

木头人戏有时也来凑热闹，在太师椅那么大小的舞台上，高不盈尺的木偶穿着鲜明的戏装，演着一出一出的戏：孙悟空、猪八戒、小瘌痢、

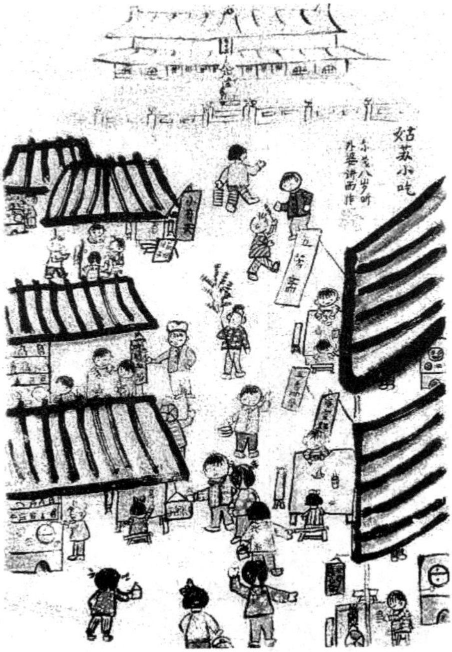

徐尔茂　图

花花太岁，还有猛虎和妖怪也活蹦乱跳又说又唱的，怎么也猜不透蓝布幔账里却仅有一个后台老板在唱“独角戏”。

另外，还有说滑稽相声的，两把摺扇你打来，我打去；唱双簧的，一个躲在背后胡说八道，一个扮小丑装腔作势；唱苏滩、说大书的，等等。有些场地看热闹的人一圈圈围成厚厚的人墙，有些只有小猫三只四只，觉得精彩的就随便掷几个铜板。

也有需要先付钱再叫看的，比如像看“西洋镜”，付了钱后就可以坐到一张长凳上，一只眼睛凑着照相机镜头似的放大镜往里张望，看匣子里一张张抽换的画片，放洋片的人一边换一边大声嚷道：“往里面瞧来往里面看，八国联军进了颐和园；唐伯虎三点秋香；雷峰塔镇牢了白娘娘……”

从闹哄哄的什要玩艺圈子里出来，耳根稍稍清静了下来，正好走去浏览小商摊贩：玩具摊上有灵岩山出产的小木碗，最小的不过一节指头那么大，打磨得“精光的滑”，还有仿真的小磨子、舂臼等都很可爱；傻呼呼的惠泉山大阿福和一手铙钹一手鼓槌的泥菩萨、不倒翁……卖鸟笼的地方也好看，那些笼形有方有圆，还有六角形的，更有架梁叠楼宫殿式的考究鸟笼，全是用细竹子编得好细致。卖灯笼处也是七高八低挂得五颜六色的，最高处一只红灯笼悬在半空飘飘荡荡打转转……

来到像圆砚台似的一叠叠瓦盒子面前，原来那是卖“才绩盆”（蟋蟀盆）的，这些砖盆瓦盆既是“才绩”的住宅，亦是它们搏斗的战场。还有附带卖金铃子盒的，捉一只金铃子装在牛筋小圆盒里，睡觉放在枕头底下，待夜深人静时它就会唱得细细柔柔，非常悦耳动听。

到算命测字摊上看小鸟“衔牌测字”非常有趣；而行至旧书摊上，从古旧的线装书、石印本到新潮章回小说、红玫瑰杂志、小朋友月刊等，应有尽有，尽可慢慢翻拣拾漏。我最喜欢的还是看香烟洋画摊，各种香烟牌子分门别类陈列在木盒里，一个铜板可以买好几张。

再有自拉自唱叫卖“梨膏糖”的，像玻璃一样薄薄一层梨膏糖，划成棋盘似的一格一格，每一格（即一块）至多小型邮票那么大，有玫瑰、薄荷、松子、药草等多种口味，含在舌头上慢慢溶化据说能止咳生津。叫卖梨膏糖的是天才作曲家，一面拉着手风琴，一面看过来的是啥等样人，他就会编唱啥等样歌，比如我和外婆一起经过，他就有板有眼地唱道：小妹妹吃了我的梨膏糖，长得聪明又漂亮——呜阿呜里强（风琴）；老太太吃了我的梨膏糖，寿比南山高又高，福如东海深又广，子孙绵绵金玉满堂——呜阿呜里强，呜阿呜里强……听他说得那么好，谁又好意思不买他一点带回家去，也算是去了一趟玄妙观的标志嘛。

于是，膝盖上捧了一叠书，身畔堆满一扎扎小篾篮或三角包的美味吃局，衣袋中揣着称心的香烟洋画片，脑子里交替着一幕幕玄妙观杂要的情景，偎坐在大人身边，一任黄包车一路颠晃，悠悠忽忽辗过青石板路石子街、起伏的小桥深巷……从玄妙观满载而返，时已古老水城宁静安祥的黄昏了。

节选自《千载香火玄妙观》，2005.4.

访梅记

鱼丽

江南观梅的地理体系——杭州超山、孤山，南京梅花山，无锡梅园，苏州光福……既区域分明，又圆润柔和，以一种透视的方式，将梅花层次分明地诠释开来。超山的梅花、孤山的梅花、梅园的梅花、梅花山的梅花，以及光福的梅花，以不同的形态，押着春天光景的韵脚，次第开放着。

从岚灵花鸟市场，曾买回一枝腊梅，是最为普通的品种，插在透明净瓶中，木本植物的清香，在屋内，一波三折，抒情为另一种芳华。寒花与寒斋，整个冬天，互相修饰与润色，反衬出一番素雅之意。无事时，学画梅花。我画梅的笔法，实是简单，只以简洁的弧形，来描绘梅花的外形。可若仔细深究起来，在个人的绘事辞典里，所谓春信微茫，比烟涛微茫给我的感觉，还要难以捕捉。因存着看梅心思，何况，时间延展已至三月，想起江南的花事，常给人一种春天光景即将殆尽之感。

一路上，太湖春水铺叙得较为缓慢，其实，梅花，毕竟是暗香，易散难聚，反而，疏阔的山水和花搭配在一起，便能手法隐约地将梅之清气，与销魂暗香锁拢得住。梅花或植山上，或开湖边，如此，才得连绵不断的蕴藉之美。

节选自《访梅记》，2010.6.

卷四

换糖佬佬

赵永清

“换糖啰——”

换糖佬佬那沙哑的声音在村巷里回荡起来，伴随着一声声小铜锣的“嘡嘡”声。

当孩子们陆续围上来的时候，换糖佬佬才歇下担子，把扁担横在两只箩筐上当作矮凳坐下。他一边将筐里玻璃盒中糖捏的玩艺儿一样样搬到玻璃台上，一边仿佛哼歌似的唱了起来：“来呀！换糖啰，武松打虎猪八戒，猴子爬树孙大圣，像不像由你看，甜不甜由你尝，来呀！换糖啰……”

几个孩子跑回家去，缠着妈妈去翻废铜烂铁、破衣衫来换糖；但更多的孩子却只是呆立在那里不肯走开，因为他们知道，接下去，换糖佬佬便会把他的双手藏进他那围裙，悉悉索索地捏糖人儿了。

那是双粗糙的大手，捏的时候，他一边和孩子们打着赌，叫他们猜他捏的是什么，谁猜到就送给谁，奇怪的是，孩子们一次也没猜到过。

真是奇怪的围裙，放进去的明明是一撮糖稀，怎么一会儿出来却变成了五颜六色的糖人儿了呢?

有一回给我猜着了，那是太阳落山时，换糖佬佬想起回家来，最后一次才给我拿到的，那是只小糖兔儿，放了好多天，我才舍得掰下一只兔耳朵，放在嘴里慢慢地抿着。

多少年了，一想起那铜锣的“嚓嚓”声，那油光光的围裙和各种各样的糖玩艺儿，心里总是感到甜丝丝的。

终于在去年暑假的一个中午，那系围裙的身影，又出现在家乡村头的老榕树下，只是肩头不见了那副沉重的担子，而是换上了带轮的货车，村巷里又回荡起那依旧是沙哑的、亲切的声音:“换糖啰——”

1989.2.

马平　图

挑担女

邓云乡

星期天，早上到城里去玩，进金门时，常见挑担卖鱼、卖菜、卖藕、卖菱的妇女，都梳着乌黑的大圆头，白银簪子，粉红头绳，发根扎着很长很紧的一段，斜角包一块印花翠蓝布头巾，上身翠蓝布衫很紧，随担子显出力量。腰中都系毛蓝粗布花折短作裙，随担子显出健美腰身。下面格子布长裤，裤脚卷起，露出小腿，赤脚草鞋，迎着早霞，走进城去，有时一连串好几个……

曾平　图

节选自《旧梦依稀四十年》，1995.2.

姑苏城里的叫卖声

贾杏年

市声中最俚俗、最富平民味的，当数叫卖声。各地的方言不同，风情各异，从而也构成了不同韵味的叫卖声，散发着浓郁的地方特色。游子归来听得故乡街头那种乡情浓浓的叫卖声会油生特别的亲切、温馨之感。已在“天命”门槛上转悠的我，对于儿提时惯听的苏州城里的各种叫卖声难以忘怀。

你听，“栀子花……白兰花……”

这是过去苏州街头巷尾时可闻得的卖花声。似莺啼，如歌吟，字字圆润清晰，声声委婉动人，回荡在小桥流水间，优美得似乎透出鲜花的清丽和芬芳。如此曼妙的叫卖声，同苏州山温水软的情调合拍。

苏州城里的卖花女，多来自阊门外七里许的虎丘一带乡间，那里是全国四大香花产地之一。已故苏州作家周瘦鹃曾有小令《浣溪沙》咏之：“生小吴娃脸似霞，莺声嘹呖破喧哗，长街唤卖白兰花。借问儿家何处是？虎丘山脚水之涯，回眸一笑髻鬟斜。”来自虎丘一带乡间的卖花女，如今在苏州街头时而还能遇见。在城里人的发音声调已变得生硬到“怒目金刚”一般的今天，领略依然浓郁存有吴侬软语情韵的卖花声，简直是如闻仙乐，颇有隔世之感呢！

过去，苏州街巷倚水展开，人家都枕河而居。因此，四乡农民带着农副产品摇船进城，常常就在水里叫卖。夏日里的“阿要买西瓜哟……”秋日里的“大生南瓜……”在那款款橹声中划行出来的滑溜的水声中响起，显得分外响亮，悠悠地传入两岸临河人家。这叫卖声虽都是几个字的苏白，却抑扬顿挫俨然似优美的歌声。

仲秋以后的凉风里，那苏州街头卖烤白果的叫卖声也妙不可言。他们在小烤炉旁，不时地把装有白果的铁丝网烤笼举起来，颠覆得“嚓啷啷”响，一边曼声唱唤：“香是香来糯是糯，要吃白果就来数……”买烤白果是以个计价的。看他们唱唤得是那么地轻松随意，而有腔有调吐出来的字音又那么清晰、柔软可人，让人听着感觉像烤熟的白果肉那样喷香滋糯。

与烤白果的叫卖声的悠闲劲儿相反，卖五香焐酥豆的叫卖声便来得欢快热烈：“吃格味里道，尝格味里道，要吃格滋味……”直如音乐中的小快板。

那挑着一副小锅灶上街卖豆腐花的叫卖声，堪称作“叫卖声字数极短之最”，只有一个字“完……”拖声到自然转音为“安”音才收住。这里的“完”可能是类似“喂”的招呼词，但要比“喂”婉转平和。苏州话的“完”字音轻，发不甚响，好在过去苏州的街巷十分幽静，轻轻一声也能传去较远。

那上街卖缝衣针的都是姑娘家，她们的叫卖声“老牌引线……”声似缝衣针一般纤细，纤细得让人平生出几分怜意来。

晓飞　图

不过，凡此种种因此而说苏州的叫卖声缺乏北方的那股阳刚之气，也不见得。

你听："箍桶……"那一声雄浑、短促、有力，是运足了丹田之气爆发出的男低音，直如用重锤猛击一下铜鼓之声。苏州话居然也能发挥出这样大的力度来！这是苏州城里修理木质盆桶男子汉的叫唤声。

还有，势如破竹的"晾衣裳……竹头"，到苏州城里的掮着长长晾衣竹竿叫卖的，几乎清一色是脸上布满深深皱纹的近郊老农，他们的叫卖声苍老而遒劲，其发出的声调居然又生又脆，能传之颇远，似可直刺青天。

还有，中气十足的"阿有旧物事……卖脱"，在苏州城里收购旧货的叫唤声是偏低的男中音，发声都甚沙哑，略带颤音，透露出夹缝中讨生活的苍凉和倔强，饶有"大江东去"的情韵。

苏州城里磨刀剪的同北方一样，肩扛着一条木作凳走街串巷，但自有一番别致的情调:“削刀……磨剪刀!”其开腔的“削”字就非同凡响，用的是齿间迸发出来的力，给人以锐利的感觉，锐利到简直可试出凉气拂面的锋芒。

苏州历来是个繁荣的城市，街头巷尾叫卖的行当繁多，各自都根据本行当的特点派生出个性很强的叫卖声来，有的柔，有的刚，有的悠长，有的短促，有的干脆就像是一段别有风味的苏南小调，精彩纷呈，蔚成一部洋洋大观的“苏派”特色叫卖文化。

而今，城市逐渐现代化了。人嗓之声，当然无法与当今充斥街市的汽车声、摩托车声和各种电器设备的喧嚣声较劲，因此许多传统的叫卖声渐渐悄然隐退。不过，尚有些许顽强地留存着的。

不是么?你听:“栀子花……白兰花……”

这似莺啼、如歌吟的卖花声，时而还在苏州古城的街头巷尾回荡。

1996.4.

南纸店·烟纸店

车前子

小时候会听到老人说南纸店。新年了，要贴春联，老人会说去南纸店买红纸。买来的红纸上有油脂，不吸墨，在写春联前先要用干布擦擦。

我知道南纸店是卖纸的，但知道“南纸”这两个字的写法，还是以后的事。我读周作人的散文，读到了“南纸店”。“南纸店”三个字在他的散文里，一下子有了神韵，有了灵性。我的童年好像也跟着手持银烛的人的背影，上楼了。

我从没见到过南纸店的招牌，就是纸店的招牌也没见过。二十世纪六七十年代，走在街头偶尔能看到的一些旧物，是店铺的墙面上隐隐约约的“公私合营”的字样。南纸店好像改名了，改成了文具店或者文具纸张店。

小学毕业前夕，我正在学习中国画，就常常去文具店买宣纸。从这个店转到那个店，为了比较价格。同学中也有学习中国画的、学习书法的，碰在一起就交流哪家文具店的宣纸卖得便宜。我找到过一种宣纸，纸性很敏感，只要九分钱一张，被我们买多了，店家就逐渐地涨价，涨到两毛钱一张。后来索性买不到了。

我们在文具店里买得最多的还是毛边纸。

苏州这个地方，许多人家在小孩子识字之前，就让他们练大字，一开始在废报纸上练，练了一阶段，大人觉得有点样子了，就去买毛边纸让他们练。

练字用的帖一般是颜真卿和柳公权。男孩子练颜字，女孩子练柳字。也有在砖上练字的。

苏州有个小镇，名陆慕，产的砖过去是贡品。据说故宫里的砖十有八九就是这个小镇烧的。有一种砖叫清水方砖，质地细腻，光可鉴人。穷人家的小女孩没有镜子，就找这样的一块砖，泼上点水，菱花就开了：当窗理云鬓，对镜贴花黄——问邻居家讨几朵碧桃插在头上。衣服尽管不是新的，还打了补丁，但干干净净，让见到的人有种莫名的感动。

能练字的砖，就是清水方砖。这种砖过去很容易找到，如今雪泥鸿爪了。

苏州城里的老房子都拆得差不多了，拆完了才发现，老房子并没有想象得那样多。有些人接下来才明白，或许还没有明白，因为苏州城在历史上是每平均两百年被毁一次——战火最先烧掉的就是建筑。现在苏州最老的房子是南宋时造的，仅有一座。前几年苏州开阔干将路，老房子被拆是1949年以来最多的一次。苏州城里的老房子拆得差不多了，苏州镇上的老房子又开始拆了。我一位朋友去东山玩，见到人家正拆着老房子，就要了一块清水方砖送我。

南纸店，清水方砖，旧时味道，快淡忘了。

烟纸店，我一直以为是胭脂店。也有胭脂卖，装在一只小圆扁盒里，买的人很少，大多数女人买雪花膏，搽白的脸，像剥了壳的煮鸡蛋，刺鼻的香气在小巷里飘开了。

雪花膏装在大玻璃罐中，放在柜台上。

烟纸店里并没有纸卖。这样说不确切，它也卖纸，卖的只是一种草纸。后来又增加了学生练习本。纸装订在一起，就不叫纸了，叫本，或者叫簿，或者叫册。草纸就是手纸，用稻草做的，大大咧咧的样子。还能看到稻草的茎秆、稻壳。

卖洗衣皂，它是两块一条，只想买一块，营业员就用刀一切为二。洗衣皂一条一条叠放一起，像座暗黄色的城堡，城堡里的骑士——蟑螂神出鬼没。

我读小学的时候，从家到学校的路上，会经过一家烟纸店。一分钱可以买两块桃爿，我们都在一位女青年手上买，我们喊声阿姨，她就给我们两块大的。这家烟纸店有两位营业员，一位女青年，一位老头。老头很凶，是我们童年觉得最坏的坏人。我们走过烟纸店，见老头不在，好像美好生活开始了。

一天突然停电，祖母要去买蜡烛，我自告奋勇地去了。黑压压的小巷，走到一半，很可能还没有一半，我就害怕了。正想着唱歌壮胆，路灯亮了。木头的电线杆上，灯泡大得有小公园那么大。

烟纸店也在口头上销声了，但还没有匿迹，现在都像北方人一样，说成小卖部。

“阿囝，搭娘到小卖部去拷瓶酱油。”

2002.3.

西园茶馆

金曾豪

旧时，常熟的每一个乡镇都有多家茶馆。当然，有相当规模、所谓“数得上”的，一个镇也就是三两家吧。

以低乡的练塘镇为例，“数得上”的茶馆有两家：东园和西园。店名并无讲究，东园在东街，西园在西街，如此而已。店名也并不在门面上张扬，连个幌子也省了。倒是“水筹”上有店名。在三寸长、一指宽的小竹片上烙上“某某茶馆支”的火印，抹一层桐油，就是茶馆发行的水筹了。一般有“一支”和“五支”的两种。每支水筹可打开水一瓶（热水瓶）。

我常去西园茶馆打开水，对西园更熟悉些。开水是在老虎灶上打的，所以老虎灶给我的印象尤深。

老虎灶比真老虎大得多，有大象那样的规模。灶面上有四只汤罐，一只大锅和一只积锅。在大锅上接上两尺来高的木桶就成了积锅，用于囤积沸水。积锅之后是老虎的尾巴——烟囱，很粗壮，一直冲出屋顶去。烟囱总是热烘烘的，绕着几道铁丝什么的，茶客淋湿了衣裳，就脱下来挂到铁丝上烘，不一会儿就干了。

老虎灶不吃人，吃砻糠。砻糠有两个进口，一个在烟囱之后，另一个由四只汤罐簇拥着。前一个火口连着个倾斜的炉垫。后一个直通炉灶前膛，是生铁的，三号碗那样口径，有铁盖。“喂”砻糠时，先在火口上接一个铁漏斗，然后用畚箕来“喂”。旁边备有一根一米多长的铁钎，可插入火口去调火膛。

砻糠在那么大的灶膛里燃烧，有那么高的大烟囱抽着风，发出来的声音相当雄壮，俨然有虎的气势。用铁钎拨火时，老虎就轰轰地吼，好像挺生气的。拨火人的脸被映得通红。

西园茶馆的老虎灶和店堂没有任何隔断。如果不是夏天，这个庞大的、呼吸着的老虎使店堂变得非常地温暖和亲切。

旧时，学木匠的要在出师前用一个工时单独完成一架纺车或者一条长凳。纺车的结构繁杂，而条凳的榫和卯都是斜的，要做到严丝密缝，并不比纺车简单。泥瓦匠的“毕业论文”则是一座家用的双眼灶。粉刷完毕，你得用墨水在“灶山”上画上传统的装饰图案。泥瓦匠都会砌灶头，但能打老虎灶的泥瓦匠极少，常常是几个乡镇找不出一个来。

为西园打老虎灶的是保根师。他的名声在外，方圆几十里，说起老虎灶就会提起他。据说决定老虎灶发火不发火的关键是火门。那是在灶膛和烟囱的交接之处。老虎灶打到关键时节，保根师照例会要个手腕，把旁边的人支开，然后神神秘秘那么一弄，老虎端的就活了。有的泥水匠细加探究，然后依样画葫芦，但结果还是不行，老虎不是奄奄一息，就是漏膛。其实，局部模仿是不行的，得综合考虑烟囱和炉膛的情况。火门控制着烟囱的抽力。抽力小了，老虎就雄壮不起来；

大了，则容易抽走砻糠灰造成漏膛。

保根师每天来西园喝茶。他是这里唯一的免费茶客。西园的老虎灶很“发”，是他的得意之作。老人每天都会来摸摸暖暖的灶头。在他的眼里，老虎灶是有生命的。

东园茶馆用的是井水。那井的井径比常见的大得多，水好，而且丰沛，这么优秀的井毕竟不是掘地就有的。西园只能用河水，就在市河里取水。那时的河水清，按现在的标准，一般都在地表二级以上。在浅水活动的串条鱼不用说了，定睛看时，在水草间出没的土婆鱼也是历历可数呢！当然，毕竟是地面水，河水入缸之后还是要用矾“淀一淀”的。西园备有六口七石大缸，能轮番着“淀一淀”。缸是骑置在墙壁里的，一半在屋里，一半在屋外，分别配有半圆形的缸盖。屋外是进水口，屋内是取水口。这样置缸的好处是水担不进店堂。当年阿庆嫂帮胡传魁“水缸里边把身藏”，想来就是用的这种缸了。

小镇的流动人口不多，茶客多是熟客。他们中的大多数人是每天早晨都要来这里“孵一孵”的。如果某人缺席，别人就会打问原因，是不是出门了，身体怎么样了。问通讯地址，这些人都会说：“寄到常熟南门外练塘镇西园茶馆就是了，稳定收得着。”

西园备有红茶和绿茶两种。茶叶并不预置在茶壶内，而是备份在排成盘的小方纸盒中。茶客进店落座，跑堂的就到了身边，并不问要红茶还是绿茶，因为他知道这一位要的是什么。茶浆已经“杀”好在壶中了，配套上桌的还有一只青花的茶盅。

汪曾祺在京剧《沙家浜》里有精彩唱段：“垒起七星灶，铜壶煮三江；摆开八仙桌，招待十六方。”在常熟人看来，方的桌子不一定有资格称八仙桌。八仙桌是比较上档次的桌子，至少是桌脚与桌面相垂直的那种。

脚与面垂直的桌子，必定是用硬木做的。茶馆里极少有这种桌子，用的是斜脚的方桌或者长桌。与此相配的是板凳，而且多是长条的，几乎没有椅子。

一般不是陶壶，公用之物，用容易清洗的瓷壶为好。少数老茶客自备茶壶，用毕，自去洗净，放到橱里那个老地方，以备明日再用。

又一日，听茶客们在议论瞎子阿炳。几个老者说阿炳曾到过西园拉琴，拉的就是大名鼎鼎的《二泉映月》。听的人多，说话的人就来劲。另一个老者说那天茶馆的窗子外奇怪地聚集了好多狗，一声不吭地坐着，棒打不散。又一个老者说得更浪漫，说阿炳拉着拉着，冷不防从屋顶上掉下一条乌梢蛇来。说狗那个老者，忙配合，说阿炳胡琴上蒙的那张蛇皮也是乌梢蛇，说不定这两条蛇还有血缘关系哩……练塘镇离无锡不过四十公里，华彦钧是有可能到过西园的，但黄狗与蛇的故事必是老人们的即兴创作了。

茶馆一定是小镇上开门最早的店家。不为别的，只为茶客们到得早。茶客中老人居多，几十年了，他们早睡早起惯了，张开眼睛想到的第一件事情就是上街吃茶（他们不说喝茶）。想到那座轰轰作响的老虎灶，他们的心里就有了一种舒坦的暖意。走到石拱桥上，就看见了西园茶馆的灯光。

原名《回味老茶馆》，2002.5.

白娘娘

晨星

记得那时候的苏州并没有现在那么张扬，美丽的姑苏名城，如同一块精致剔透的小家碧玉镶嵌在水乡的绿地上。

出城外过了爱河桥，穿过四明公所，便是葱绿的稻田了。而只要过了护城河不远就是娄葑的藕塘茨乡。那时候的火车站只是一条煤屑路边上的一座孤立的城堡，周围都是蛤蟆吵坑的池塘。市内交通是黄包车，长途出门靠的是轮船航班和烧木炭的汽车，十分便利，乡下人的坑板船装载着柴禾、稻谷和果蔬，在水巷里来回穿梭，河水碧澄透明，滂毗鱼、窜条鱼一群群地游来游去。

我在那时候住在城西太平桥旁一座中西合璧的房子里，背靠水巷，三面毗临石砌的老街陋衢，清空的小巷里，一到下午三四点钟就会响起各种各样商贩的叫卖声音：

“笃，笃，笃，卖糖粥来……”

“三八盐炒豆……赤砂糖炒豆……”

“阿要豆腐花，来一碗……”

众多的叫卖声中夹杂着一个嘶哑、漫长的声音：

“揿钮、轧叉、老牌引线、棉纱线、扎底线……”

每当听到这个声音，祖母和大伯母就会跑出门去，一面嘟囔着：“白娘娘来了，白娘娘来了。”

白娘娘何许人也？我急忙跑出门去，一看是一位老太太，五十多岁年纪，头发全白了，穿着一袭旧式的旗袍，身上挎着一个兜包，里边放一些针线、发卡、火柴、洋蜡之类的杂货在沿街叫卖，大伯母每次去门口都要买上几件物品，聊上几句，要她保重身体……白娘娘用她那醇厚韵味的京腔寒暄着：“老太太，先生，多谢了。”然后她优雅地转过娇小的身躯，讪讪地离去，踽踽地继续沿街叫卖。

提起白娘娘，大伯母便会唏嘘不已，因为白娘娘是她们教会女中的同学，是她们那个提倡女权的王季玉校长的高足，大伯母谈起她这个老同学时，总是把头摇得象拨浪鼓似的，“可惜呀，可惜呀，真是作孽！”白娘娘人长得漂亮，中文好，英文好，人缘更不用说是好，因此她深得同学敬爱，深得校方器重，本来白娘娘应该是有光明前途的，后来她不知怎么和一个本地的少爷谈起恋爱来了，而她那个北方老学究的父亲却要她嫁给一个从小指腹为婚的同乡，对老父的家庭的背叛使她选择了和那个薄情郎君一起私奔，而那个不负责任的郎君后来又去高攀了一位有钱人家的小姐，于是白娘娘受刺激了，失常了，但是她没有被命运击倒，她就这样巡街叫卖，靠出售小商品的收入来养活自己，听人家说她大概是住在新桥巷一带吧，每天她几乎很准时地沿着固定的路线一路叫卖，还要进货、烧饭、洗衣服，自己照顾自己，确实是很不容易的。

街坊邻居提起她在唏嘘之余，也不免会洒下一掬同情之泪水，都说白娘娘是好人哪，就是命不好。这样的说法听多了，仿佛我也相信世界上真的有命运这样一种东西，有时候我又把白娘娘和鲁迅先生笔下的祥林嫂相比较，在寒冷的除夕她用苍凉、悲壮的声音抗争着，呼唤着“撳钮、轧叉、老牌引线……”，这声音带着年节的轮回，划破姑苏古老的时空。

2003.3.

骆驼担

李昉

常忆起姑苏街巷里卖馄饨的小贩敲击竹爿时发出的“嘀嘀笃笃……”的声响，那是老苏州人再也熟悉不过的音律。在每个寻常而又沉寂的夜晚，如人间天籁般不断响彻在静谧幽长的小巷里。

若要刻意追溯这一音律的渊源，委实无从考证，因为简单的两个音符无非是叫卖小吃的贩夫之音。吴地民间自古盛产风味小吃：鲜肉馄饨、赤豆糖粥、酒酿圆子、焐熟塘藕……凡此种种不胜枚举。而那朴实却萦绕着无限苏州风情的音律，正是叫卖馄饨的小贩沿街行商时用世代相传的竹爿敲击而成的组乐。

尽管叫卖赤豆糖粥等食品的小贩也用敲打竹梆的手法来吸引主顾，然而竹梆是一截一尺来长的空心竹筒，敲击的时候只能发出一个“笃”字音节，且没有音律的变化，旧时的孩童时常戏谑着学舌：“笃笃笃，卖糖粥，三斤胡桃四斤壳……”唯有叫卖馄饨的小贩是用两块半尺左右的竹爿相互敲打，随着手中力度的掌握，竟能敲出两个节奏明快、

曾平　图

抑扬顿挫的音节，于是，笃笃笃、嘀嘀嘀笃、嘀嘀笃笃、嘀嘀笃……一组轻重疾徐、变化莫测的音律便在并不懂音乐的小贩手中传播开来，显出十分欢快调皮的韵致。

不经意间，深巷中依稀传来一阵阵竹爿的敲击声，渐渐临近，那声音愈加清脆分明起来：笃笃笃、嘀嘀嘀笃……于是，馋嘴的孩童和饥饿的大人便迫不及待地打开屋门，高声叫道：“哎！下一碗馄饨！”小贩闻听召唤，就立定脚步，轻轻歇下肩头的馄饨担，热情地招呼他的主顾。

这是一副名叫“骆驼担”的造型特殊的担子。所谓“骆驼担”，无非就是小吃担的雅号，因其两端所负的家什高于横挑的扁担而形如骆驼双峰，肩负行走时酷似沙漠中的骆驼，因此叫作“骆驼担”，姑苏民间又有“一担挑”或“两间半”之称。陆文夫的小说《小贩世家》中，主人公朱源达赖以营生的家什正是骆驼担。

骆驼担通常是由木料构建而成，紧凑坚固的构架虽无十分光鲜的漆色，却因为祖辈相传且使用年久而呈现出紫铜般的色泽，好似一副考究的红木家具。

担子的前半部分相对较低，作操作台之用，分上、中、下三个部分。上层是一块正方形灶台板，中间挖出一个圆洞，稳当当地安置着一口乌黑发亮的铁镬子，那便是生馄饨入水而熟馄饨出汤的“浴池”；镬子的下面即中层部分是一个烧柴火的小炉灶，四周用红泥糊满了灶膛，辟出一个塞干柴的灶穴。每夜游走行商时，那炉灶里始终炆着火，将灶膛映得通红，远远望去，好似一盏火红的马灯；前担的最底层是放置煤球与干柴的扁屉，可以随时添柴增火。

担子的后半部分作储藏柜之用，两尺见方的橱里放置着一应俱全的炊事用具。橱的上层搁着一大钵肉馅,钵头上覆盖着一层洁白的纱布，防止落了灰尘。周围摆满了储存酱油、精盐、胡椒、味精、辣酱等调味品的瓶瓶罐罐；橱的中层部分是一组灵巧活络的小抽屉，第一个抽屉整整齐齐地排列着包好的馄饨，活象一个个胖鼓鼓的元宝。第二个抽屉铺满了备用的馄饨皮子，是一个小型的补给仓库。第三个抽屉则稳稳地安放着十来个鲜鸡蛋；抽屉下方又有上下两个木格，上格储藏干净的汤碗和调羹，下格放置着一锅预先炖好的馄饨汤；橱的底层是一桶下馄饨时备用的清水，既可添汤止沸，又作洗涮碗勺之用。

正是这副用具齐全、功能完备的骆驼担，以百余斤的重量载荷于小贩的羸弱肩头，维持着一家多口的生计，也满足了远近居民的口腹。

骆驼担出售的馄饨分大小两种，大馄饨一角钱一碗，小馄饨则五分钱，倘要添个水潽鸡蛋，还要再加五分钱。每天下午三四点左右，晚炊尚未淘米，骆驼担便伴随着“嘀嘀笃笃”的竹爿声缓缓出现在悠闲的小巷中了。于是，附近的居民或途经的路人纷纷走近骆驼担，买上一碗热气腾腾的馄饨。

小贩似乎从不会因为客多而手忙脚乱，他一边用地道的苏州话与主顾们搭讪，一边从担子上取下吹火的竹筒，俯下身体鼓起腮帮对准灶穴呼呼地吹上几口大气，那灶膛中的火焰便瞬间蹿了起来，片刻，镬子里的水逐渐沸腾起来，不住地冒着热气。小贩拉开橱柜上的抽屉，一把抓出十来只包好的馄饨投入沸水中。馄饨在水中翻腾，小贩从橱里取出汤碗，麻利地调制出馄饨的汤。待到镬中的馄饨在滚烫的水浪表面来回翻滚时，小贩伸下爪篱搅动了一圈后，十分果断地一个抄底，将馄饨尽数托在爪篱中，顺势甩了一下残留的热水后即盛入汤碗中，一撮碧绿的蒜叶撒在馄饨上，薄如蝉翼、晶莹透亮的馄饨一个个浮在汤水表面。

仅仅一盏茶的工夫，抽屉中的馄饨早已售罄，然而等待中的吃客们并不会败兴，小贩又从抽屉中取出一沓馄饨皮，十分娴熟地当场包起馄饨来。只见他将极薄的皮子摊在左手掌心，右手用一支筷子蘸一坨馅点在皮子中央，异常灵巧地轻轻一捻，一只小馄饨便如一朵玉兰花盛开在他手中。当人们还陶醉于他熟练的手艺时，数十只馄饨早已整齐地排列在吃客们面前，而镬中的热水，则又一次沸腾了……

白天，恬静的小巷总会因为骆驼担的到来显现出一派欢快热闹，然而晚间，却让人体会出别样的意境。寒夜的西北风吹得人瑟瑟发抖，街上行人早已归去，而小贩依旧肩负着骆驼担，游走于阴冷透骨的街巷中。他步履蹒跚地行走一段路程后，便要歇下担子，从围裙兜里取出竹爿敲打一阵，借机歇脚。那竹爿的音律在寒夜中似一种幽怨的独白，不禁让人感到一丝惨然。但是亲眼看到骆驼担时，却又令人生出一缕温暖的惬意。那炉灶里的火焰雀跃着，使过路的行人产生一种莫名的欣慰。

小贩常会将骆驼担停歇在戏馆或书场的门前，九点左右，戏馆和书场纷纷散场，观众与听客们陆续围拢着温暖的骆驼担前，吃上一碗汤热味美的馄饨，浑身上下便暖和起来，然后归家。

或许是缘于骆驼担为世人带来温饱的恩泽，人们对于骆驼担始终怀有一种眷恋。骆驼担留给老一辈苏州人的，是一份无比怀念的朴实的生活情结。

原名《怀念老担》，2009.3.

老虎灶

于祥

小时候，常会帮着家里的大人去老虎灶泡水，但一直怕去老虎灶。老虎灶由于形状像老虎而得名，因烧水的炉膛在正前方，正面望进去黑乎乎的，真的像一只老虎张开的大嘴，灶尾有一座竖起的烟囱管，就像老虎翘起的尾巴。因此，苏州人就叫“老虎灶”。

马平　图

老虎灶一般有三个汤罐，一个大的镬子。整整一汤罐的开水可以灌满十一瓶半的热水瓶。因为当时烧的都是砻糠，大镬子里的水一般情况是不会开的，最多水烧热了，把它们再匀到汤罐里，这样汤罐里的热水开的时间就可以大大缩短了。

节选自《平江路（二）》，2012.2.

卷五

甪直

朱红

甪直是古桥之乡，有着绵延的石驳岸，精美的桥体石雕和系船石图案。

甪直的老街，大概宽仅三到四米，弹石铺路。两侧店居相连。偶尔有空缺处，那是通向河埠的出口。这些店铺铺面不过一两间，都和住宅连在一起，平房大多前店后宅，楼房则是下店上宅。卸去门板就开始营业。由于街道狭窄，面食店、点心店等吃食铺飘出的蒸汽和香味常常弥漫了一街。人少时不觉得空寂，人多时更显得热闹。店的楼面通常是木裙板上一排窗，可随意俯视街景和水景。

甪直的小巷只有两三米宽。巷里人家大多是粉墙黛瓦，木门木窗。间或有石库门高墙，那就是从前的大户人家了，比如沈宅或萧宅。这些人家的居室常在三进以上，厅轩堂楼齐备，有的还有走马楼和花园。每两进之间多有庭院，院中或置花木湖石，或以石板漫地。

小巷民居虽然简朴，却不单调：有平房也有楼屋，还有各式各样

角直

朱红

角直是古桥之乡，有着绵延的石驳岸、精美的桥体石雕和系船石图案。

角直的老街，大抵宽仅三到四米，弹石铺路。两侧店店相连。偶尔有空缺处，那是通向河埠的出口。这些店铺铺面不过一两间，都和住宅连在一起，平房大多前店后宅，楼屋则是下店上宅，卸去门板就开始营业。由于街道狭窄，面食店、点心店等吃食铺飘出的蒸气和香味常常弥漫了一街。人少时不觉得空寂，人多时更显得热闹。店的楼面通常是木裙板上一排窗，可随意俯视街景和水景。

角直的小巷只有两三米宽。巷里人家大多是粉墙黛瓦，木门木窗。间或有石库门高墙，那就是从前的大户人家了，比如沈宅或萧宅。这些人家的居室常在三进以上，厅轩堂楼齐备，有的还有走马楼和花园。每两进之间多有庭院，院中或置花木湖石，或以石板墁地。

小巷民居虽然简朴，却不单调：有平房也有楼屋，还有各式各样的山墙，远望高低起伏，错落有致。在屋与屋之间有时会有一段矮墙，墙头爬满了藤蔓，露出院中的花树，显得幽静而恬适。

甪直的水巷，一种是前街后河，人家枕河而居，有的临河有门有踏级。一种是两巷夹一河。河两边都有石驳岸，并有河埠，既便于上下船，也便于居民在此用水。驳岸设有石条凳，供居民和行人憩息。漫步于水巷，看桥看船，看枕河人家，看天光水色，心旷神怡。

在中市上塘街有纵深二百米的廊棚，这在早先“西汇晓市”就有，那时叫作河棚。新修的廊棚沿河都有吴王靠，雨天在此敧坐最妙：听廊瓦沙沙作响，看雨中景色朦胧，诗意盎然。

这些老街小巷具有生动的历史感。置身于这样的街巷，就像回到了七十年前的居住环境。这时，你恍若电影《早春二月》或《林家铺子》中人，别有一种水乡寻梦的幽趣。

风情是当地的风俗民情所给予的一种综合印象，很难用三言两语说得清。也许是老人在河埠闲坐喝茶的姿态，也许是小姑娘在临街的窗口剥芡实的情景，或是身穿水乡服饰的妇女三五成群的憧憧人影，他们和古朴的街巷桥河合成了一幅和谐的水乡风情图卷，给人以安详的气氛和幽逸的意境。

在这里，市集上活蹦乱跳的出水鱼虾，水嫩的茭白或菱藕，碧绿的莼菜和枣红的荸荠，还是随处可闻的吴侬软语，甚至是久违了的草鞋和早已闻名的甪直萝卜，都会唤起你沉睡的乡土情结。

节选自《走进甪直》，1999.1.

沙溪

朱文颖

有时候，沙溪那些临水而筑的老房子会让你恍然想起“尘埃落定”这四个字。一切都是笃定而殷实的。

走在街上，就能看到后两进厅堂小天井里种的花草与树木。在第一进或者第二进的小天井里，屋檐下面挂着自家腌制的咸肉。有的上面还盖有油纸，防止走油；井栏圈的四周有青嫩的草粒与水珠。

这总是让我想起八十年代底、九十年代初的周庄。那时的周庄还是有些破败的，不那样受宠。一些非常不张扬的木头房子，街也是窄的，屋檐压下来，显得光线有些黯淡。两旁是斑驳的老门堂，小，破，但有错落，有的作店铺，铺子后面则完完全全是他们小巧实的日日人生。那时去周庄的游人还是少的，少得有些寥落。因为不抱有特别的奢望，也不懂得会有怎样令人惊讶的得到，所以店主的心境也是祥和的，平静的。看着游人从眼前走过，也就是那样走过了，憨厚地笑着，或者木然，甚至还有些害羞与怯意。

坐在船上，四周蒙着点雾气，能看到河岸上石头砌的墙基，拱桥，围墙。半人高的围墙上，有的人家一圈放着大的陶罐。陶罐与陶罐也厮守着，不由得让人生出一些感动。

只有一些小饭庄的店堂门口，放着大而透明的玻璃缸，里面养着活鱼，旁边写着“活杀鲜吃”——甚至连这无意中透露出来的略微的杀气——就那么一点点，也会觉得是如此的不协调，如此的不合适。

2000.4.

芦船眠月

陶方宣

那年和朋友许念慈去沙家浜，正是秋天，漫天芦花飘飞如雪，我说：我们在这里住一宿吧，枕芦花而眠。许先生说：我正有这念头呢。

暮色苍茫蒹葭苍苍，一片苇海，在风中像海浪起伏。两个人沿湖岸芦苇夹出的小道往湖心走，风吹着苇叶沙沙沙响，时见翠鸟和野鸭在苇丛里飞窜、鸣叫，芦叶上密布着精致的鸟巢，我在一棵芦苇上竟发现了八个鸟巢，每一只巢里都布满碧玉似的鸟蛋，令人惊喜。

租了一只乌篷船，船像莲花瓣子在苇荡里漂着。

许先生有点饿，我们就泊船上岸，在春来茶馆吃了一壶茶，又点了几个清淡的水乡小菜：芦笋炖鲤鱼、蒌蒿炒干子，还有两只阳澄湖大闸蟹，肥得爬不动了，还是张牙舞爪的。女老板送来一瓶酒，是黄酒，三杯两盏下肚，许先生和我都有些醺醺的。一抬头，就见窗外芦花上挑着一轮明月。

月亮出来了，我们到芦苇荡里走走。酒多了些，脚步有些东倒西歪的，在芦苇荡里把鞋也踩湿了。湖荡很开阔，月亮清清朗朗地照，一大片一大片芦花正飞絮，月夜里看上去像落了一场大雪，芦花雪落在头发上衣褶上，摘也摘不掉捋也捋不尽；落在面庞上，像十七八岁的妙龄女孩子吹过来的气息，叫人禁不住生出满怀的温柔来。

许先生说：沙家浜的芦花是出了名的。我说：可惜，听说这季节只有半个月，花期太短，要是逢着一场雨，立时花就败了残了。一只雏狗汪汪汪在岸上吠，不知是冲着我们还是冲着月亮，乌篷船寂冷地泊在水边。

睡意袭上来，和衣在乌篷船上迷迷糊糊地假寐，醒来时发现芦花落了一身，就脱下衣衫一阵拍打，月光竟湿漉漉地沾在手上，细看发现是露水，才知道露水跟着月光下来了。

忽然一对鸳鸯惊起，扑噜噜飞远了，芦苇荡恢复了寂静，我们仍寂寞地坐着，身边芦花似雪，头顶月光如水。

原名《沙家浜眠月》，2006.2.

沙家浜记

贾平凹

沙家浜是常熟的一个古镇，以建在芦荡之中而与众不同。镇不大，人家相对筑屋，后门通河，前门是街，街巷就极其幽深。路石又全然铺就了石板，石板与石板并不严实，故意留着空隙，能看见下面活活流水，似乎整个镇子就浮在了水上。

从街往里走，看两边屋舍，大都两层，木头横七竖八，结构巧妙，人多各倚栏临窗，软语呼应。有旧寺数座，混杂于高铺之间，唯独门前蹲有石狮，石狮不威严，喜庆状可掬。也有老桥，连扯左右，荷就钻出石罅，近旁就是茶肆饭店。进去坐下，茶要碧螺春，饭要蕈汁面，正端详灶是不是七星灶，壶是不是老铜壶，忽后窗外咿呀声响，一小船靠近，船上人和屋里人打情骂俏，便将一篓鳑鲏鱼递进来。鳑鲏鱼是稀罕物，水质好才能生长，鳑鲏鱼也正是这里的特产。连呼煎炸一碟来呀。却有黑鹳白鹭就站在后门栏上，而三朵四朵芦絮飞进，上下飘浮，用手不可捉拿。

湖荡汪洋，正扫风，水石微皱，芦絮起落如云。岸边排列无数船，其状似偌大的鞋。顺脚上去，摇橹的大嫂问去哪儿，说句船到哪儿人到哪儿吧，船就箭一般驶进芦荡。

进了芦荡才知神秘莫测，河道密布，港汊纵横，沿一处深入，芦苇愈来愈高，凉气袭身，万籁俱静，只听得橹声和蜂鸣，有几分惊奇也有些许紧张，想武陵桃源莫过如此吧。七拐八拐，已迷失了方位，却恰遇骤风，一时芦苇前呼后拥，一尽线乱。在乱中，却看见了远处栈桥和桥端的芦亭，亭中有人吃茶说话，只听得一团嗡声，分辨不出话语。约几分钟，风软下去，悄没声息，继续前进，道越来越窄，水越来越深，湖苇倾斜得不能摇橹，江苇扑撒在船头，便看清了水中游鱼，而头顶上水鸟乱飞，一时有了奇思，这鸟入水为鱼，鱼出水为鸟，是相互转换的吗？

游了一次沙家浜，再也忘不了江南的这个古镇，记住了这片可能是中国最干净的水和水中浩浩荡荡的芦苇。

2006.4.

晃晃的太湖

燕华君

童年时的太湖和现在不一样。

带我的阿福好婆是光福人，她的家面临太湖。在苏州呆得恹气了，好婆就带我回光福。童年印象：太湖一汪清水。水波真是晃晃的亮。湖面上的风里有水腥气和花果香味。

光福是太湖边上的一个小镇，湖光山色，洞天福地。鱼米之乡，四季有果。想得起来的还有：邓尉山，香雪海，清奇古怪，铜观音寺，司徒庙，木荷林和船菜馆。

在光福，最有看头是香雪海梅花，晃晃的太湖，一树一树晃晃的梅花，而光福宝塔那里是不是有风铃，我已经忘记。

坐在太湖边不说话，我能听到阿福好婆细气的叹息。生活中一些特别的东西，清晰如昨：白衬衫布里永远洗不去的杨梅红；阴冷天气，手心里握一把热白果，颠来倒去地取暖；旧气且黯然的灶屋里，苍蝇嗡嗡，东叮一碗百叶结烧肉，西叮一块蜜蜂糕，阿福好婆说话：饭苍蝇，不要赶它。

童年的太湖，是光福小镇上旧气的弹石路面，是阿福好婆断断续续的歌声，是三桅船七桅船，是阿福永远叉开的脚趾，是一堆腥里腥气的鱼虾，是一片明晃晃的稻田，是三树橘子，是七棵板栗，是间种在梅花树下的菜苋，是挂在屋门口猛晒太阳的咸猪头肉，是一阵若有若无的风，是被台风刮坍塌的丝瓜棚，是一些远远近近再也回不来的六七十年代往事。

童年时的太湖和现在真的不一样，没有蓝藻，没有气味，没有一群人两群人哄进哄出。只有寂静和晃晃，烟波和浩瀚。太湖总是从容淡定，风清月白。

此时想起阿福好婆糯糯的光福口音。

是不是这样说：童年留给我们的唯一礼物，就是让我们能够在年老之前安静下来。

2008.2.

村里那棵银杏

倪祥保

从呱呱落地开始，我在常熟辛庄镇南一个小村子里，度过了二十个充满温情快乐和金色回忆的春夏秋冬。在这所有回忆中，父母双亲无疑最难忘怀，其次是姐姐、哥哥、伙伴以及村里的各种各样人事、乡情与民风。宅院、房舍、村里小庙、弄堂与石桥、谷场和菜地、竹林与绿树，还有村边的稻田、麦浪、油菜、瓜果、红花、野菜、猪草等，都是至今常常浮现在脑海与眼前的。

同样使我难以忘怀的，是家乡那时清澈的小河湖荡，以及到处可见的鸟兽鱼虫……其中生长在村里的一棵很大的银杏，一直在我内心深处占着非常重要而特别的位置。

银杏的树龄可以长达千余年，其木材呈浅黄色，色泽与年轮都很均匀雅致，木质细腻而轻软，易于雕刻，过去也常用它来做上好的木屐。民间俗称银杏为“白果树”，是以所产果实来命名。又名“公孙树”，这可能是由于银杏生长速度缓慢，显然是为子孙后代而栽种的，即最是属于“前人栽树、后人乘凉”的那一种。

银杏慢慢能长得很高，人们日后自然会将其作为村落或家园的地标物；银杏树龄长，有果实可吃，能让后代不断受用。也许正是因为这些因素，银杏在古代除了专门作为果树来栽种，通常多可见于庙宇和宗祠之地，其中长得又高又大者，自然很容易成为民间所谓的“社树”或“神木”，犹如上古时能让外出采集或狩猎的人看得见家园所在的地标物，招引他们及时回到守望着家园的亲人身边。

我出生并度过青少年时代的那个小村，约一百来户人家，叫西桥头。因为村的中间有一座在方圆几里内算得上是建造得相当不错的古桥。桥墩与台阶，大多用经过专门加工而非常规整的金山石堆砌而成，其重要的连接处，还用两头如斧子、中间细腰身的铁搭配。距离那座桥西堍阶约十来步的地方，是村里很早就有的一个不知名（对我而言）的小庙。小庙里长着那一棵非常高大挺拔的银杏树。几百年来（凭我的直觉应该不会少于三百年），她一直为西桥头一代又一代村民和无数经过这里的人们所仰望，事实上成为我故乡的一棵“社树”和附近方圆几里地内的一株“神木”。

小庙里面曾经有不多的佛像和一个和尚。那个和尚，在我看到他的时候就年纪很大了，就像我看到那棵银杏时，它就那么崇高与老迈了。村里人都叫他老和尚，我自然也这样叫他——通常是背后才这么称呼的，当了他的面，我从来没有这样称呼过他。在并不很多的记忆中，我最多与他用眼神略微作过一点交流，尽管他其实是一个非常慈善的老人。

我十五岁时得了胸膜炎，后来又转成肺结核。那年盛夏的一个黄昏，妈妈陪我在村口散步，恰好遇见那位老和尚从别处回村子里来。看到我们母子俩，他放慢了脚步，轻轻走到我们面前，特地对我们说了几句关于要好好治疗我病的建议。这非常出乎我和妈妈的意料，因为当时村里人其实真正知道我得肺结核的人还很少。记得他对我和妈妈说话的大意是，小孩得这病（没讲肺病）不要紧，但要注意不能烦躁、劳累，不能过热，也不能着凉，建议我多吃一点用百合煮的汤。患病中的我，对于一切关心自己的人，印象备加深刻，常常记忆犹新，就像永远也忘怀不了家乡那棵银杏。我妈妈与村里很多上年纪的人一样对老和尚格外尊重，于是，第二天她就想办法托人去买百合给我煮汤喝。后来我知道，百合这个东西对润肺确实是非常有利的。

我其实与那棵银杏树几乎一直是可望而不可即的。孩提时期，那小庙里几尊年久失修的佛像，样子有点难看，因为光线很差，有时甚至觉得很可怖，所以不敢进去。到了蛮劲十足的青少年时期，也还是不常进去的。我和小伙伴们，其实当时都有点忌讳和害怕“老爷”（佛像），也自觉不自觉地对一天到晚坐在里面不言不语的老和尚抱有敬畏之心。“文化大革命”后，本来有佛像的那些地方养起了猪，就更少进去玩了。

记得我有几次走到过那个天井的旁边，但没有踏入其间，只是靠着天井窗户近距离地看到了我平时看不到的那棵树的根部一段。那是非常粗壮、挺拔而没有枝叶的一段，大概有五六米高。在这一段树身的高处，稀疏地钉着多个很长很粗的铁钉，让人看了很不舒服，就像自己身上被刺毛虫扎了一样。那些铁钉都是特制的，比平时乡村里一般能看到最大的、即用于造船或修船的那些还要大许多，听说那是为了方便固定梯子让人向上攀登用的。曾经看到一次有人爬到那树上去，只是没见到有爬到那树的半腰以上的。我小时候也爬过很多的树，不管是为了去摘树叶、抓小动物，还是为了乘凉或捉迷藏，但从来没有去爬那棵让我敬仰至今的银杏。

那棵树现在还可能有近20米高，听大人们说，在日本鬼子打到家乡的时候，它被炸断了一截，但不知道被炸断的主干还是分枝。“文化大革命”前，因为要大办民兵进行军事训练，当时的大队（相当于现在的村）领导又叫人到那树上去锯了不少木料，拿来做训练枪，但是也不知道是被锯了它的树干还是树枝。但有一点好像可以肯定，它高大挺拔的树身与几乎没有像样分叉所形成的树冠，确实显得不怎么自然，一看就是主干被切断过的（只是无法确定其次数），尽管它一直还是气宇轩昂、宠辱不惊地长得生机勃勃。

在树冠高处，常年垒着一个很大的鸟窝，不时有长尾巴的乌鸦飞来飞去。每当刮风下雨，特别是狂风暴雨的时候，我总担心那高高在上的鸟窝随时都有可能被吹落下来。可那棵树的主干非常粗壮，任凭枝叶在风吹雨打中如何飘摇不已，它的整个躯体则像金刚那样岿然不动。雨过天晴，我总能看到那鸟窝里的鸟儿又在围着那棵大树飞来飞去，不时发出几声很响的鸣叫，一会儿像是在高兴地歌唱，一会儿像是表示衷心的感谢。由于高度的原因，我从来没有看到过那鸟窝里的小鸟是什么样的，它们从来不像我家屋檐下的小燕子那样，在我的目光里一天天地长大，然后有一天，它们也飞向了广阔的田野与浩瀚的天空。

当我小憩于田边地头享受和煦阳光，或侧卧于柔软的紫云英地里时，经常会凝神远望那棵银杏。傍晚时分，我提着满满的一篮猪草回家，常常能看到银杏的树身和树冠上都沐浴着丰富温馨的夕阳余辉，装扮得像千百年来一直在黄昏时分显得特别美艳而幸福的新娘，让我暮归的心情变得更加的喜悦。有时因为贪玩回家晚了，能见度很快下降，只有那棵高大的银杏坚定不移地标志着我回家的方向，那时的它，就像站在门口企盼我回家的父母亲那样特别使人感动……从我懂事的时候起，这棵树每天能够映入我眼帘的时间，其实一点都不少于我的父母双亲。伴随着无数次日升月落，它是与我朝夕相处形影不离的一个忠诚伙伴，也是我内心深处一个非常独特而同样无法告别的亲人。随着年岁的增长和回家机会的减少，这种感觉越来越强烈起来，似乎也不亚于我对仙逝而去的父母双亲的魂牵梦绕。

不知道什么时候，那个老和尚圆寂了，那庙里也就再也没有和尚了，于是那个其实早已不成样子的小庙也就更不像一个庙了。现在，那个小庙一共只剩下两间房子，一间是有着那个朝东庙门的，另一间则是与其紧挨着的，以前老和尚居住的一间，里面曾经藏着几尊与老和尚终生为伴的金色小佛像。有一次回家，我发现有人在那个小庙门口的上方雕了三个有点粗制滥造而涂了金色的字：圆通庵。

总之，它确实从来就是一个相对简陋的小庙，但是，现在不少金碧辉煌而香火旺盛的大寺庙里，却并不拥有它那样又高又大的银杏。从某种意义上说，这就好像卓别林电影中的那个流浪汉，尽管其服饰、行头都非常破旧寒酸，但他胸膛里跳动着的心，却要比很多表面看来身份不凡而道貌岸然的所谓绅士要绅士得多。

小时候，只要不是阴天，即使在2公里左右远的辛庄镇，我也能非常清楚地望见那棵银杏。因此，每当到辛庄镇去参加活动或游玩时，我经常会很得意地指着那棵鹤立鸡群的银杏树，让认识或不认识的小朋友都知道，我的家就在那棵卓然独立的大树底下。

有一年春节，我和妻子、儿子一起回西桥头探亲。走上古石桥，经过小庙，突然发现银杏不再被房屋包围起来了，那硕大而坚实的树根一下就全部映入了我的眼帘。走到那棵银杏的跟前，用双手第一次抚摸我仰望与眷恋了几十年的那棵故乡之树。那时，我分明更清楚地感觉到了那棵银杏的心跳脉动与家乡故园的精魂缠绕，尽管它看起来还是一副“不以物喜、不以己悲”的样子。

曾经长期围绕那棵银杏北边和西边的房屋都被拆掉了，从此，那个对我而言有点神秘与神圣感的天井就消失了，不知道失去昔日天井之围的那棵银杏有何感想。我想，它多多少少失去了以前的那一份安静，但或许可以因此减轻一点最后一位住庙和尚离去后的寂寞。现在，所有经过此地的人，都可以非常随意地走近那棵银杏，或是满怀敬意地去抚摸他，感受它的生命坚强与精魂灵气；或是在它向飘洒无数金黄色扇形树叶的时候，去领略他的生命辉煌与壮美大气；或是去捡拾它无须回报的果实，小心回避有毒的部分，品尝其果仁。

记得以前那个老和尚每年都能从天井四面屋顶上和天井地面上捡到很多的白果，经过处理后，他会送给村里一些善男信女和邻村的道士、尼姑分享。现在，听说从那棵大树落下的白果是越来越少了，不知是因为没有了和尚，还是因为没有了和尚的特别照料……当然，更让现在读了很多书的我百思不得其解的是，银杏是雌雄异株的，那么，在曾经方圆几里内都没有其他银杏树的时候，故乡那棵银杏树的花粉是如何得以传授的？那树上的很多白果又是怎么会一年又一年地长结实后接连不断落下来的？

2010.3.

金村

柳袁照

太湖西山，靠近鼋山有一个小村，叫金村，是我外公外婆家，我两个舅舅一直住在那里。小时候曾多次去过那儿，中间许多年没去，现在，有太湖大桥了，去的次数多了。

我没有见过外婆，她在我还没有出世之前就去世了。外婆是慈祥、宠爱的化身，我没有见过外婆，外婆也不知道这个世界上还有我这个外孙，我一直以此为遗憾。我少年时候第一首诗，是写给外婆的，写自己没见过外婆的失落的情感。外公见过，是在我五六岁的时候，印象不深。只记得一个老人，坐在客堂，一根长长的烟管，胡子很长，也记不得他与我是否说过话、是否抱过我。他很严肃、没有笑容。长大后，看到齐白石的像，长髯飘飘，一直以为外公就是这个样子。

母亲去世，把她葬回西山，葬礼结束，我去了外公外婆坟头。就在舅舅家不远处，小时候曾多次去那里磕头，现在多了些果树，青草萋萋，有些荒凉。我对表兄弟们说，修修坟吧，虽然用不了多少费用，但应该小辈们分摊，以寄托我们的情感。事后，坐在小舅舅家里，说往事。外公外婆生了两男三女，大舅、我妈、大姨、小姨和小舅。小姨住在苏州，与我们经常往来，小姨见到我妈，就大姐大姐叫个不停。西山亲戚来苏州不是住在我家，就是住在小姨家。我母亲年纪大了，小姨半月一月就要来看她一次。她坐汽车会头晕，就走，从上塘街的杨安里，一直走到凤凰街，一来一回几个小时。大舅与小舅一头一尾，相差十几岁。小舅其实知道不了多少很久很久的家族故事，但知道在他爷爷一辈曾开过什么“行”的，富裕过一阵子。

我小时候的金村，是一条街，两旁人家，舅舅家的屋檐很高，三进，有天井，中间的客堂很大，堆了许多柴草，大门两扇，好像还有门楼，在村里不是小户人家。

我问小舅舅，家里还有没有老东西、旧东西了？他想了想，说还有一样。转身去内屋，拿出一枚印章，木质的。对我说，是你外公的，就给你吧。我小心地收藏起来，虽然不是值钱的东西，但却是外公留下的唯一的纪念物，积淀了早已消失的生活和历史。我又说，没见过外婆，想象不出她的样子。于是，小舅又去内屋寻找，拿出一张仅存的外婆相片，黑白的，已经发黄。是外婆中年时的照片，端庄、梳着发髻，几乎与我母亲一个样子。我对舅舅说，给我吧，我来找画师，画两幅大的挂起来。没见过外婆，见了照片，画了像，圆了我的一个梦。

大舅舅是见过世面的人。二十世纪四十年代曾在上海，是一个会打拳的人，拳的功夫很好，听他讲当年上海滩的往事，既是我们小孩的乐趣，也是他的乐趣。也许是一个见路不平拔刀相助的人，也许是一个常会惹一些事让警察麻烦的人。在我小时候，我感觉大舅舅是我们家可以让我们小孩扬眉吐气的人。当年大舅舅在上海，我父亲也在上海，也许在一个不平常的场合，两人相遇了，大舅舅又把我妈介绍给了我爸。十年前，大舅舅病重了，躺在床上，我去了金村，那一次是我自少年以后，相隔几十年第一次回外公外婆老家，一切都变了，老房子全拆了，子辈孙辈分家以后，各造各的楼房，东一间，西一间，羊圈猪圈没有了，池塘也没有了，石板路、石子路也没有了。大舅舅住在大儿子的楼下，我进去，没开窗，昏暗。我进去，走到床边，唤了一声“大娘舅”。老人慢慢转过身，本来头朝里睡，把头慢慢朝向我，我再叫了一声“大娘舅”。我问问他的身体，问问他想吃什么，他几乎已无力与我交谈。临走前，我拿出几百块钱放在他的枕头边，然后，告别、离去。没多久，他就去世了。又过了几年，我大舅妈也去世了。大舅妈是一个温和的人，嘴上常挂着微笑，是会给我们讲外公外婆很久很久以前往事的人。

小时候，我很期盼到西山去，那个岛，与外界似隔非隔。每天只有一个班次的小航船。坐上船，从城里到城外，两岸的民居，家家有错落有致的河埠头。淘米洗菜的女人，青花布衣衫，发髻上、衣衫上再别上一枚白兰花、栀子花，真是柔美。船快到胥口，两岸的芦苇渐渐增多，水中的鸭子也多了起来，水鸟就在我们船舷边、头顶上扑腾腾飞。浩淼的太湖出现在眼前了，蓝的天，白的云，湖中多的是运货的船，打鱼的船，还有的就是运石头的长长的船队。太湖中行驶的两个小时，是我期盼的时光。西山岛从影子，到清晰，从模糊看得到岛上一棵棵树、一间间农舍，是一个等待、盼望又幻想的过程：码头上，表哥、表姐是不是会来接我啊，舅舅家、阿姨家是不是准备了我喜欢吃的鱼啊虾啊枇杷啊栗子啊。

童年真是一个美好的回忆，岛上的童年更是令人向往的境界了。

进入其中，要有一个慢慢的荡漾过程。唉，非要给岛造桥吗？非要给西山岛造桥吗？现在，我去西山，汽车风驰电掣，从城里到城外，再到岛上，环岛一周，再看看舅舅，然后回家，都不要半天。方便是方便了，快是快了，但总感到少了许多情趣和韵味。

其实，那个时候到了西山，我并不喜欢住在舅舅家。我喜欢住在我大姨家，近几年，我写文章多次提到她，她是一个对外甥、外甥女格外慈爱的人，每一个外甥、外甥女都视如己出，极端地溺爱，有好吃的、好玩的，都会拿出来，毫不吝啬。从舅舅家去大姨家，有十多分钟的田间小路。大姨家在东河滩，在金村的东面。大舅舅与小舅舅住在一起，客堂两边，一东一西，东边大舅舅，西边小舅舅。从大舅舅厨房出来，朝东一直走去就是大姨家。中间要经过一座小山丘，山坡上坐北朝南有一座小庙，山叫文豁山，庙叫文豁庙。庙里没菩萨，也没和尚，走过路过我都要去小坐。再穿过果树、穿过麦田、穿过山芋田，就到了东河滩的大姨家。这一段田埂是我的快乐之路。

每一次重返那里我都很失望，一次比一次失望。面目全非，一次比一次变得厉害。文豁山没有了，被开山炸山炸平，然后再掘地百尺千尺，成为一个大大的伤疤，裸露在外，小庙更早已成为尘埃。东河滩，一面朝太湖，一面朝着大山，大山叫什么名字，当时没记住，现在我查地图也没有任何标记。我曾跟着大姨家的表姐去割羊草，羊草都长在果树林里，果树林都在大山上。边割草边吃果子，果核就吐在果树林里，第二年，可能第二年又会长成一棵棵果树。而今，东河滩面朝或背倚的大山，早就从地球上消失了。同样，掘地百尺千尺，成为一个、两个更大的伤疤，裸露在外。人定胜天，改造山河，日新月异。我们今天见到的山河，已经不是祖宗留给我们的山河了，我们今天见到的山河，可能也不是我们将传给后代的山河，后代见到的山河，可能什么也不是了。

我对金村越来越有一种依恋之情。小时候没觉得，年轻时候也没有觉得，现在越发分明了。我的身上有一半是流的金村的血，山里人耿直、善良的本性我继承了。我不希望她有太大太多的改变，我希望她能更长久地保留、保存更自然更本真的状态。[1]

2012.2.

[1] 本文 2011 年 10 月 22 日写于西花园。

古井与老栗树

杜国玲

今年四月底一个中午，偶然再访碧螺，弯到峰下的灵源寺古刹遗址。

路顺山势缓缓上扬。在山与坡的相连之处，是大片橘林，其间夹杂着高高的银杏、板栗树，还有遍地丰茂的野草野花。和秋天不同，春天这里所有植物的枝叶都十分鲜嫩清新，像都含着一汪清水。

灵源井仍静静卧在林间深处青石条基垒起的平台一角。树木枝叶扶疏，地上青草离离。那被岁月剥蚀的白石井圈，像一方汉白玉石，被随意弃放在绿荫深处无人知晓的一隅。若不预先得知，着意去寻，它便融化在绿色世界中无影无踪。

一股沉静之气由井底垂直上升，深深的井壁石缝间沁出丝丝细密的绿茵。圆镜般的水面，是地心涌出的活水。

山坡上有几株古老的野栗树。太湖诸山原生的栗树不少，但往常见到它们，大多总在夏秋之季，这些栗树枝干本色如枯木，叶片呈褐黄，尤其在深秋，枝头和山道上满是枯焦深褐的栗叶，踩上去会发出脆响。

这次却见春天中的野栗树，树干虽仍枯褐，枝头却绽放出一片片舒展的绿叶，十分青嫩！其中有棵老栗树挂了一个牌子，上面注明树龄已有350年了。

前后左右上上下下都是野栗树，它们像山中其它原生野树一样，个头大多不很高，枝干随意地自由生长，在常人的眼里一副不成材的样子，可是，新春时分它们老干新枝，抽出的新叶居然如此娇嫩清新！

节选自《春日再访碧螺》，2014.1.

芦花靴筒

季诵华

一到冬季，水乡街头便会出现一种叫“芦花靴筒”的鞋子，它是上百年流行在江南水乡不衰的冬季“时髦”保暖鞋。

芦花靴筒，也有人称它为蒲鞋。它是用稻草搓成绳编成约3~5公分厚的鞋底，靴面是稻草夹芦花混合编织而成，看上去，像长了一层白白的鸭绒。整个一双鞋与舞台上演戏穿的朝靴差不多。这种靴宽大而轻便，保暖又透气，价廉不寒伧，蹬地平稳不打滑。一到冬季，乡镇的大人小孩男女老少几乎都有一双芦花靴筒。

芦花靴筒的生产者，大部分是沿长江居住的农民，就地取材编织，作为冬季一种副业。消费者买回来后，要用旧布将鞋口缝上一圈，称为“沿条”，因新靴鞋口稻草较硬，沿过之后，既不磨脚脖子，又耐穿。年轻人上身穿件羽绒夹克，脚蹬一双芦花靴筒，煞是时髦；小孩子穿了芦花靴筒到处跑；老人头戴一只罗宋帽，身着对胸襟本装棉袄，腰束一条青布作裙，肩挎一只长挟篮，手拿一根潮烟筒，脚踩一双芦花靴筒，走在小镇古老的青石板街道上，到茶馆店里一坐，恰是一幅绝妙的江南水乡风情画。

去年，儿子考取了苏州中学。一场大雪过后，妻特意买了一双新芦花靴筒，精心沿好鞋口，托一位来我处的苏州大学薛老师带给儿子，我说:“儿子有保暖鞋,又在城里,哪还要这‘土坦克’？”妻却执意说:“这么大的雪，晚上夜自修，芦花靴筒比保暖鞋强多了。”在城里待了大半辈子的薛教授,从来没见过这种特殊的“保暖鞋”,简直赞不绝口。既然近在咫尺的苏州城也少见这种“靴筒”，北京、广州那些大城市恐怕连听也没有听到过，难怪有人执意要穿着芦花靴筒到上海滩去出风头。

去年一场大雪，我尝足了芦花靴筒的甜头。厂里安全规定不准穿芦花靴筒上班，一下班回家，我急忙脱去毛皮鞋，将脚伸进芦花靴筒内，一股被皮鞋压迫而解放的感觉，从脚上传遍全身。血脉顿时畅通起来。脚在靴内伸动自如，好像没穿鞋子，但却暖烘烘的，仿佛置脚于“电暖器”之中。走路时悄然无声，轻便得像穿了舞鞋在排练舞蹈一般。我想，进门要换鞋子的房间门口，不妨放几双芦花靴筒，大概要比绒拖鞋好，至少后脚跟不会嫌冷了。

不过，芦花靴筒也并非十全十美。它有一个缺点，就是袜子极易磨损。所谓“吃粥穿蒲鞋，暗里拆人家”，大概就指这个。过去农民有的穿双布袜，有的就赤脚穿，苦苦皮肉生老茧。

我写这篇短文的目的，旨在让城里人及远离长江的人知道江南还有这么一种花钱极少的“保暖鞋”，若因此文的宣传和推荐，使芦花靴筒能远销海外，可能上帝也会喜笑颜开的。

1993.1.

作裙

吴伟

据民间传说，裙子是西施发明的。自那以后，江南女子就爱穿裙子，至今兴盛不衰。然而，男人穿不穿裙子呢？在我们的家乡特别是常熟农村，有一种男女都可穿的裙子，名叫“作裙”。

作裙，顾名思义，是劳作时穿的衣服。

在常熟乡间，不论是男人还是女人，是老人还是小孩，都喜欢穿作裙。不穿作裙好像要被人笑话似的。作裙的制作很简单，前后两幅布料，缝边、上腰、钉上带子就可以了。当然，男人和女人穿的作裙是有区别的，主要表现在布料的颜色和做工上。

男人穿的作裙，大都是选用淡色的青土布料，做工并不讲究，两侧打的裥比较粗，系在裙上的两根束腰带，也是用颜色相同的土布做成的，看上去比较粗气，但结实牢固，不易绷断。

妇女穿的作裙，则选用深蓝色的青土布料，做工十分讲究，两侧打的裥比较细，用五颜六色丝线缝制。尤其是姑娘们和新媳妇穿的作裙，在裥的两旁还要绣上“鸳鸯戏水”“龙凤呈祥”“蝶穿牡丹”等图案，显出姑娘们的手艺和特有的爱好与愿望来；束在腰间的两根带子

曾平 图

是用阔幅布带做的，也绣上好看的花纹，腰间、背后还挂有彩色流苏，随风飘动，耀人眼目。年轻妇女穿上这种作裙，配上中式紧身短上装、滚边裤、绣花鞋，头上用彩巾一兜，露出乌黑的发髻来。这种打扮，充分显出江南妇女特有的风韵，轻盈苗条。

这种作裙下摆大，穿在身上行动方便，不影响劳作，厨师、匠人、堂官等都喜欢穿作裙干活。此外，旧时农民比较穷困，冬天衣服单薄，一条作裙往腰间一束，将身上的衣服收紧，可以起到御寒保暖的作用。作裙上还缝有大口袋，把钱和小件物品往袋里一放，既方便，又安全。

夏天，稻区的农民盛行穿短作裙，轻便风凉，便利劳作。农民戽水时穿短裤，外围短作裙，既凉爽又雅观；到稻田里去做活，可保护皮肤，不至被稻叶梢割破或被烈日灼伤。穿作裙的好处是十分明显的。

穿作裙的风俗,至今在常熟农村的老年人和妇女中仍很盛行。如今,青年妇女穿的绣花短作裙，做工精细，绣有各色图案，已成为一种装饰品，一种难得的民间工艺品了。

1993.2.

汤罐

吴国强

苏州农村的灶头上，有一个妙不可言的灶具，那就是汤罐，这可算得上是老祖宗的惠泽，吴地先人发明了这个小小的灶具。

汤罐形似高筒帽，大小亦相似。它砌在两个大锅之间，灌满水后，借大锅炒菜做饭之余热加温，有时水温亦能达到烫手的程度，一年四季供应不断，不费柴火，真比热水器还灵光。

寒冬清晨，北风呼呼，起床后，早饭做好，汤罐内水也热了，洗脸、洗碗，温热合宜，十分惬意。俗话说，洗菜手冷吃起来香，汤罐水会帮你的忙，几勺温水，冰冻的菜也能渐渐融化，整个冬天，汤罐水给人十分的温暖。

现在，煤气灶具进入农家，汤罐正在消失，但对温暖了我们世世代代吴民子孙的汤罐，实是感情深厚，永世难忘。

1994.4.

摘莼菜

许起

没想到水里的野菜——莼菜，如今身份比鱼高。这简直是“叫化子一跤跌在青云里”。

小时候在野外吃的莼菜汤才是最鲜美的。

那时候，我们常去太湖边的芦苇荡里摘莼菜。天刚蒙蒙亮，我们就把船摇到莼菜荡。这里遍荡长满莼菜，尤其是隐在芦苇荡中间的浮墩潭，莼菜更是茂盛。悬在枝叶下面的淡黄色的莼苏，是上等的莼菜。

莼菜今天摘掉，明天就长。雨过天晴之日，更是如雨后春笋一般地长。

晨风掺着湿润的空气，从太湖里拂来，夹着野鸭声。我们将船上的长脚盆一一推下水，十几只长脚盆里，放着工具——五尺来长、半尺来宽的长木板，大水桶和竹篮、小篙子。换上棉背心，跳进各自的长脚盆，就像婴儿躺在摇篮里，轻轻地晃动着。

蹲在长脚盆里，水桶灌满了水作为压翘。小木板搁在另一端，一头在盆外，一头在盆里，人轻轻地伏向小木板，成头低脚高的20° 角。人的下颌靠在板上，两只手像鸭子一般自由游动，同时开始摘莼菜。

虽说已经过了芒种季节，手臂在水里还是挺冷的。莼菜大都隐在一二尺深的水里。荡水清澈又洁净，莼苏是大是小、是肥是瘦，看得清清楚楚。

芦苇荡里的“拐拐鸡”一股劲儿地叫着，水里的川条鱼跟着篮子转，不时有蹦跳起来掉进篮里的，抓住了扔进长脚盆里。有时碰上虾呀蟹的，抓住了用饭盒什么的罩着。

背上感到暖烘烘的，该七八点钟了。这是摘莼菜的黄金时间，灵活的手像穿梭子一般，不一会儿就满了一篮。于是长脚盆后头水桶里的水换成了莼菜。

摘第二篮时，长脚盆大都进了浮墩潭。潭周围尽是茭草或芦苇，寂静得很，只听得“必叶必叶”摘莼菜的水声。几个从南向北，几个由北向南，交叉摘过去又交叉摘过来，就像梳子一样，一遍遍地“梳”过。

三篮过后，已有大半桶莼菜。摘一支芦叶卷做一个哨子，一吹，十几只长脚盆从各个方向钻出来。各人忙碌起来：拾柴的拾柴，摸虾的摸虾，还有的挖野藕。

莼菜汤烧好了，汤里还有田螺、川条鱼、大虾、塘里鱼、小蟹……虽然没有放油和味精之类的调味品，只一把盐就够鲜美的！

1993.4.

虞山拾趣

时萌

捉蕈

夏秋之交，细雨飘忽，阴云漠漠，这温湿的天气，是发蕈的最佳节令。曩昔少年时，为避日寇入侵之乱，逃难于虞山北麓顶山，常常结伴上山捉蕈，倘徉于中峰、龙殿一带山坡，在丛莽之间寻寻觅觅，自有无穷乐趣。

野蕈各有其自然保护色，分散隐藏于树根之畔、草丛深处或苔藓翠微之间，所以觅取这种山珍得细心探视，称之谓“捉蕈”。淡金黄色的木犀蕈和红色的胭脂蕈，比较容易发现，而那淡青绿色的青头蕈，灰褐色的鸡脯蕈和鸡脚蕈，赭褐而矮壮的松树蕈就得耐着性子寻。有些蕈还带有青霉绿烂的“伪装”。也有的小蕈略似铜钱大，称为“蕈子”，混迹于草莽，颇难发现。如若遇见色泽特艳或形状怪异的蕈，也许含毒，不能食用，那就丢弃，或带回去求老山农鉴别。

捉蕈带竹篮之外，还得携根小竹竿，用来拨蕈边泥土，或打草惊蛇。最好穿双草鞋防滑。有时遇到飘忽而来的山雨，得躲在树荫下或凸出的大石下坐好一阵子，看着弥漫山腰的云雾，高声吆喝避雨扑腾的山雀，同伴说说笑笑，倒也颇不寂寞。

捉蕈也得碰运气，有时转悠半天也捉不到多少，最幸运的是摸到蕈窠。野蕈有的分散，也有丛生的，鸡脯蕈就是这样。摸到一个蕈窠，可一下子采上半竹筐。老捉蕈的摸到蕈窠往往不声不响，采过以后捡些野草掩盖起来，下次可再来采捉。

捉蕈要轻拔轻放。先拨松蕈脚周边泥土，缓缓放入竹篮依次排列，不伤及蕈体。尤其开泛的鸡脯蕈，伞面宽展，蕈杆细长，更易折断碰碎。蕈体坚实的胭脂蕈和青头蕈，则可随手取放，无需小心翼翼。

松树蕈最名贵，也最易识别。因为它只丛生于松林茂密之处，体干矮壮，有松香味，略披青绿苔藓。捉蕈者最喜欢去松林寻觅，困为松蕈味最鲜美，质纯无毒，价格也昂贵。松蕈烧豆腐乃一味常熟名菜。

山肴野蔌之中，蕈油与清蒸蕈汤为上乘佳品，它有一种乡土气的特殊鲜味，用以拌豆腐或拌凉面，香隽可口，胜过培植的鲜蘑菇，故而也被人誉为素中之王。旧时升斗小民生活清苦，买一小篮烧烧豆腐，就是佐餐上品。山村农家得天独厚，常常可享受这造物主的赐予。

“上山捉蕈去——”，这是山村少年最爱干的活，轻松自在，任意游荡，丰收而回，饭桌上有了可口菜肴，分门别类理出几小篮，次日进城而贾，又可换得些盐钱。

孩子们归途中忘不了采几枝夜饭花，插在蕈篮上，嘚嘚锵令锵，挥舞竹竿，欢笑归家。

打栗

顶山街只是条荒凉的短街，可顶山毛栗子倒遐迩闻名。这里距城六华里。顶山寺据说建于梁代，桂花栗子即由僧人创植，可谓历史悠久了。

当时我常和少年伙伴去寺里玩耍，殿宇已破败，菩萨也失踪，香火冷落,只剩了一个还俗和尚在寺院下房开小茶馆,大家叫他“鱼和尚”，秋暮冬初，还在寺院庭中杀羊卖羊汤。

那是战乱年代，城里已十室九空，人们四散逃难。桂花栗子无处销售，也不显得怎么名贵。

近日翻书，见有元代张雨赞咏顶山栗子的诗:“近从常熟尝新栗，黄玉穰分紫壳开，仙果坊中无买处，顶山寺里为求来。”显见享誉已久，古人早视为珍品。可那兵荒马乱之际，山农采摘栗子只能自己吃，或分赠亲友，或挑到附近大义桥集市稍许能卖几个钱。

从顶山寺大门一直往山走，大约一里路到山脚。两旁都是树林，桂花树、栗子树夹杂其间，中秋前后，一路桂子香飘，栗树浸染花香，遂结成妙品。

其实真正的桂花栗子颗粒较小，灰褐色透嫩黄，果壳上有绒毛，软嫩而糯，无论生吃煮熟，均有浓郁之桂花香味，称为“麝香囊”。宋范成大《吴郡志》就有记载:“顶山栗，出常熟顶山。此栗比常栗小，香味绝胜，亦号麝香囊，以其香而软也。”山农言，栗树上爬有较多的大蚂蚁者才是道地的桂花栗子。

至于还有一种红壳油栗，颗粒肥大，香味较少，性质偏硬，大约是清末民初年代移植的，产量虽高，但质地逊于麝香囊也。

我看过几次掼栗子，实则是以长竹竿敲击，操作时皆头戴宽边草帽，以防带刺的栗子苞直砸头颅身体。或站在树下敲击，或爬上树干敲，动作矫捷利索，煞是好看。有些长足裂壳的栗苞落地一震，栗子便滚了出来。

1998.2.

斜塘采菱

许宗祺

斜塘人种菱，大到独墅湖、金鸡湖，小至半亩方塘，无一不种。

春天到了，斜塘的大小河浜荡起粼粼碧波，芦苇和茅草在河岸边浅滩上悄悄铺开新绿，水面上，浮萍三三两两地随风漂游，菱从河底淤泥中开始发芽，长出藤状的叶茎，叶片近似莲，慢慢地浮到水面上。

春末，菱盘渐渐长大了。河面上铺满了青菱的叶子，满眼翠绿，藤蔓和菱叶飘着淡香。

农历五月，菱盘中有圆珠般白色花冒出水面，风中一阵阵菱花清香，混合着甜丝丝的水气。

菱最喜欢光照，一到夏季便蓬勃地疯长。等到菱盘之间拥挤得没了一丝缝隙，真有接天“菱叶”无穷碧的味道。菱叶顺着弯曲的河道延伸出去，只余中间一条水路可供船只通行于菱塘。

水面绿萍缀白花，柳树间蝉鸣蜻蜓飞。妇女们在斜塘河边的小桥下洗衣服，男童们在河里游泳戏水。有时，人的笑语、脚步声会惊得菱塘里的鱼儿跃出水面，蹿到岸上。

菱花到了初秋时节也就萎谢了。菱花凋谢以后，菱叶渐渐变成暗绿，此刻的菱角正在水面下悄悄地孕育呢。

“草头蛱蝶黄花晚，菱角蜻蜓翠蔓深”，金秋八月，菱叶由深绿变成微紫，并渐渐向上翘起，这表示水面下的菱角已经成熟，可以采摘了。

每到这时候，斜塘乡下的妇女、姑娘都成了采菱女。

采菱并不用船，而是用“菱桶”，口圆肚浅，长圆形的，它形似小舟，但无船头，且不用桨，也许更像一只浴缸。

一人带一只大木盆，里面放一张矮矮的小木凳，人坐在木桶里的凳子上，手腕轻划河水，木盆就像一叶扁舟般驶入了菱塘里，穿行在密密的菱叶丛中，采菱女荡着木盆说笑、小唱。

采菱者蹲坐于桶之前端，后一端会翘起，故需掌握平衡，俯身以手作桨向前划行。摘菱时，姑娘们一只手抓起菱窠翻转过来，慢悠悠地往上提，另一只手快速地将菱角一颗颗摘下来，放进盆里，不一会儿就堆得高高的。

童儿们也都聚集到了河边，见菱盆靠岸了，喊上一声“阿姐”，笑吟吟的采菱女捧一把水淋淋的青菱给他们吃。嫩嫩的菱角剥来生吃，脆生生里透着甘甜。

水乡斜塘产菱最多，尤以一种碧绿生青、四个尖角基本退化，面上两只圆角略微上翘的“馄饨菱”（也称“元宝菱”）最是好吃。刚采下来的新鲜馄饨菱，外壳不硬，轻轻一剥，就能把壳剥掉，菱肉洁白，嫩甜爽口。

菱在菜肴里通常只是配角，但作为调料，地位却举足轻重。袁枚在《随园食单》里说，菱角磨制的菱粉，是最好的一种芡粉，用来勾芡，明亮可鉴，其味甚美。老苏州人一直到现在对淀粉的称呼，还是习惯喊“菱粉”的。

一年里的九十月份是菱角上市季节，种菱人挑着担子去卖菱。

家母与卖菱的斜塘人熟识了，有时会请她们带一点菱根来。将菱根洗净，撸去菱根上面的须须，经开水烫过，加麻油、盐、味精略拌。爽脆的拌菱根是一道凉菜，大热天吃了，可以清凉内火，有利尿解毒之功。

原名《斜塘“馄饨菱”》，2012.6.

呼鸭

金曾豪

练塘是一条白练般飘逸的河。河穿过镇子，镇子便随了河的名。水乡小镇常常是这样得名的。

逐水而居的人家，养鸭是自然的事。镇上人家大多没有院子，只有天井，养鸡的条件不大够，就养鸭。鸭子早出晚归，人只要在天井里为鸭子备一个简单的住处就可以了。用砖瓦砌一个两尺高的鸭埘，用花坛遮掩，并不破坏天井的雅观。

鸭子不司晨，但公鸡一啼，它们也没情绪孵窝了，在鸭埘里呱呱地噪吵，催促主人去开门。打开鸭埘的门，鸭子互相谦让着走出来，呱呱或呷呷地议论几句天气什么的，顺便看看主人的脸，就一摇一摆地往大门外走。

它们要下河打野食，养活自己。自食其力是值得骄傲的，所以它们尽可以大大咧咧地走路，响响亮亮地发言。出门时，它们会嘀咕几句，不是抱怨主人不备早餐，而是在抱怨门槛太高。它们的腿短，比较胖，越过门槛总是不大便当。主人这时在捉蛋——把右手伸进鸭埘去，一把就捉出来三个蛋。

仔细看，蛋的形状和颜色是有细微的差异的。蛋的颜色大致有白、淡黄和青三类，而每一类中又有深浅之别。哪只蛋是哪只鸭所生，一看就知道的。鸭屎很臭，吴语以“鸭屎臭”来形容臭味的不堪，好在鸭子尽量不在鸭埘里拉屎，所以捉出来的蛋相当干净，还带着鸭的体温。

在鸭埘里，有一个一个乱草构成的窝坑，是鸭子的床位。每只鸭子的床位是固定的，就有了秩序。有一个床位是公用的——那是它们的“产床”。蛋都集中生在这里，所以主人一把就能抓出三个蛋来。

如果深夜里有骚扰，或者开鸭埘时毛手毛脚地惊了鸭子，那么鸭蛋上很可能就会沾了很臭的鸭屎。出于保护的目的，抱蛋的母野鸭受惊起飞前会拉屎把蛋弄脏。家鸭至今延用着祖先的这一生存策略呢。

鸭子要到傍晚才回来。这时候，主人已在天井里备下一大盆鸭食。无非是谷子、剩饭什么的。如果这天饭桌上有鱼，那么盆子里必有鱼杂；如果这家的孩子勤快，那么盆子里会有砸碎了壳的螺蛳或是还活着的泥鳅。盆子里是兑了水的。有了水，鸭子的扁嘴就显得非常灵巧，连鬼精灵似的泥鳅也逃不过它们的巧嘴。

鸭子生性随和，对食物总是表示满意，对主人总是表示感激。晚餐既毕，夜幕将降，稍稍梳理一下羽毛，就进埘歇了。睡觉之前，它们还会唠一会儿家常。这种呢喃听起来特别地温馨和平。家鸭是不须像野鸭那样轮番值夜的，鸭埘有门，很安全的。这是做家鸭的好处。

家鸭有两大类。一类是肉鸭，个头大，每只可长到五斤左右，人称“大鸭”。第二类是蛋鸭，以绍兴的品种为代表，人称“绍鸭”。绍鸭最多不会超出三斤，长处是蛋产得多，在食物丰裕的条件下，年轻的蛋鸭一年可产三百多个蛋。想想看，三百只鸭蛋堆在一起是怎样一个大观！还是养绍鸭好。

雏鸭是买来的，一般买六只或八只。六六顺，双四喜。我家每年买六只。养绍鸭当然要养雌的，可雏鸭是很难区别雌雄的，就得托懂门道的人去挑选。这些人都自称有识别的窍门，各各不同。一说只要把小鸭倒提，看雏鸭的头颈往什么方向弯，往肚子方向弯的就是雌鸭。这些鉴别方法其实都不顶可靠，到头来，鸭群里还是混进了公的。

雏鸭很好玩，黄绒球似的一朵，有蹼的小爪子和扁扁的小喙子是橘红色的，看上去非常地精致。啪啪啪，它们大摇大摆地走路，不怕人；啾啾啾，它们细声细气地交谈，总是在说这个世界的好话。小鸭子的毛慢慢由黄变成黑，然后开始长大羽。大羽是一个部分一个部分长出来的，整体看非常不协调，就像人得了鬼剃头的病。所谓的丑小鸭就是指这个阶段的鸭子。

公鸭活不长久，刚长成就被人吃了。这是河里少有公鸭的原因。没有公鸭没关系，反正雏鸭都是向孵坊买的。和鸡不同，家鸭已经失去了哺育下一代的天性。硬让“抱窝”孵蛋，它们也不会尽责，一会儿出窝吃食喝水，一会儿出窝拉屎，一会儿出窝去捡柴草，借口多得不得了，一点责任心都没有，最后是不了了之。吴方言中有“鸭孵卵”的俗语，用来描写那些浮躁而无责任心的行为，很生动。

一般的鸭子隔了两个冬天，产蛋就稀了，就到了淘汰的时候。镇上数曾舅妈家的鸭子寿命最长，一则是营养好，产蛋期长，再则是曾舅妈舍不得杀它们、卖它们。曾舅妈是个孤老太，人缘好，镇上的老老少少都亲切地叫她曾舅妈，是百家舅妈呢。有一年，曾舅妈的痛风病发得厉害，很痛苦，想死了拉倒，近八十的人，死是不怕了。那天，

马平　图

曾舅妈硬撑着走到镇外，在丈夫和儿子的坟前祭了酒菜，化了纸，就想在坟地附近的阔水潭投水归天了。曾舅妈起先想悬梁投缳的，后来想想那会“弄晦”了屋子的，就改选了投水。她已经立了遗嘱，要把屋子给她的一个远房侄子。阔水潭那一带有杂树林子遮掩着，是很荒僻的。那天，曾舅妈还带了一只提桶去，准备下水之前放在河岸上——这么着，人们就会说曾舅妈是取水浇菜时失足落水的。曾舅妈走到河边时看到了她家的一群鸭子。那些鸭子是认得主人的，热烈地欢叫起来，还脖子一弓一弓地假装喝水。假装喝水是鸭子表示友爱的最高礼节。在岸边坐了一会儿，曾舅妈提着桶回家去了。她后来对她的老姐妹说，她在那一刻想到的是：如果她死了，这些鸭子就没人喂了，多可怜啊！她说当天晚上，她家有两只鸭子下了双黄蛋，那蛋真是大噢！

有一些日子，鸭子是不愿回家的。那可能是细雨霏霏的日子，也可能是月朗星稀的日子，没个准。一定是那些气象唤醒了鸭子们内心深处的野性了，它们想重温一下祖先的野营生活呢！当然，这也有可能是由于野鸭的策反。练塘河是连着南湖的。那时候的南湖还是个野鸭出没的荒僻之地，家鸭们在镇外是会有可能遇上野鸭的。少年的我常常会设想一只家鸭在遇上一只野鸭时会出现怎样的情节。它们可能会试着攀谈，结果发现语言已经不通，相望一会儿，然后各自离去。它们也可能能通话——家鸭说，别跑了，到处是人，跑哪儿去啊？野鸭说，跟我们飞吧，趁现在没有人，能飞多远是多远，总不能等着挨刀子吧……

鸭子知道自己不会飞，是不敢真的离开小镇的，只敢打了群在市河里转悠，拒绝登岸回家。只要有可能，它们真会在夜静更深时找一片岸滩过夜的。猜想它们也会像祖先一样轮番值更，保证群体的安全。

人是不能容忍这种行为的，那不安全——即使不丢鸭子，也会丢失鸭蛋对不对。家鸭都是在晚上产蛋的。还有人们担心鸭子的心就此会野掉，再不肯过早出晚归的安分日子。

等等鸭子不回家，养鸭的人家就会派人去呼鸭。

男孩子是大多喜欢这种差使的。我就是一个。

差男孩子呼鸭，真是天晓得，他们是根本不“呼”的，他们崇尚武力，相信围追堵截那一套。一个个男孩在桥顶上、水栈上出现了，脚边备着断砖碎瓦，准备打一场狙击战，或是伏击战。一时间，枪林弹雨，怪叫连天，水花飞溅，好不热闹！鸭群拍着翅膀，踩出白浪，呼喊着突破一道道防线，如入无人之境。天已经黑古隆冬，市河两岸断断续续建有房屋，男孩们又不能真的击中鸭子，所以鸭子是占尽了天时地利人和的，不怕和男孩子们玩下去。这完全成了一场游戏，人和鸭子越来越兴奋，都把目的忘记了。这么玩，鸭子更野了，根本不考虑回家事宜。

游戏玩厌的时候，男孩子们才想起来怎么向大人交代。这时，夜色渐浓，河水变黑，难于看清鸭子，显然是玩完了。

一个好听的声音忽然响起来：“溜……”发出声音的当然是个女孩子。她们可能是在桥顶上，也可能是在水栈上；可能打着橘红的油纸伞，也可能用一根筷子叮叮地敲着一只空碗。

“溜……”这才是呼鸭的经典呢！江南人对六畜的称谓非常亲昵——猫咪，狗鲁鲁，羊妈妈，猪奴奴，鸭溜溜……鸭们知道这个“溜”是和它们有关的，还能从语调中听出来人对它们的善意和关切，听出来呼唤它们回家的意思。这一刻，每一个鸭头都是朝向了传来声音的方向的。这时忽然记起了那个有步槛的院子或天井，记起了那只内容驳杂的食盆，记起了那个有小门的安全居所，记起了那个专属于它的床位和那个公用的“产床”……

一只老鸭轻轻叫起来，以回应这个亲切的呼唤。其它的鸭子不叫，生怕淹没了这个亲切的声音。它们开始努力地识别方位，紧张地回忆归家的路。

“溜……”呼鸭的声音继续着，绵绵不断。这声音是由无数枚圆润的珠子组成的。珠子有大有小，连成一波一波的环，而每一颗珠子都是在滴溜溜地滚动着的……

开始发稠的夜色里终于有了叶叶的声音。那是潮湿的蹼在水栈石上踏出来的声音。男孩子们比较惭愧，觉得自己简直是某种害虫，就骂鸭子：这些野末事！“末事”就是“东西”。

“溜……”小镇在这一刻暖暖地散发着一种母性的美。

“溜……”男孩子粗嘎的嗓音是永远也发不出这种经典的呼鸭声的。他们把这个声音记住了，作为回忆故乡时的配音。

2003.1.

卷六

豆腐花担

陈祖明

围着挑豆腐花担的，花两分钱吃碗豆腐花。看他弯着身子打开纱布卷着的木盖子，用轻巧的铜提勺，从酒甏似的豆腐花甏中一层层撇起雪白的豆腐花，盛在敞边的青花瓷碗内。

节选自《寻访六桥镇》，2010.3.

太湖之畔熏豆茶

吕锦华

熏豆茶仅仅在太湖南滩一带流传。

太湖南滩方圆几十里是有名的蚕乡。它与浙江毗邻，在岁月漫长的更迭中，它与浙江的南浔、湖州、乌镇等，因气候温暖、雨水充沛、桑树成海，而逐渐成为一方得天独厚的种桑养蚕缫丝的富饶之地。

生活的富足使这块土地浸润在一种安详温馨的氛围中。在这一带生活的蚕农，以致后来影响到这一带古镇上生活的居民，都把喝熏豆茶看作是生活中一件顶顶重要的事情了。

熏豆茶一般由熏青豆、胡萝卜丝、黑豆腐干、芝麻和上等的绿茶如碧螺春之类冲泡而成。也有更讲究者，外加橘皮、笋尖、青橄榄一枚揉在其中冲泡。这熏豆取的是刚丰满、色泽尚绿的嫩青豆熏烤而成；这水取的是没有一丝儿杂质的太湖水，现冲现煮；这柴火，用的是冬天从桑树上修剪下来晒干的枝枝桠桠，烧起来无烟无发味。

在这一带乡村走访，可以看到几乎家家灶屋的墙壁上都留出一小方壁洞，里面分两层，下面置柴火，上面放一只盛水的紫铜壶，客人来了柴火便点着了，不多一会儿水便吱吱唔唔叫起了，你几乎还没把访亲拜友的一些客套话讲完，一碗香味扑鼻、色彩纷呈的熏豆茶已经递到了你面前。

这熏豆，绿绿圆圆的像一颗颗珍珠；这胡萝卜丝，红红的卷曲着；这黑豆腐干切成了方方细细的末粒，像一枚枚精致可爱的小印章；还有漂在上面的白芝麻和碧螺春的叶片在微黄的茶水中忽沉忽浮舒展着身子。望之，你就已经心花怒放了，待得喝上一口，那咸中带甜、甜中带鲜、鲜中带涩，涩中又回味无穷的味儿，着实可以让你醉了。面对这样一碗色、香、味俱佳的茶水，你只觉得富饶的蚕乡，蚕乡的富饶，一切，都在香香甜甜、清香扑鼻的茶水中品味到了。

水乡的黄昏是迷人的。薄暮淡霭里有远远近近的渔船泊在湖边补网晾网，风拂清波，波拍岸壁，宁静的图卷、轻轻的涛语。就在这时，这头那头响起了吴侬软语的呼唤：“喂，今晚到我家来喝茶喽——”喊声此起彼落，使宁静的村落一下子又喧闹起来。就像它能把大大小小的木船从小小大大的半月形的桥洞送往四面八方一样，它也能把人的大大小小的烦恼搓成丝丝缕缕的云烟送到远远不可知的地方，消散得无影无踪。于是，灯光桨声中的太湖小村，便被一团团的笑声包围了，被一缕缕熏豆茶的香味包围了，直到夜阑更深方才散去。

制作熏豆茶茶料和过程也是一乐。

每年春天摘采茶叶的季节，这里的蚕农便陆陆续续摇着小船漂过太湖，去七八里外遥遥相对的东山西山采购上等的好茶了。这采购当然不像城里人带着现钞去，而是在小船里装满了自家栽种的百合啦山芋啦大头菜啦，待得卖完便向茶农家里购得一小包刚烘炒好的上等绿茶兴冲冲回家，绿茶带回家是舍不得沏的，而是珍藏在一个小瓮里，四面密封扎好。

待得中秋过后，开始筹制熏豆茶的第二料熏青豆。剥青豆原是一项很累又很寂寞的活计，老太们便想出一条妙计：今儿上东家剥，明儿大伙又上西家剥。这样，很累的活儿便在大家的说说笑笑中完成了，还成了老太们每年秋天里一项很快活的串门聊天的活动。

熏豆茶的第三料黑豆腐干，也是蚕乡的特产，已有好几百年的历史，早在乾隆年间已远近闻名。调味以三年陈酱为基料，加味精、冰糖、素油，辅以天然香料茴香、桂皮等入锅，以文火煨煮，浸透入味。制好的茶干黑而光亮，其香馥郁，其味鲜美，其质细韧，作为小吃下酒均可，而切成细末冲泡茶中，熏豆茶越加别有味道了。

第四料胡萝卜丝，则用初冬时节刚上市的鲜胡萝卜腌制晒干而成。

1990.2.

絮语虾子酱油

华杉

每逢春夏之交，带子虾大量上市，母亲总要选用新鲜太湖水晶虾的虾子、抽油、冰糖、优质料酒，还有封瓶用的小磨香油等作料，煎制虾子酱油。每当上灶操作，我就成了母亲演这场重头戏的唯一龙套与观众。

当一锅红得乌亮的虾子酱油煎透时，母亲总会用筷子蘸上些许首先请我品尝，似乎我是品尝虾子酱油的权威。年年此时，母亲总要煎上几十瓶酱油分送给苏州及外地的亲友。特别是久居客地的亲友，得到这份地道的家乡土产时，总会赞不绝口。

每天早餐我最爱吃的粥菜就是虾子酱油拌豆腐。只要两分钱就能买上一块嫩豆腐，用凉开水冲洗一下，倒些虾子酱油一拌，那份滑爽鲜嫩的享受，竟使我至今还在梦里寻它千百度。由于百吃不厌，对其他酱菜一概排斥，有时干脆用虾子酱油淘粥吃。母亲见我对虾子酱油如此醉心，总是感到得意而宽慰。

记得有一年，一位上海朋友来访，品味了家制虾子酱油，大为羡慕，母亲就特地送她一瓶，她如获至宝。但一星期后就收到这位朋友的来信，说家里人绞尽脑汁，谁也不知如何把酱油从瓶中倒出来，特来信请求指点迷津。看了此信，全家笑得直不起腰。其实，只要用一根筷子将浮在瓶口的虾子用力往下捅，然后搅匀虾子，酱油就可顺利倒出来。

七十年代我在重庆工作，有年春天返乡探亲，母亲给我一瓶虾子酱油，玻璃瓶子大大的，装得满满的，母亲还觉得装得太少了。我像抱个宝贝那样抱在怀里，唯恐把瓶打破了。从苏州到上海转车到重庆，历时六十多个小时，一路小心翼翼，熬过三夜才到山城。眼看胜利在望，一路轻松，乘公交车回单位，可是就在这最后一刻，从车上挤下来时，瓶子竟滑到地上，砰的一声，把我的心也同时敲碎了。浓浓的酱油溢流地面，香鲜诱人，我心痛得欲哭无泪。在围观的人群中突然有人惊呼："喔！是苏州格虾子酱油呀，可惜哉！"循着这亲切的乡音寻去，是位有点面熟的长者，他帮我收拾残局并攀谈起来。后来，他竟成了我的月老。失去一瓶虾子酱油，我得到一娇妻，母亲有了一个贤媳，细想起来，大大的功劳还得归于我那会煎制虾子酱油的母亲！

八十年代，我们返回故里，可惜母亲已经不在，再也尝不到她老人家煎制的虾子酱油了。前几年，百年老字号的义隆南酱店每逢初夏还应时供应一批用鲜虾子煎制的酱油，售价虽贵，但品位仍在，近年来也悄无声息了，不知何故？

不仅是虾子酱油，一些有苏州传统特色的风味食品，也在悄然无声中消失，老苏州们一扯起这个话题都是感叹万千。

1994.3.

好婆的甜面酱

马雪芳

每到新麦收获后，阿爹在鸡叫头遍就到小镇上茶馆吃早茶，又顺带二十来斤新麦子去轧面。待到阿爹把面带回来，好婆就把白面倒在一只敞口的缸里，汲取老井的水拌和，把面推拿得像团溜滑的白玉，再把面团分成几块，搓成几根面棍，再把它切成一只只小包子，然后一圈一圈排在屉格里，架在行灶上蒸熟。

好婆又取出一捆新麦柴，将柴壳剥尽，剁去根尾，只留中间一段金棍棍似的麦秆。再把这些麦秆均匀地垫在一只木桶里，有二寸来厚，蒸熟了的小包子就一行一行在上面排队，排满以后，再覆铺一层麦秆，把木桶放妥在石磨凳上，关照我们不要乱翻，桶里正在培育“酱王”呢。

七八天后，好婆把木桶搬到天井里，揭去上面的麦秆，只见包子上生满了两分长的白芒，绒绒的像一只只可爱的小白兔。好婆坐在那只蹭得滑滑的、成了暗红色的小竹椅上，把“酱王”倒进粗陶缸里，用软刷细心地洗起来，不时地把酱王凑到眼前，检查是否把绒毛洗净了。

洗净的酱王摊在两只小匾里，放在场角的砖堆上，让太阳猛晒，晚上也不收进屋里，是让清甜的露水滋润进酱王里呢！三天三夜后，酱王硬得像砖了，可以化水了。好婆提满一锅老井水烧开了，舀到已经搁置好的一只二斗缸里吹凉；又用那根十六两老秤，称出酱王的斤两，往往要称两遍才放心。再按十份酱王一份盐的比例称出盐的斤两，这次更严格，在秤星上一个星一个星地读过来读过去，万无一失了才把盐放进缸里。等盐在缸里溶开了，好婆就把酱王三个五个投下去，在缸口上蒙一块虚眼的蚊帐布，以防小虫飞跌进去。

每天清晨和中午，好婆总要用那双自制的长筷子在酱缸里搅动一番，那发酵的小气泡就毕毕剥剥地响。白日太阳的烈晒，晚上清露和月光的滋润，酱就越来越甜蜜了，颜色也越来越红润了。大约七天左右就可以食用。

舀半三号碗面酱，加进一把浸胖的黄豆，炖出来的酱有一种似晒干的荷叶、晒干的茅针草和新稻柴复合而成的清香味，鲜得柔软，甜得醇糯。吃粥吃酱，吃饭还是吃酱，一日三餐，几乎餐餐有酱吃，而且百吃不厌，这酱，曾经伴随我们全家度过了艰难的一天又一天。

去年 10 月 11 日，八十七岁的好婆终于悄悄走了，自然也带走了她那无二的制酱手艺。心头的悲哀，难以抑制，可能，我对店里的面酱从此不愿再买，实出于对好婆的怀念，不忍再见面酱也。

原名《香香甜甜甜面酱》，1995.5.

暮春的桑葚

周德华

小学时，我们课余都有养蚕的爱好，一只纸盒养着数十条上百条蚕宝宝，从蚁蚕直到结茧，朝探夜视，眼见日长夜大。摘桑叶亦是一趣，放学后，往郊外桑树林里一钻，爬树、采叶、摘桑葚，戏笑耍闹，桑园里像童声大合唱一样。

暮春的桑园生机盎然。几度艳阳，几场春雨，催长催热了桑葚，累累欲坠。桑葚是聚花果，单果粒粒饱满，像粗大浑圆的鱼子那样。紫红色的桑葚和油光光巴掌大的桑叶，相映成趣，红腴绿肥。

摘取满把桑叶，再用手绢包上一包桑葚带回家，挤压成汁，甘甜醇厚的绛色原汁滋润了嘴唇和喉咙。

春末夏初，桑葚熟了，乡间妇女往往把自己打扮一新，盘着发髻，插上银簪，戴上蚕花，身穿阴丹士林布紧身短衫，挽着扁平的圃竹篮，串街走巷叫卖："桑果要啦！桑果要啦！"独特的太湖口音，软糯悠长地在屋宇墙壁间回荡。那叫卖声通常在饭后响起，隐隐约约在午间的梦境里萦绕，这大概是她们从蚕事家务里偷闲，背上一篮上街换些零花钱。这个时辰上市的桑葚多半是刚摘下来的，鲜美可口，若是上午上市的，就可能是隔夜的了。

桑葚成熟之时，也是蚕儿即将上簇、银茧丰收在望的时候，因而叫卖声不同于一般小贩的粗声吆喝，而是清丽中带几分期望，委婉中存几许希冀，听来动人悦耳。圆竹篮上盖了块洁净的湿毛巾，揭开毛巾，一阵清香扑鼻。篮底铺了一层厚厚的桑叶，叶上堆成一堆紫水晶似的桑葚，闪光夺目。

卖桑葚不用秤，她们都随身带只蓝边白瓷小酒盅来舀，当年，一枚铜板能买得好几盅桑葚。在采收旺季时，甚至车站、轮埠、茶肆、酒楼、书场、戏院、学校门口，都有卖桑葚者的身影。唯恐天气一热桑葚酸败，这时节的价钱低得异乎寻常，近乎白送！有时蚕事较忙，抽不出人手，只得任凭它烂掉，落在地上，回归自然，化作深绛色的团花，又连缀成一片紫黑色的地毯。

原名《红得发紫话桑葚》，1996.4.

姑苏家制豆瓣酱

袁光斗

少小离家谋生，后又羁旅京华，近半个世纪了。但对故乡吴中风物，勿能忘怀。偶忆及苏州小菜“肉炒酱”，不觉垂涎。这只菜的主料是“豆瓣酱”，佐以香菇、木耳、金针菜、宜兴香豆腐干、切成小方块的带皮猪肉，讲究点儿的还可以放上金钩（虾米）。炒好后，如果喜欢辣味，还可以淋上红红的辣油。真可谓色、香、味俱全的家常小菜，吃粥吃饭都是相宜的。

这只菜最主要的是豆瓣酱的质量，必须是家制的，才有鲜美的味道和最醇厚的酱香。

说起这酱的制作，就想起我的母亲。母亲黄氏，是苏州城里人，她娘家是不富裕的平民家庭，她可能是长女，出嫁来我家后，勤劳节俭，操持家务井井有条。在我记忆中，她除了每天洗刷缝补，烧饭做菜之外，还要制作各种各样的食品，例如虾子酱油、酒脚乳腐、玫瑰糖酱、咸蛋、干菜等，而其中工序最繁复的就是做豆瓣酱了。

大约在春末，就泡好蚕豆，发动全家大小都来剥豆（剥掉蚕豆的皮）。剥好的蚕豆放在锅里焖烂，趁热倒进面粉里，揉和后切成方块，上蒸笼蒸熟。这时我常常向母亲讨几块来吃，味道居然是不错的。母亲把这些蒸熟的小方块，铺在竹匾里，放进堆放杂物的小屋里发酵。

发酵后的面块，母亲叫它“黄子”。这时母亲就用少许花椒和较多的食盐，煮成盐水，放在一只敞口的缸里，再把“黄子”放下去泡酱缸，要放在阳光充足的地方晒，每天搅拌一次。

初时颜色较淡，随着每天搅拌日晒，颜色逐渐加深。不仅白天晒，夜晚还得让“吊露水”（不盖盖子）。所以有时晚间有雨时，母亲会突然惊醒，披衣起来，用一个竹箬做的缸盖盖好，其辛苦是可想而知的。

一直要晒到深秋，豆瓣酱才能成为紫酱色，这时，酱香扑鼻，就可以把酱放进瓦甏里，可供全年食用。

1995.5.

儿时的铜锅菱

杨彦衡

旧时，每当丹桂飘香的季节，苏州的大街小巷，常常会回荡着一种悠长的叫卖声：“阿要买铜锅菱哎，香糯烫手的铜锅菱哎……”吴侬软语随着凉飕飕的秋风送到千家万户，为古城静谧的小巷增加了一抹淡淡的秋韵。

卖铜锅菱的大多是城郊的贫家妇女，她们在家里把菱角烧熟后用荷包一装，盛放在特制的木桶里，外面罩个棉套，背在肩上，走街串巷，换取几个柴米钱。一听到这种熟悉的叫卖声，我们几个孩子就高兴得跳了起来，忙不迭奔出门去招呼卖菱的人，又缠着母亲去买菱。那时几个铜板就可买到一斤菱，倒也足够煞煞我们几个孩子的馋虫。

直到现在，每当我想起那时在外婆家吃铜锅菱的情景，仍然满口生香，历历如在目前。

外婆住在皮市街间邱坊巷口，那里有家水果店，老板姓朱，人称朱叔，有一手烧菱的好手艺。在铜锅菱上市时，每天下午两点钟左右，屋门口就挤满了排队买菱的人们。我每次到外婆家去，常常喜欢从人缝中挤到店门口去看朱叔烧菱的忙碌劲儿。

只见朱叔蹲在一只擦得锃亮，约有三尺多高，一人合抱的紫铜锅前，“呱哒呱哒”使劲地拉着风箱。虽然已是秋凉天气，可炉子里射出的熊熊火焰，熏得朱叔额上渗着豆大的汗珠。在一片氤氲的蒸气中，铜锅里散发出来的菱香越来越浓。

大约过了个把时辰，朱叔站起身来招呼顾客：“大家排好队，称菱喽……”说完，朱叔用厚厚的抹布裹住铜锅的两只“耳朵”，掀开锅盖，“嘿”地一声掇起锅子，把熟菱倒在竹箩里，待汤水沥干后，随即又倒入一只椭圆形的大木桶内。好家伙，这一锅熟菱至少也有三四十斤！但闻菱香四溢，满桶熟菱生青碧绿，犹如刚出水的鲜菱一般，煞是可爱。

有一回，外婆捡起一只光溜溜的菱问我：“你知道这没角的菱为啥叫它和尚菱呀？”外婆这一说，我才发现放在我面前的菱角原来有两种，一种是有四只角的，形如馄饨，我知道它叫馄饨菱。还有一种是光秃无角的，和外婆手里拿的一样，我眨眨眼睛，颇有信心地说：“因为它没有头发！”外婆大笑起来，那只和尚菱也从手中掉到了地上。

朱叔说，和尚菱在老熟后很容易从叶腋脱落，沉入水底，产量很低，农民不太愿意种植，这就使馄饨菱占了上风。朱叔烧的菱都是葑门外农民每天上午从菱荡里采摘后装在蒲包里运来的，既新鲜又饱满，又是用铜锅烧煮，不变色不变味！

铜锅菱是姑苏独特的秋令传统小吃，五十年代，在临顿路青龙桥等处，每年秋天都设供应点。六十年代渐渐消失，至今尚未恢复。

原名《难忘儿时的铜锅菱》，1996.5.

蚕豆当令的时候

阿拭

家乡土物，最易勾起客地的乡思。记得鲁迅先生在《朝花夕拾》中写道："我有一时，曾经屡次忆起儿时在故乡所吃的蔬果：菱角、罗汉豆、茭白、香瓜。凡这些，都是极其鲜美可口的；都曾是使我思乡的蛊惑。"文中所说的蔬果我们大多熟悉，只是"罗汉豆"是他家乡的叫法，其实就是蚕豆。

"立夏见三鲜"，"三鲜"说法不一，但蚕豆总在其中。每到立夏，苏州的大街小巷就能看到挑着蚕豆叫卖的四乡农民，这一天便是蚕豆汛的开始。从直径只有小拇指大小的青蚕豆，一直吃到豆荚枯黄的老蚕豆，约有二十天光景。刚采下的青蚕豆价钱较贵，隔时间越长，也越便宜。新鲜豆水分多，炒好后显得饱满而有光泽，上口鲜嫩；而宿豆烧熟后不仅难看，且又难咬。

不过，半老的豆可以剥成豆瓣，蒸熟加上麻油、酱油拌了吃，还可以与腌雪里蕻烧汤，为时令佳品。或者做成油氽豆瓣和糖豆瓣，也都别有风味。可是最普通的吃法是煮来吃:取半老的,或者起了沙的豆,煮熟加上葱花和盐,色绿味鲜。

至于干蚕豆,吃法更多了:一种是浸水后沙炒,豆悉爆开,香而松脆;一种是浸水发芽再晒干,炒熟后甘甜有味,水煮发芽豆加上葱花和盐,俗称“独脚蟹”,是佐酒佳味;还有油炒豆,炒熟后加一点盐花,或用盐水喷一喷,前者硬如铁石,后者则皮软肉硬,自有一种硬香;还有干炒豆,已是最为常见的零食了;至于咸亨酒店的茴香豆,上海老城隍庙的五香豆,则早已驰名海内外,无须多说。

蚕豆不仅好吃,而且好玩。记得小时候常用蚕豆做玩具。取嫩豆一粒,四周穿小孔,插入豆蒂为四足及尾,再以极小的豆为头,就成了一只乌龟。或者取一粒大蚕豆,豆嘴朝下,用指甲把豆皮掏成一顶系带的帽子,露出的胚芽和豆肉就像人的鼻子和脸,于是一粒豆就成为一个带钢盔的士兵的头。

干炒豆有一种最有趣味的玩法,就是弹豆。大约是桌球的雏形,只是用手指代替台杆。玩的人数不限,各出干炒豆若干粒,以猜拳决定先后。先把豆撒在桌上,然后曲伸食指,把一粒豆弹到另一粒豆上,这粒豆便归你赢,直到弹空为止,再来第二轮。因为互有输赢,并且也只是几粒豆,故而娃娃们能够不断地玩下去,趣味盎然。但以上所说,现在的孩子已不理解,因玩具多,再也想不到这种陈年宿笃的老玩意儿了。

每当蚕豆当市的时候,我常会想起童年的生活。那时候,我家住在望星桥畔的迎枫桥弄。家里有个小院子,也有些假山半亭,还有高大的青枫、黄杨和罗汉松。父亲是最喜欢吃蚕豆的,屋后有一小块空地,于是每到秋天,母亲便领着我们种上蚕豆。到了开花结角的时候,便几乎每天要看上几回。但是嫩豆是不舍得吃的，总要到豆荚饱绽，遇上父亲从上海回家的日子，全家人才高高兴兴地采豆，剥豆，煮熟了一起享受。因为是劳动的收获，现采现煮，保全了土膏露气，所以感到格外好吃。可惜这自家种出来的，也只能吃上一顿而已。

市上所能买到的好品种是“牛踏扁”，粒大而起沙，皮色青里透白。但还有一种紫皮的更好，豆皮紫里透红，要比青蚕豆薄一点儿，味道也特别细腻柔糯，是蚕豆中罕见的珍品。

那时候，苏州城里除了南园、北园，有的是隙地和菜圃。星期六的傍晚，父亲一回到家，母亲总是交给我一只竹篮和一元钱，叮嘱我去买紫蚕豆。于是我跳着跑着，一溜烟穿过小巷、走过迎枫桥，沿着叶家弄，来到百狮子桥附近的一户人家。因为只有他家种的是紫蚕豆，据说豆种是不外传的，其实也只有屋旁的四五畦而已。主人是一位六十多岁，穿着如农民的和蔼的老人，他收了钱，接过篮子，就领我来到蚕豆地里。那里有一棵大柳树，树下有口四围长满了青苔的水井。他关照我要小心，不要走近井旁，便弓着腰采起豆来。初夏的天气，太阳虽然下山了，但是天空仍然非常明亮，常常是蜻蜓飞舞的好时光。在黄昏静寂的氛围里，我帮着采豆，间或捕捉蜻蜓，真是惬意极了。不一会儿，篮子就满了，照例地称一下，凑个整数，找还几角钱，我便提着篮子回家。

天还很亮，我不像来时那么急迫，常常会特意走望星桥北堍，路上也总要歇几次，看看野眼。到家不久，姐姐和哥哥放学回来了，于是帮着母亲剥蚕豆，把桌子凳子搬到天井里。天还没有黑，月亮却从屋后升起来了，温和的晚风吹过繁茂的枫树，发出萧萧的声响。全家人围着桌子吃夜饭。有时候父亲的朋友也会不期而至，在大人们的谈笑声中，时间不知不觉地流去。

蚕豆虽是寻常物，吃过的人却不会忘记。鲁迅的名篇《社戏》里还忆及少年时代夜吃“罗汉豆”的事，可见印象之深。因此，尽管岁月流逝，每逢蚕豆汛到，总能唤回我童年的记忆和情趣。

1996.5.

烧菜

荆歌

我很小就学会了烧菜，我喜欢烧菜。我一直想谋到一只不用坐班的饭碗，除了想在家里自由地读书写作之外，还有一个很重要的目的，就是可以每天从容地把菜烧得更好。

因此说，如果有朝一日，我如愿以偿，那么我的身份就是双重的：专业作家和家庭专业厨师。写作的时间，放在每天的下午和晚上，上午呢，睡一个懒觉起来，就到菜场上去。

上菜场必须要有充分的时间，如果急匆匆地转一圈，那是不大可能把菜买好的。所谓买菜，一是要新鲜，二是要便宜。时间太紧，就有可能买了不新鲜的菜，秤头也往往会不足。慢慢地逛，细细地挑，再结合讨价还价，就是买菜人必须具备的素质。

做菜除了选料讲究，其实更多的是吃工夫。比如茭白炒肉丝，茭白一定要切得细，肉丝一定要刀刀斜切。如果刀功不行，吃上去味道都会两样。再比如炒绿豆芽，一定要去根，把豆壳都淘掉。还有百叶包肉，可不能简简单单包裹后放进汤里去煮，那样就会有水汽，肉也不鲜了。有耐心的做法是，先把百叶包肉（肉不能放在铰肉机里铰，一铰，肉就熟了，浆了，而应该在刀砧上斩，加葱姜酒盐一起斩）裹成细长形状，外形与雪茄烟相仿，然后隔水蒸五分钟。取出之后，将它切成三公分长的段，放在一只海碗里，浇上料酒和麻油，再放进锅里蒸。蒸大约十五分钟，就取出来，倒扣在盆里就可以了。这样的百叶包肉，与那种扔在汤里一阵乱煮的，是不能同日而语的。

我绝对觉得，在家里烧菜，是一种有趣的活动。有时候做菜与写小说真是一样，乐在其中。如果写小说觉得很苦，那就应该不写小说，同样，如果怕烧菜，也就可以不烧，现在外头吃快餐，方便得很，而且很多饭店，都号称有地道的家常菜。但我可以肯定，那种程式操作出来的，加上吓煞人多味精的所谓家常菜，与我们真正在家中厨房里烧出来的菜，不是同一概念。

在家里做菜，菜就是你这一天的心情，你今天快乐，平静，觉得安全，那么你的菜会把这些信息清楚地传达给你的家人。菜还代表了你对这个家庭的爱，你深爱着她们，那么你就不会烧出让她们皱眉头的菜来，她们欢快地品味，是对你作品（谁说菜不是作品？）最深得要领的评论。

我烧菜的时候，一门心思，从来不想别的事情，更不愿意有人来打扰我。因此妻女在家的时候，我烧菜，就要把厨房的门关好，不让她们进来。干什么事，都应该专心致志，烧菜尤其应该如此。我对有些人一边烧菜，一边听收音机很看不惯，一心哪能两用？烧菜是一项非常需要精力集中的工作。

我的母亲，生绝症住院期间，她是知道自己来日无多了。我非常清楚地记得，她当时对我说了一句很特别的话，她说，好了，好了，荆歌回来了，可以让荆歌烧点菜给姆妈吃了。你可以想象，当时我心里是一种什么样的感觉。我觉得责任重大得近乎于悲壮。每天夜晚躺到床上，睡不着觉，我脑子里一遍遍想的，就是明天要烧什么样的菜给母亲吃。那些日子，烧每一道菜，都像是在做一件生死攸关的大事，说起来可悲，这期间我的烧菜水平，竟然大失水准，不是淡了，就是咸了，不是偏生，就是太烂。我实在是太紧张了，生怕有一点点的闪失。这又跟写小说一样了，你拼命地要把一篇小说写好，一再叮嘱自己，要写好，要写好，一定要写好，结果往往写不好了。这对我来说，是悔恨终身，我居然辜负了母亲的期望，没能在她最后的日子里把我的水平最好地发挥出来。

原名《我喜欢烧菜》，2000.4.

在假山后边吃茶

车前子

俗话说柴米油盐酱醋茶，茶尽管排在最后，但在苏州，却是一件大事，完全可以排在酱醋之前。

苏州人吃酱的时候少，一般都在夏天。我记得一到夏天，祖母会拿一只海碗，描着金边的，碗的四周画着粉彩的缠枝牡丹，去酱园店里买点酱回来，这种酱稀里糊涂地闪烁着湿润的红光，叫甜面酱。切些肉丁，切些香干丁，往油锅里一炒。这是夏天的美食。现在想来，大约是这样的工序，先把肉丁在油锅里煸熟，加入香干丁，略微翻炒几下后，再把一海碗甜面酱倒进去——炒得沸沸的，在湿润的红光四周冒起白色的小气泡。我那时不爱吃肉,吃到肉就吐掉。我挑香干丁吃。肉丁和香干丁，都切得小拇指指甲般大小，被酱浸透，是很难分辨的。后来长到八九岁，才有了点经验：炒在甜面酱里的肉丁，它的色泽比香干丁深些，而香干丁的色泽是内敛的。不到夏天，过了夏天，酱都吃得很少。酱在苏州人看来，是消暑的“末事”。“末事”是句吴方言，就是东西的意思。

苏州人也不太吃醋，糟倒吃得很多。我原先以为只有苏州人吃糟，就像山西人爱吃醋一样。想不到鲁菜里也有糟，福建菜里也有糟，还有人说糟用得最好的，是福建厨师。苏州人吃醋，也多在夏天。好像夏天是一个兼容并蓄的季节。好像苏州人吃酱吃醋是一件蓄谋已久的事。在夏天，常吃糖醋黄瓜，或者糖醋黄鱼，或者蘸着醋吃黄泥螺。苏州人吃醋，出不了一个黄字。也该扫扫黄了。醋什么时候吃，与什么“末事”同吃，都是适宜的。吃得不适宜，大不了一个酸溜溜么！

在苏州，只有茶什么时候吃，与什么“末事”同吃，像醋一样，也都是适宜的。我就见到一个人边吃稀饭边吃茶，他把茶当作了下饭的菜肴，不是穷，是仿古——颇有些宋代人的气息。

一大清早吃茶，在苏州人那里，已成了神圣的仪式。一个人在家里吃，冬天守着火炉，夏天守着树荫；几个人在外面吃，春天望着鲜花，秋天望着巧云。几个人在外面吃，也可以在巷口，也可以在茶室。二十世纪六十年代以来，茶馆很少见了，只在公园里有，叫茶室。茶馆改名为茶室后，总觉得少了味道。像把潇湘馆改成潇湘室似的，有点局促不安，有点捉襟见肘。

在苏州，每个公园里都有一个茶室，有的甚至更多。大众一点儿的，是大公园、北寺塔里的茶室，大公园茶室兼营早点，一碗爆鳝面味不让朱鸿兴。朱鸿兴是苏州的百年面馆，按下不表。高档一点儿的，是拙政园、沧浪亭里的茶室。其实大众一点也罢，高档一点也罢，言说的是周围的环境，茶钱以前是一样的，近几年略作调整，开始买卖环境了。

2000年夏天，我回苏州，一位朋友约我怡园吃茶，这么好的环境，一杯龙井茶也只要五块钱。当然这龙井并不正宗，但还是比花茶滋味酽兮兮的。我在北京地坛吃茶，一杯盖碗花茶也要二十五块，还没坐多久，女茶博士们就催下班了。去公园吃茶是苏州便宜，下馆子喝酒是北京便宜。苏州人把吃茶当家常便饭；北京人把喝酒当家常便饭，如果价格偏高，哪能常便呢？

我与朋友把两只藤椅从茶室搬出，搬在了长廊上，面对面坐着，吃茶，此刻正是中午，阳光浇银，怡园里没一个游人，我与他打起赤膊，一声不吭，听水边的两三棵柳树上的蝉鸣阵阵——像隔壁大姐烧饭烧焦了，用饭勺刮着锅底。

怡园的假山石，积重难返，堆叠得太多了，一直为人诟病。有人觉得怡园有暴发户气，但我却不这么看，我觉得怡园像位博学者。怡园是苏州在辛亥革命之前所建的最后一座私人园林，因为它年代在沧浪亭、狮子林、网师园、留园、拙政园等之后，造园家就想做个集大成者，这里集来一点，那里集来一点，大成肯定没做到，博学的样子是有了，像给老杜的“夜雨剪春韭，新炊间黄粱”作笺作注，笺注一大堆，略过它，就能听到夜雨的响、看到春韭的绿、闻到新炊的香、想到黄粱的空，前梦吃茶，后梦吃酒，梦醒后吃醋。

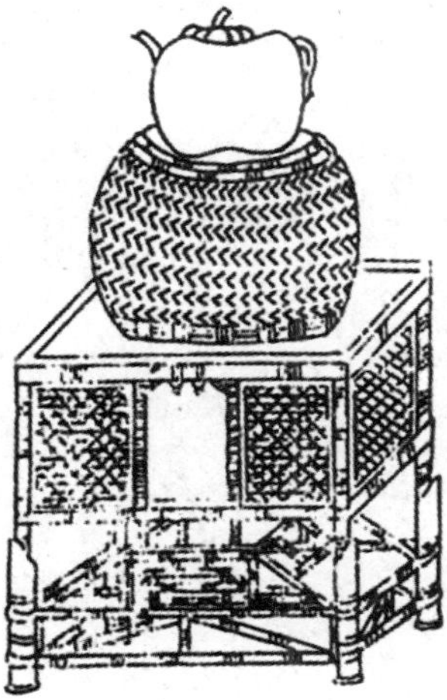

佚名　图

我的这位朋友是位画家，可以

说是二十世纪七十年代以来中国最早从事现代艺术的那一拨，由于地处苏州——受到四面皆山山堵山围的局限，他的名声不大。但我觉得他没有行尸走肉。这么多年来一直画着，画到快下岗了。他的妻子已经下岗，他的儿子把米把糖悄悄地藏起，说以后怎么办呢？那天，他没说这些，只说着王羲之、米芾，像说着自己的家务事。在他身后，假山石体上皴出的阳光，使怡园成为一个白热化的园林。

怡园的假山石在夏天中午，白得密不通风，这是我以后想到的。

2002.2.

角直萝卜

家俊

沈三白在《浮生六记》中提到一个细节,说他的妻子芸有个癖好:每日饭必用茶泡,喜食芥卤乳腐,又喜食虾卤瓜。所谓“芥卤乳腐”即臭乳腐,与虾卤瓜、臭咸蛋一样都是吃粥菜中的无盐氏,貌丑而德美。这其实是一种很典型的苏州人的饮食习惯。只可惜三白夫妇早生了一百年,否则芸的案头,肯定还会多一道吃粥菜——角直萝卜。

“角直萝卜”是家喻户晓的江南传统名产,它的创始人徽州张家,是笔者的族亲,所以从小耳濡目染,知道些关于它的轶闻,要讲“角直萝卜”就先要从“源丰鸭头颈”说起。

早在清朝道光年间,有一张姓徽商在苏州葑门外角直镇东市开设了一家商号,名为“张源丰”。门面共有三开间,凹字型布局,在当时的角直算是大商号了,至今原址尚在。“张源丰”主要经营腌腊制品和南北货,还设有酱园作坊,自产自销酱油、酱菜。

以前老百姓的生活很清苦,吃粥菜常年是咸菜、酱卜、臭乳腐,

张晓飞　图

所以“张源丰”年年在萝卜上市时都要做一批“鸭头颈”应市。

所谓“鸭头颈”，其实制作十分简单。甪直本地不出产萝卜，每逢时节，“张源丰”的伙计都要有到常熟梅李、支塘一带采购新鲜的太湖白萝卜。选料是很讲究的，要求萝卜匀直细腻，体无疤瘢，且一条条要如臂膊般粗细。然后将洗净的萝卜放在七石缸里，用盐腌制。萝卜吃进咸头后自然慢慢变软，石头压在上面，汁水大量流出，不再那么粗大，颇像鸭的头颈。再将“鸭头颈”斜切成片，约有六七分厚，放入酱油套一套（甪直土话，浸泡的意思），两三天后就可出售。

“源丰鸭头颈”酱卜因吃口好，价格低，在道光年间便成为方圆百里深受欢迎的佐餐佳品。

在漫长的岁月中，经过了“张源丰”几代人的辛勤努力，酱卜制作工艺不断改良，在同治年间已趋成熟。甪直的其他酱坊于是争相效仿，角直萝卜自此声名大噪。

“张源丰”的传人曾说过，要做出好的酱萝卜干，必须具备三个要点，缺一不可。第一，腌制要用甜酱。因为甜能吊鲜，这样做出的酱卜香甜鲜洁；第二，酱卜制作必须经过“三套三晒”，只有这样，甜咸适度的酱汁才能渗透入内；第三，腌制时必须要有几个好日头。这样不仅易于保存，而且酱卜经过日光照晒，会产生微妙的生化反应，我至今还记得小时候在“张源丰”酱园闻到的阵阵甜香。要做到前面两点还好办，第三点却要老天爷帮忙了。

又逢盛夏，我想起了儿时的角直，屋檐下，天井里，支起一张小方桌，青花边的瓷碟中放着几片切得薄薄的萝卜干，落日的斜晖映在上面，泛着琥珀的颜色。一家人围桌而食，风凉笃笃，暑意全消，虽是“淘茶饭萝卜干”的生活，其乐也融融……

原名《闲话角直萝卜》，2002.5.

淡淡水八仙

陆嘉明

题引

《吕氏春秋》早有记载:“菜之美者，具区之著。”具区者，即指濒临太湖的江南水乡。谁要是忽略了苏州的“菜之美”,江南水乡的风情画，就成了寡淡乏味的残山剩水。

古有“珍用八物”之说,今则“水有八仙”之誉:茭白、莲藕、茨菇、水芹、荸荠、菱角、芡实、莼菜。凡此八蔬，都是水生植物。虽说都是些家常菜蔬，并无富贵之气，但一经善于烹饪的苏州人之手，简中丰味适得其时，清淡本色，水性真味。

沈三白在《浮生六记》中说，芸娘不仅善烹鱼虾之珍，即便是平常菜蔬，“一经芸手，便有意外味”。我妻手艺也许不及芸娘，然经她手烹调的“水八仙”，不仅能在自然朴素的本味中透出“意外味”，而且常常能显出一种“味外意”来。

茭白：葑水清味

有2500余年历史的苏州古城，原有十座水陆并列的城门，其中位于东南一隅的为葑门。自古以来，城外多湖泊水泽，片片水田，葑草丛生，青翠葱郁，摇曳生姿。

这“葑”即为“菰”。《晋书》中载：“四面湖泽，皆是菰葑”。何超《晋书音义》引《珠丛》云：“菰草丛生，其根盘结，名曰葑。”又，李时珍《本草纲目》云：“江南人称菰为茭，以其根交结也。”这“菰”，也即菰根，就是我们爱吃的蔬菜茭白了。

其实，茭白是菰的根上嫩茎，所以又称菰瓜、菰笋，或谓茭瓜、茭笋。吴中茭白久负盛名，菰菜与莼羹、鲈脍，号称“吴中三大名菜”。

古葑门以及城楼上“溪水清映”的匾额，早已走失在历史的深处，而在吴中大地上，茭白这一“葑水清味”，却世世代代融进了苏州人的市井生活，诸如“酒焖茭白”“虾子茭白”“香糟茭白”等苏式名菜，色白质嫩，清甜香糯。

带壳的茭白，青绿颀长。剥去数层外壳，只见肉白如玉，清爽可人。清代李渔说，蔬食之美，一在清，二在洁。茭白形质，堪担其美。苏州人每每根据各自的口味，能烹调出三层味道。喜欢清淡的人，把茭白丝或茭白片在沸水中一焯，即用葱油或香油清拌，便成一冷盆佳味；或是茭白炒毛豆，吃来爽口鲜嫩，咸中带甘，最能得其自然本味；其次为茭白炒肉丝或炒雪里蕻，清香而有醇味，最是夏日佐餐佳品；味重者则把茭白切成斜刀块，用重油红焖，吃来清清爽爽，糯嫩可口。

我素爱汤羹，尤喜荤汤，妻子常在汤中放些许茭白片，膻腻尽解，清气扑鼻，醇厚中平添清澄。我最爱吃的还是妻子烹制的茭白红烧肉，茭白一经渗入肉味，是蔬非蔬，是荤非荤，风味独特。

据说宋代诗人陆游平生茹素成嗜，茭白虽也是心爱之物，但他考究吃纯蔬，尚且还要“洗釜烹蔬甲”，纯洁之好一至于此。

60 年代初，我下放到苏州葑门外劳动锻炼，所在村庄四周皆水滩荡田，其时茭白丛生，青葱一片。我曾亲尝刚采割的生茭白，只觉鲜嫩无比而略带柔性，微甘中有一股清香，真个是尝到了自然的本味了。

李渔说:吾谓饮食之道，脍不如肉，肉不如蔬，亦以其渐近自然也。茭白，绝对是最“近自然”的蔬中上品。

说藕

说藕，先要说荷，说莲。

不由得又要说到葑门。苏州旧俗，于每年六月二十四日荷花生日，吴人“竞于葑门外荷花荡观荷纳凉”。最是雨中赏荷后，当时游人多赤脚而归,故有“赤脚黄天荡”之谣。曾几何时,赏荷之地又移之虎丘山塘，曾极一时之盛。西郊有石湖，又为一观荷好去处。宋代范成大，暮年归隐石湖，有《立秋后二日泛舟越来溪》:“行到闹红无水面，红莲沉醉白莲酣。”

苏州人常叫荷花为莲花或莲藕花。“江南可采莲，莲叶何田田”“低头弄莲子，莲子清如水”“轻轻一叶舟，荷入荷花里。不见采莲人，但闻花中语”……我年少时，曾在水乡与乡人荷塘采莲，边采莲，边剥食新鲜莲子，只觉淡淡甜味中犹有一丝苦味，却原来未剔去莲子中一茎细细的绿蕊，“却笑同根不同味，莲心清苦藕心甜”。

莲子又称“莲的”“莲药”。梁实秋说：“剥莲蓬甚为好玩，剥出的莲食有好几层皮，有硬皮还有软皮，最后还要剔出莲心，然后才能入口，有一股清香沁人脾胃。”把它制成糖莲子，或蜜汁莲子，性平、味甘、淡雅，有生津健胃、补脾养心之效。平日里，通常把干莲子用水浸后大火煮透，再用文火焖些时，便成莲子羹，或杂以银耳，放数颗红樱桃，白是白，红是红，入口酥软，甜而不腻。

荷的根就是藕了。吴中水乡，广植莲荷，那种“粉立千点，静香十里”的景致，城里城外，随处可见，而其中以东郊黄天荡最为著名，所出之藕，捧玉泥中，称荡藕、塘藕。其实苏州水软，各乡所产之藕，皆脆嫩而鲜甜。《唐国史补》载：“苏州进藕，其最上者名伤荷藕。”所谓“伤荷藕”，即指藕成熟后期，损伤其叶，以致早熟，所出更为鲜润，生嫩多汁，食而无渣，为藕中上品。

藕作为菜肴，宜做冷盆，诸如酸辣藕片、酸甜藕片、雪花藕片等，脆嫩爽口，下酒最好。或可分别拌以芝麻、辣椒丝、姜丝、葱蒜等制成特色藕片，清淡中略显重味。我爱吃清炒藕丝，起镬时略加一点陈醋，甜中带酸。我妻善做藕圆，把藕末加调料后用面粉黏结，捏成球状，在油锅中炸成金黄色，形似肉丸，实为蔬鲜，酥软松嫩而有藕香真味。

当然，吃藕也可带点荤味。据说剧作家苏叔阳有一道看家菜：把藕与肉、鸡、蛋、海带子混煮至熟后，切片做冷盘，来客举箸，无不赞赏。有人会制水晶藕饼，而我母亲会做一种夹肉藕饼，又叫炸藕夹，即在两爿没有切断的藕片中夹进肉糜、虾仁，或二者相和塞满藕孔，再蘸些面粉糊，放进油中炸透，再加调料用文火稍焖即起锅，藕香荤味，相谐相调。我母仙逝，而“味忆”犹存，每逢中秋之日，我等虽也学做一些，但总不及母亲所烹的味道好，每每忆及，思亲之情油然而生。

藕也可生吃。苏州人爱切片上盘待客，其味甘甜而鲜嫩，爽口清淳，不输时鲜水果，冷比雪霜甘比蜜。藕还可煮熟当点心吃，苏州人叫“焐熟藕”，需取老藕中段，切开一头后，把糯米塞进藕孔，然后用竹签把切下的藕头盖住切口，煮时清水要满过藕段，煮沸有时再以文火焖些时。藕煮熟后色泽红褐，清香扑鼻。老苏州切焐熟藕片不用刀，而用棉纱线把藕夹断成片，据说可不致藕片粘连，且可保藕味糯香，吃时再蘸些绵白糖，或将赤砂糖、绵白糖和糖桂花熬成稠汁，浇在藕片上，吃起来味道更是浓郁。此外还有如藕粉圆子，藕粉滑爽，圆子柔劲。

末了，还是引一段《本草纲目》中的话，以免食家翻检之劳：

“夫莲生卑污，而洁白自若；质柔而实坚，居下而有节。孔窍玲珑，纱纶内隐，生于嫩弱，而发为茎叶花食；又复生芽，以续生生之脉。四时可食，令人心欢，可谓灵根矣！”

芡实

芡实，苏州人俗称为鸡头米。

从前苏州大街小巷，常会看见有小贩挑着一副“骆驼担”，敲着竹梆子卖糖粥之类的小点心，笃笃笃、笃笃、的的的笃，的的的、笃笃、的的笃……竹梆声轻轻重重缓缓急急，抑扬顿挫，节奏如乐，就先把你诓了去。咦，你别说，这骆驼担上的糖粥，还真好吃。尤其是寒露一过，新鸡头米上市，那桂花鸡头米糖粥，真是别具一格。

然久居市井，虽数度下乡，终不识其物。只听说有北芡南芡之分，太湖一带为南芡，开紫色花者为早熟品种，称“红花芡”，开白色花者为晚熟品种，称“白花芡”。

北芡多野生，而南芡则为人工栽培。

苏州黄天荡为芡实历史上著名产地，且品味最为上乘，有“南荡鸡头”（或为“南塘鸡头”）之称。

芡实为青红色，虽不中看，却有野逸之趣。果实粗粝，内蕴密集的种子，为暗红而近乎黑色，不料剥开硬壳，便是雪白干净的鸡头米，即为芡的待字闺中的娇嫩胚芽。我曾见水乡女子，或独坐木门长窗之前，或三三两两围坐沿河矮桌旁，细心地剥着，剥出来的鸡头米养在水钵里，如珍珠般秀润清妍，晶莹剔透。

《红楼梦》三十七回中写道，袭人派人给湘云送去两样时令水果，一样是红菱，一样便是鸡头。原来鸡头米还可以当水果生吃的。

慈姑

茨菇，又名茨菰、慈菰，还有一个写法：慈姑。明李时珍说它生于浅水之中，一根岁生十二子，如慈姑的爱育诸子。

茨菇本色黄白或青白，如村姑般朴实；其形圆润或略显椭圆，周身有几条环状节，如着棕色围裙，一副规规矩矩本本分分的样子；顶端有芽柄茁壮坚挺，始终怀着期待，似在孕育新的生命，显得坦然而平和。

茨菇略带苦味，但苦中含有栗香，苦与香浑为一体，成复合之味。袁枚评诗，“味甜自悦口，然甜过则令人呕；味苦自螫口，然微苦恰耐人思”。我爱茨菇之微苦，“耐人思”也。

水芹

芹有旱芹、水芹之别。旱芹又称蒲芹，苏州人惯常叫药芹。水芹则叫水芹菜，生于浅水沼泽或低洼水田之中，叶子碧绿生青，嫩茎清白无瑕。

《诗经》“觱沸槛泉，言其采芹”，即在汩汩流淌的泉水旁采芹菜。又有“思乐泮水，薄采其芹”，这“芹”岂不都与水有关系，当是水芹无疑。

唐代人对水芹特有好感，韩愈诗云，“涧蔬煮蒿芹”，杜甫有诗赞曰，“饭煮青泥坊底芹”，苏州人陆龟蒙则云，“谁怜故国无生计，唯种南塘二亩芹”。

宋代苏东坡又有诗云“烧芹煮笋饷春耕”。陆游对蔬菜更是情有独钟（他到晚年甚至不沾荤腥），在陆游爱食的蔬菜中就有水芹，“菘荠可菹芹可羹”，水芹可作羹汤。

水芹，通常是打去叶子，只食嫩茎和叶柄，或清拌，或清炒，有一种淡爽清味。

炝芹菜做冷盘，不愠不火，不快不慢。有时客来家宴，于荤腥之外加一盘炝芹菜，油腻吃多了，再尝一口清味，倒也颇受欢迎。如果嫌芹菜味道太单纯，还可以分别拌一点海米、虾仁、虾皮、海蛰皮、火腿丝等，装在盘中，不仅色泽起了变化，口味也别有风致。第二种吃法是炒芹菜。水芹菜一炒，嫩茎难免过于柔软，没有骨子，且味道单一，妻子常把芹菜与豆腐干丝一起炒，二者调和搭配，软硬适度。

荸荠

在水八仙中，荸荠人人都喜欢。老苏州常说：荸荠是个好末事。在吴方言中，“末事”一般指不起眼的物事。明李时珍对荸荠介绍甚详：生浅水田中，其苗三四月出土，一茎直上，无枝叶，状如龙须……其根白蒻，秋后结果，大如山楂、栗子，而脐有聚毛，累累下生入泥底。

我年轻时下放的村庄，也种荸荠，却疏于观察，经常从长着密密匝匝小葱样的烂田走过，也不知这一大片就是荸荠田。直到秋后叶枯，赤脚去踩荸荠了，才恍然得知。踩荸荠可真有意思，赤了脚，在凉飕飕滑溜溜的烂泥里一脚深一脚浅地踩呀踩，只要踩到硬疙瘩，一个个都是眉飞色舞的样子，闹猛极了。后来我读汪曾祺的小说《受戒》，看到小英子“歪荸荠”的一段文字（不知何以用这“歪”字），也勾起了我亲切的回忆。只是没有注意到“小英子们”在田埂上留下的“一串美丽的脚印”，真是可惜了。

荸荠，这扁圆形的水草球茎，个头不大，上部有侧芽紧围顶芽，样子挺憨厚，即便通体带泥，也一点不腻脂，反倒亮出三分可爱来。

荸荠可熟吃，也可生吃。生吃，最受孩子喜爱。荸荠顶芽中多有姜片虫，生吃时要先去掉芽儿，再用滚开水烫过，削去外皮，白净如玉，鲜嫩多汁，味道甜美。

每岁冬末早春，荸荠大量上市，苏州人家的廊前檐下，常挂一只竹篾篮子，带泥荸荠存篮过半，过一月有余，便有风干荸荠吃了。风干荸荠外皮尽皱，如老松树干，小刀难削，只能耐心地用指甲一点一点剥。老荸荠不耐看，却中吃。有话说，姜是老的辣，而荸荠是陈（与鲜相对）的甜。风干荸荠吃起来甜味浓浓，别有风味。只是肉老了，

佚名　图

水分少了，小孩子吃时就瞒着大人，如同吃甘蔗，尝到甜头就偷偷地把渣吐了。

苏州乡下广种荸荠，《姑苏志》载：“荸荠出华村者色红味美，不能耐久；出陈湾村者，色黑而大，带泥可以致远。”《姑苏志》中所提华村、陈湾者，即今葑门外一带。带泥风干，只为久藏，可数月不腐。把它作为蔬菜，还是新鲜的好。

糖水荸荠，原属消闲食物，现也常作冷盘上得宴席。席间油腻吃多了，吃上一两只，顿觉清爽。荸荠炒肉片、炒猪肝、炒鱼片或炒鸡脯、炒鸡丁，下酒最好。我母亲做红烧狮子头时，喜欢先在肉糜里羼一些荸荠末，吃起来又嫩又松，微甘中有一股清香。据闻荸荠还可以酿酒和加工制成淀粉，我没有吃过，不知是何味道。

莼羹

其实，莼菜不唯苏州有，中国南方凡有湖塘处也有，据说亚洲各地甚至澳洲、非洲也能见其踪迹，不知是不是同一品种。不过，最有名的还是苏杭两地所出。杭州楼外楼的西湖莼菜汤固然名闻遐迩，而苏州的莼菜佳肴，诸如莼菜榨菜羹、绣球莼菜汤、莼菜豆腐汤、莼菜鸡片汤、鸡火莼菜汤、珊瑚莼菜蟹汤、莼菜氽塘片等等，皆赏心悦目，味夺三珍。

早在《诗经》中就有诗赞道："思乐泮水，薄采其茆。""泮水"为鲁国境内的一条河，这"茆"，三国魏人郑小周释"江南名之莼菜，生彼泽中"。从这首诗中可知鲁侯亲临泮水，当时人兴高采烈地为国君采撷莼菜并置酒设宴的情景。饮酒食莼，既可保其体健长寿，又有力气远行而征服敌人。在《周礼》中，还有把盐渍莼菜当作祭品的记载。及至唐代，江南莼菜更为知名，水面浮叶，放舟可采。钱起诗云"橘花低客舍，莼菜绕归舟"，又皮日休诗"雨来莼菜流船滑"。

但在苏州西郊的灵岩山和华山的山池中，生有一种野生莼菜最为著称。然产量极少，物以稀为贵。直到明代，苏州东山出了两个人，一叫邹舜五,一叫蔡以宁，两人把山池之莼移植太湖，经人工栽培，"太湖水菜"也即太湖莼菜，便成寻常人家的桌上佳馐。

莼菜分红梗、黄梗，而以红梗为优。每岁春夏之交，正是采莼时节，春时采摘的芽尖嫩叶，为春莼菜，誉为"水中碧螺春"。直到立秋过后，还有嫩芽长出来，所采便为秋莼菜。

其实莼菜恰是无味之蔬。叶圣陶说：莼菜本身没有味道，味道全在于好的汤。

凡食中妙品，所贵在一个“真”字。中国饮食的味觉审美，向以“朴真”为其根本。莼菜的“朴真”，只是一种淡淡的清味，其味又在若有若无若即若离之间，叫人琢磨不透。《菜根谭》云：“肥辛甘非真味，真味只是淡。”

莼菜的“淡味”甚至“无味”，并非真的寡淡乏味，而是体现出与“厚味”相对的一种特殊的味觉美感。中国传统的饮食美学，向来主张“以恬淡为味”“至味无味”“恬淡为上，胜而不美”。

莼菜的茎梢嫩叶有胶状物质，清洁透明，柔腻滑爽，捞之于水中，却如女孩般活泼调皮，稍不留神便忽地从指缝间溜了出去，叫你好生怜爱。

莼菜，虽也可炒，但还是做羹最为适宜。莼菜入高汤烹调，且喜欢轧荤淘，佐以猪肉、鸡脯、虾仁、火腿等重色重味，翠色中有雪白、淡黄、粉红、橙红飘飘浮浮。

关于莼菜，还有两个故事。一为西晋的张翰，受聘于齐王司马冏门下，在洛阳做官。但他性格狂放，不拘小节，志不在官位而在随意适志的平淡生活。《晋书·张翰传》载：翰因见秋风起，乃思吴中菰菜、莼羹、鲈鱼脍，曰：“人生贵得适志，何能羁宦数千里，以要名爵乎？”遂命驾而归。他看穿了朝野纷争，羁宦必罹祸乱，思吴中乡味，借口而已。果然在他归隐不久，司马冏就由于“八王之乱”事败被杀，而张翰却逃过人生一大劫。此后“莼鲈之思”遂成妇孺皆知的乡思典故。继之有今人叶圣陶的“莼藕之思”，他客居外乡，曾作名篇《藕与莼菜》，除怀念家乡藕的“清淡的甘美的滋味”和“鲜嫩的感觉”外，又联想到莼菜的令人心醉的“味外之味”，引起怀乡的“深浓的情绪”，直“觉得故乡可爱极了”。

菱歌清唱

枕河人家，菱藕飘香。记得我年轻时临河而居，每逢菱藕上市，常见满载菱藕的小船从窗牖前行来，只要招呼一声，船便泊在水埠，挑挑拣拣一番，称上一竹篮。

菱因生有两角，俗称“菱角”。它可谓江南水蔬的元老和佼佼者了。早在6000余年前的新石器时代，吴地方物透出个中消息，菱从野生到人工栽培，与吴地鱼稻文化同源共流。2500余年前春秋时期，苏州古城形成，菱已是古人的家常素馔和寻常水果了。

以往虎丘后山浜与西郭桥一带，盛产小白菱、沙角菱。山塘河中、柳荫深处，菱船往来，鬻声清越，自成一景。在吴歌里，采菱歌更具轻缓柔婉的韵味。

湖荡中菱叶稠密，船行不便，吴地采菱不用船而多用木制的浴盆。采菱姑娘坐在浴盆中，挽起袖管，露出雪白的双臂，边划盆边采菱。菱叶旋叠，秋风吹过，菱歌四起。

曾几何时，葑门黄天荡，浒关大白荡，都是菱的盛产水域。只可惜时过景异，风光不再。好在苏州四郊，凡有池塘水面处，仍皆植菱，风致依旧。

不过，我小时候爱吃的和尚菱，在市面上已难得觅到了。凡菱必有角，唯和尚菱无角，类似和尚的光头，光溜溜的，吃起来不必担心会被角刺戳痛。现在多见的是馄饨菱，亦以象形名之。还有一种乌菱，两角翘起，常使我想起古代武士的两撇胡子，威风凛凛的样子，外壳乌黑且质地厚硬，吃的时候一定要用刀劈成两半，才能剔出菱肉，而菱肉虽又干又硬，但吃起来有硬香，别有一味。

和尚菱是和尚，心慈性软；馄饨菱是书生，心善性和；乌菱是将军，心烈性刚，是菱中的伟丈夫，虎虎有阳刚之气。

还有一种沙角菱，长得小巧玲珑，但角尖刺长，稍不留心，就会戳痛手和嘴，菱肉倒是别有纯香，悠悠的余味。

这些菱皆宜烧熟了吃，且宜热吃，既酥又粉，既清又香。如果冷了再吃，口感滞腻，香味大减。以前苏州常有卖熟菱的小贩走街串巷，高声吆喝着："阿要新鲜热的馄饨菱啊——""阿要热荡荡的和尚菱啊——"袅袅吴音，也是热气腾腾的。

煮菱，最好是放在铜锅里，用木柴烧，出锅的菱生青碧绿不走色，肉质香甜软糯，不失本味。以前每当鲜菱上市，临顿路青龙桥、东中市虹桥口、皮市街间邱坊等桥堍街头，皆有店家在门前支一二大炉，上架筒状紫铜锅，写一块招牌"铜锅菱上市"，借以招揽顾客。我小时候就喜欢傻兮兮地看烧铜锅菱，风箱拉得"啪啪"响，熊熊的火苗欢蹦活跳，热气弥漫时散时聚，一股股菱的清香，飘飘忽忽，似有若无。只盼着出锅，但是火候未到，由不得心急，大火旺烧后，还要用小火或余烬稍焖片刻。这刚出锅的熟菱青生生的竟出落得更为水灵，身上冒着热气，如出浴的孩子。

苏州早些时候，玄妙观山门口有一外号叫"挑碗阿大"的铜锅菱最为有名，他所用的铜锅特别大，每出一锅竟有百斤。他所煮的铜锅菱，壳绿肉白，吃口酥甜，生意特别好，往往一出锅便一售而空。可惜，这铜锅菱的滋味，如今只在我的童年记忆里了。

菱，还可与白果、胡萝卜、美芹等一起素炒，清爽淡雅。

其实菱各地都有，只不过江南的水好，才生生的养得这般好颜色，好味道。论起来，那水红菱才真叫有特色哩。别的菱种皆为青色，唯此菱为红色。这红，可比桃红，玫瑰红，或是胭脂红，却不甜腻，不张扬，红得朴素大方。水红菱确是水的精灵，一时也离不开水，一离水就老得快，如失了魂似的，水红渐成暗色，直叫人可惜了去。所以水红菱一准要养在水里，从水里捞出来吃，才有鲜洁气。

水红菱只能生吃，不能熟煮，吃时只要轻轻咬去壳上一点嫩绿，再慢慢剥去红色的外皮，一股清气似从菱塘中悠悠而来。吴中所产水红菱，有称“苏州红”。吴歌云：“郎种荷花姐种菱”，可见吴中水红菱有女儿气，“苏州红”恰是“女儿红”。

节选，连载于 2004.6–2005.4，共 5 期

大肚酒甏

王梦沂

记得“文化大革命”前的姑苏小巷，基本上还能保留着原汁原味。古朴幽静的深巷里，特有的弹石路面被路人踏得滑溜。在棋盘格局的街巷中，还有着一种市井风貌，那就是在这些幽静的小巷口，往往会开着一家家杂货小店，卖些肥皂草纸、油盐酱醋、香烟老酒等方便居民的小杂品。

在我儿时居住的巷口，就有着这么一家杂货店，给我印象最深的，就是杂货店卖酒。那时走到巷口，已能见到那杂货店柜台的里里外外，放着不少大肚酒甏，走近些就能闻到浓郁的酒香味，要买的酒就是从这酒甏里面拷出来的。大概我在儿时学会的第一件家务事，就是相帮大人到小巷口杂货店里拷烧小菜用的黄酒（俗称料酒）了。因为那时家中还都没有冰箱，黄酒买好了放在家里就会变酸，所以常常是现买现用，反正杂货店就在巷口头。

我家居住的那条小巷叫双成巷，从家门口到幽兰巷口那家烟杂店只有几步之遥，有时下点小雨也不用撑伞，我会沿着巷边人家伸出的屋檐，几个小跳步就奔到商店了。记得往往大人们起的油锅要炀快哉，才急急忙忙喊我：某某啊，快点帮我去拷二两料酒。然后就是塞过一只酒瓶或一只小碗和五分钱来。临出门时又叮嘱一句：到幽兰巷口去拷啊，格面不镶水格……余音可以一直传到墙门外弹石路上，那时可以拷到酒的小杂货店在附近花街巷、铁瓶巷和豆粉园等几条小巷口有好几家呢！

那时候商店里用来拷酒用的家生叫端子，用竹制成，大小不同的竹筒上面留有一段长长的竹柄，分为一两、二两半、三两等好几种，最大的大约可以拷半斤吧。拷酒时，店伙计拎住端子的竹柄往那酒甏中一沉一提，满满一端子酒就拷上来了，要买几两酒就用几两的端子。也有顾客要买的酒没有正好一端子或者几端子的，店伙计就得以几只端子来做加减法。记得小时候母亲给我订阅的小朋友画报上就做过这样的智力测试题。

住在楼下西厢房内的窦好婆也常会差我去拷酒，还会给我戴高帽子，说我拷回来的酒碧碧清。

有时拷酒多余的一分钱，经大人同意，会在那家小店里买到两片梅饼，回家时端着酒边走边小心翼翼地咬一点点梅饼，又甜又酸，感觉好吃极了！拷酒时还常会碰到那些贫苦的车夫小贩，就站在小店的柜台边上，向伙计借只杯子拷二两或者半斤白酒，就着一块猫耳朵萝卜干或者半包五香豆，在小巷口红着脖子“刮啦刮啦”吃得喷香，乃至我忍不住向他们讨要着尝了那白酒一口，结果辣得我又咳又呛、涕泪俱下，于是我只能一下子嚼下了一整块梅饼……现在那条双成巷随着城市的改造而消失了，但那巷口的酒香至今我仿佛还能闻得到……

原名《巷口酒香》，2004.6.

盐齑青菜

毛经球

用青菜腌制成盐菜，这菜腌得的，那味道不亚于荤腥，故斯文人美其名曰“盐齑”。

有人会说不就是用盐把菜腌一下吗？其实要腌制出一缸好的盐菜，没有一点经验恐怕是做不成的。

先说是选料，不是什么菜都可以入选，要挑白梗的大青菜，那梗又白又大的最好。先把那青菜用刀剖成两瓣，挖去菜心，放在外面晾晒。一到冬天，天气干燥，真是晒菜的好季节。晒到菜干瘪了，再把干菜在河里洗净。洗菜也有讲究，得一气呵成，否则菜活了（洗得时间长了，菜吸的水分就多了，又变成充满水分的胖菜，土话叫做“活了”），腌制出来的盐菜就不鲜美了。腌制上百斤胖菜真有点像战斗一样，有时把孩子也拖出来帮忙助战，为的是腌出一缸好的盐菜。

菜洗净了，现在可以腌制了。讲到腌制，盐的用量是个关键，一般来说腌制一百斤胖菜放三斤三两盐，如是喜欢咸一点的可放到三斤半左右。腌制时先在缸底撒上一薄层盐，然后将菜放入缸中。就这样放一层菜加一薄层盐，放了两三层菜由人穿了洗干净的套鞋，在菜上面踩结实，直到菜放完，尚有余盐，再在菜上面撒上一层盐。最后用洗净的石块压在菜上，把缸面上的菜压得严严实实的，这仅是第一道工序。

这菜一压以后，大约两天后菜里的水分都压出来了，这时要翻缸。就是把上面的菜翻到下面去，把下面的菜翻到上面来，为的是让菜都压透，把菜里面的水分都挤出来。这样过几天翻一次，翻了两三次后，菜腌熟了。这时的盐菜水汪汪的，原来又白又长的菜梗现在变成金黄色的，盐菜卤把菜梗染成一个黄金水晶球，夹杂着盐菜特有的香味，让人直流口水，那菜梗又胖又黄，真有点象腌鸡腿。

菜腌制成了，可以根据各人的喜爱来吃。最简单的吃法，晚上吃粥从盐菜缸里捞出一把盐菜，用刀切成一公分宽的样子，放在碟子里，用来佐餐。会吃的人肯定会专捡菜梗吃。你想，那菜梗色香味俱全，金黄的颜色，散发出阵阵香味，加上浸透着的卤汁，金珠欲滴，你不拣它才怪哩。听说醉酒的人，用它来醒酒还挺管用呢。

这盐菜伴随着一家人可以过一冬，而且越陈越香。甚至有的人到大年初一，吃腻了荤腥，还忘不了吃点盐齑，调节一下口味，可见它的魅力是多么大呀。

一过年后，进入春季，这菜放久了要变质，这时就要把它挤干卤汁，晾晒干后，切细放在小的坛子里，让它伏一下，可以慢慢地食用。

说了半天，这盐菜是用大青菜腌制的。还有一种是用一种叫雪里蕻的菜腌制的，这种经腌制的盐菜别名叫冬菜，现在菜市场里面卖的盐菜就是它了。腌制方法和用青菜腌制盐菜差不多，只是这种盐菜要熟吃，炒、炖都可以，还可入汤，雪菜塘鲤鱼这道名菜缺了它还真做不成哩。麦收时节，用它来做雪菜豆瓣汤，解渴过饭。用新麦面做雪菜面串条，又香又略带酸味，加上新菜油的清香，农家乐的气氛在这热气中升腾，盐菜也能吃出那么多的好滋味来。

原名《盐齑飘香》，2005.3.

母亲的私房菜

陆德健

母亲在家里排行老二，香花桥、小王家巷一带的老邻居都喊她贝家二小姐。我少小离家，14 岁成了孤儿，对此印象并不深刻，倒是现在还有老乡问起我在北京、上海谋生的几位姨母："三小姐、四小姐都还好吧。"

她们那个年代，"小姐"的称呼带着是尊重和亲切的意味的，不像现在这样暧昧，但这些小姐们的作为，还真辜负了乡邻们的厚待。随便举个例子。我外祖母有个把钱（那时还流通银元）在家里东埋西藏的怪癖，我想多半是怕贼偷强盗抢吧。岂料出了个家贼。这几个姐妹很能猜测母亲的用心，往往前脚埋，后脚就被她们挖出来了。一阵欢呼过后，一乘轿子挤着三姐妹，直奔观前街陆稿荐，买回一大堆酱鸭、拆烧，蹲在门厅里手把它们解决了。这是我祖母后来对我说的，她那时是用了"野性""败家精"这类准确到位的贬义词的。我母亲更是胡闹得离了谱。她爱上了隔壁那个叫小和尚的报馆青年，父母不同意，她就先斩后奏，双双私奔到杭州，等大哥在肚子里蠢蠢欲动时，再托人传消息给外祖父，逼他就范。她是宠儿，真正的有恃无恐。

这里说到她的几样私房菜，也透着她我行我素的任性和不守规矩。

第一道菜：胡葱炖酱。酱自然要自家做的，因这做酱的某些工艺很合我意，这么多年了还不生疏。首先是把干蚕豆泡涨，剥皮，蒸熟后揉碎在面团里再上笼蒸，然后把蒸透的面糕倒在案板上放凉，切成大拇指宽的条，摊在竹匾里由它生霉长毛。新鲜豆糕是很好吃的。酥酥的豆沙，滑滑的面糕，略有甜味又带点儿咸，实在太诱人了。为了怕我们偷吃，也好确保她“既定”的成酱数量，母亲总是要多蒸些先满足我们，然后明令不许任何人再出手。

初夏时节，三几天后那美食就霉出一阵难闻的馊味，送我们也不吃。这时可以用盐水泡酱了。盐水的浓度是很讲究的，太咸太淡都成就不了好酱。

接下来自然是放在园里让日光爆晒。这时孩子们被叮嘱做两件事，一是发现天阴雨就要拿雨蓬盖严，有时干脆喊人将酱缸搬进屋里，稍有不慎滴进了雨水就会长蛆，一缸酱就全糟蹋了。夏天阵雨多，小王家巷 33 号里常常传出大呼小叫。二是要经常搅动，以期加速成熟且品质均匀、细腻，口味上乘。顽劣的我们自然很是尽心尽力，上学、玩耍，进进出出，纷纷抢夺那根竹棒，搅动满满一缸起泡的粪便一样的东西，太刺激了。

在七月的骄阳下，豆瓣酱逐渐由黄变红，搅动终于被禁止了，是投入各种生瓜腌制酱瓜的时候了，而不久胡葱也该上市了，先舀出一小钵作为专用。把葱切短了，上面盖上一层酱，既不放油，也不加任何调料，只需放在饭锅上蒸熟，母亲钟情的胡葱炖酱就可上桌了。看她吃得津津有味，大家都笑称那是特为自己准备的加菜，谁也不向那边伸筷子。不是不允许，以我们当时强健的挑剔的胃口，这实在算不上一道美味。直到多年后家道中落，因怀旧和纪念，自然也出于实际需要和可能，才想到这个花费很小且很下饭的家传菜谱。

另一道异曲同工的私房菜是咸菜卤炖面糊毛豆子。这倒是一道全家讨喜的美味（总自以为是又一切都讲求正宗的父亲除外），初步可以确认是我母亲的独创。面糊的鲜洁，毛豆的软糯，满屋氤氲着咸菜、雪里蕻的香气。再加上像汤菜一样要用调羹舀，就多了一点美食的意趣，一端上桌就被风卷残云，让母亲又喜又嗔。要使其源源不断，自家腌作咸菜，就成了每年的功课。

过去老苏州人家都备有一两只缸、甏，寒露一过，雪里蕻就会铺满各家园里的空地，庞大的盛器就派上了用场。很多居家过日子的规矩，现在都已淘汰了，冬天腌菜的习俗却还时有所见——多半出于俭省的考虑吧；也有的是有意要继承勤俭持家的传统，一种情结，一份寄托；因为卫生而不嫌其烦的，也应该是一个理由。腌菜是要用脚来踩实的，再放上石块榨出菜茎里多余的水分，让盐尽快地渗透，才能汤汁浓郁、滋味醇厚。可当你一旦想起那是出于一双陌生的脚，会不恐怖吗？

我家腌菜，总是让家里的小牛来做这道费力的工序。虽然他长的有一双宽厚结实的脚，且总又洗得干干净净的，但母亲还是为他买来长筒胶靴。看那么一个又高又壮的北方大男孩站在大缸里欢快地踩踏，又是我们枯索生活中的一桩乐趣。

虽然得到全家人的喜爱，不以为然的也大有人在，比如东院的大姨妈。大姨妈也就是贝家大小姐，是大外婆的女儿，她自恃嫡传，对待下人刁钻暴戾，并不在意尖刻的言行会伤害别人，对自家人也挑剔、刻薄，我家竟然吃这类不上品位的“破小菜”，她自然不会放过，鄙夷之情昭然可掬。

即便是我，尽管现在很为自己有强烈的平民意识而自负，深感是母亲的恩赐并心存感激，但当时对她竟有这样不为人道的癖好，也很困惑。以当时的条件，她原可以更奢侈一些，可她偏爱这些粗糙的、只在穷苦人家饭桌上看得到的饭菜。因为和邻居家的女人称姊道妹备受父亲呵斥，也让我很为感到难堪和愤慨。

原来，我的外祖母是扬州乡下人，是大外祖母的陪嫁丫头，被外祖父收了二房。庶出的固然地位低下，但一种与生俱来的坦荡和自信，让她获得并保持着应有的尊严和大气。今天想起来她的某些爱好也许会让大小姐之流鄙薄，她待人的亲切的宽容，她对弱者的关怀和帮助，却是当时一般女人所无法比肩的。

当然，如果我可以参与选择的话，我更希望她是一个苏州乡下人，这会使我有更多、更真实的归属感。苏州的脚，扬州的头，都是出美女的地方。我记忆中的外祖母的确很标致，又幽雅，又贤惠，母亲和两位姨妈也都漂亮，丝毫不逊色于出生本土望族潘氏的大外祖母。但我始终没有机会拜望母亲的故乡，我对扬州实在太陌生了，胡葱炖酱和毛豆子炖面糊是正宗的扬帮菜么？

2008.2.

腌金花菜

张苏玲

以前，每到踏青时节，苏州人常喜欢到东园、虎丘、灵岩山一带游园。很多时候，人未进园，便见路边树下一些乡村阿婆挎着竹篮小篓，或站立或蹲坐并不时沿街叫卖：阿要买腌金花菜？阿要新鲜的腌金花菜……

腌金花菜是苏州城乡一带常见的民间小吃，尤为妇幼老少欢迎。每到春暖花香时节，街头巷尾，常有三三两两乡村打扮的农家妇女，手挎竹篮沿街叫卖。

腌金花菜，色金褐色，味酸甜，闻着香酸浓郁，是苏州城郊农民尤为拿手的自制土特产品。每到开春时节，村里人便忙碌起来，大人孩子起早贪黑忙摘地头的金花菜。勤俭点儿的人家，一个时节会采得上百近千斤金花菜。十来斤新鲜的金花菜，可腌制三四斤左右的腌金花菜。金花菜须赶在清明前后采摘，过了时段，开足了花，便过于老了，无法腌制。

腌金花菜叫了多少年，实际上有种野生或者农家自己种植的小菜叫做“荷花郎”。“荷花郎”无论长相或者吃口均类似于金花菜，或许同属一科吧。只是叶瓣更为小巧，花色鲜红，有的地方也叫红花草，或者叫作羊草头。金花菜花色金黄，时鲜的“荷花郎”同金花菜一样，经油一煸，再添加少许的黄酒，出锅后味道异常鲜美，两者很难分辨，是江南百姓口中一道永远“保鲜”的时令菜，经年不衰。

“荷花郎”用来腌制，手法与腌金花菜相同。腌制出的“荷花郎”与腌金花菜相比，吃口大致相同，只是比腌金花菜来得嫩结一点儿。街上人所品尝到的，一部分或许出自腌制的“荷花郎”。当然，不管是腌金花菜，还是腌“荷花郎”，乡村人家代代相传，都习惯性叫作腌金花菜。一则，城里人基本上是识得金花菜，而不太留意“荷花郎”的；再则，腌金花菜叫法上口，如果改叫“腌荷花郎”不但麻烦，还很拗口。所以，腌金花菜的名字便一统了天下。

制作腌金花菜非常劳人。一块菜地需经常锄草，然后拣嫩头采摘，去除杂草，之后清洗干净，晾干水分，加之相应的盐，稍稍一番搓揉，装入坛内，隔几天舀出渗出的菜卤，并填实，直至坛满，然后密封坛口，用黄泥溏糊好口，并将坛口倒置于稻草灰内。到来年的二三月里，一坛金黄酸淳、香甜浓郁的腌金花菜一丝一扣展现在坛口。开了坛的腌金花菜须即开即用，时间久了，腌金花菜会起泡生霉；村里人常将开了封的坛子继续封好倒置朝下，置于水中或灰中，空气无法进入，腌金花菜就能长久保存。

腌金花菜除了作为土特小吃，还可作菜的佐料。烧汤时，放少许腌金花菜，烧出来的汤，味鲜且纯，是少有的一品农家味。还有一种吃法，就是炒肉丝，或者什么都不放，只加少量的油炒来吃，味道香醇爽口，酸酸甜甜，是难得的百分百的农家菜。

最近去白马涧游玩，山道上见三两个乡下好婆，依旧竹篮小篓，脆脆甜甜地叫卖着腌金花菜。上前要了一份，只是价钱与早年不同，一元钱一份。尝一口，仍是从前的味道，很怀念，真像又回到了从前。顺道问一位好婆,是附近的村民吗？回说是穹窿山那边的。听了吓一跳，这么远的道，怎么来的。好婆说是翻山过来的，方便得很。还说儿女们不让来，可她还是想来。现在不比从前了，家里也没什么事情，出来散散心玩玩,还能顺带做点儿事情,蛮好的。问她山道好走吗？回说，常走常往的，无所谓的，都是认得的山路。看着她刻满风霜的脸满是自足的笑容，眼前的景色像是多了份灿烂，我这下又要了五元钱的腌金花菜。

2009.4.

薰青豆

邱一民

我自幼在古镇旁的一个村落里长大。但我不知道是从什么年代开始，我们震泽一带家家户户都有了薰青豆的习惯，也不知道从什么时候开始，只要一讲震泽，大家便会和薰青豆划上等号。

在我记忆里，父母亲每年都要选一些上好的“阔扁青”毛豆种植，因它粒籽大，薰出来的青豆似翡翠般“碧绿生青”，味道鲜美可口，令人垂涎欲滴，爱不释手。每年入秋时分，我总会想起和大人们一起采摘毛豆和薰青豆的快乐时光。

首先薰青豆是个力气活。每薰一次青豆需要采摘和剥掉的毛豆少说也要一二十斤，工作量之大，往往需要全家人投入，时间上还要夜以继日地加班。为此，这种活一般安排在星期天比较适宜。每到这一天，父母亲一大早就去地里把毛豆梗拔回家，接着，我们小孩就采毛豆、剥毛豆，基本上不停地干也需要大半天时间，有时来不及就请左邻右舍的大人小孩来帮忙。当毛豆全部剥结束，我们小孩的手指甲已是酸痛不已。

其次薰青豆是个技术活。剥好的青豆先要放在锅子里用开水焯。我母亲最讲究火候和时间，如果焯得时间太长，豆子会烧烂。放盐多少也要咸淡适宜、恰到好处。豆子焯好后倒在平时筛米用的竹筛子里凉开。接着就把灶台上的铁锅拿掉，在灶堂里生上炭火，把竹筛子搁在灶台上薰。这时一般已到了晚上时间。薰的时候，人不能离开，每隔几分钟就要用筷子翻一下，豆子里的水分就在炭火的薰烤下慢慢蒸发。但此时千万不能性急，炭火不能太旺，火旺了会把竹筛子烤焦，甚至烧坏。我就有过这样的教训，一次因炭火太旺，薰着薰着，竹筛子着火了，不仅大家吓了一大跳，还使辛苦了一天得来的青豆全部浪费掉，你说让人伤心不伤心。后来到我长大一点儿，不知谁家把竹筛子换成用铁丝网做的筛子，这样薰的时候就放心多了，不怕筛子再烤坏。但炭火还是不能太旺，否则薰出来的豆子有股焦毛味。

薰青豆一般都是一气呵成。大人要忙乎到深夜，我们小孩已早早睡下了。但当香喷喷、甜津津的青豆薰好时，母亲总会在第一时间送一份到我们枕边，甚至把我们姐弟几个从梦中唤醒，一起分享一天的劳动果实。现在回想起来，浓浓的亲情和童年的记忆，是那样的甜蜜和温馨。

震泽的薰豆茶讲究色香味。青豆薰好后就装进纱布袋，当时家里还没有电冰箱，而每家都有干燥保鲜的石灰甏，装满薰青豆的纱布袋就放在甏里，然后加盖密封，以能起到长期保鲜的作用。接下来，父母亲要准备胡萝卜干和炒熟的白籽麻，这样“三合一”成了薰豆茶的最佳组合。你看，鲜红的胡萝卜干，碧碧绿的薰豆，喷喷香的白籽麻，放进透明的玻璃杯中，经开水冲泡，它们一齐翻滚起来，真是赏心悦目，清香可口。此时，若在杯中再加一块当地产的黑豆腐干，那味道之鲜美定会令人叫绝。

薰青豆，在当时物质匮乏的年代，我们视它为家中的“奢侈品”。平时一般舍不得吃，唯有家里来了客人才拿出来招待。只有此时，我们小孩才借机可品尝一次。后来，我来到苏州工作，尽管超市里已有卖，但年迈的母亲每年总要亲自动手把青豆薰好后带给我。我知道“礼轻情义重”，它饱含着一个普通母亲对儿子的最大关爱。每当我吃着美味的薰青豆，我就会想起江南古镇那浓浓的乡情，想起父母亲情的无比温暖，想起童年岁月那薰豆飘香的美好时光。

原名《又到熏豆飘香时》，2008.6.

食趣南瓜

叶正亭

孩提时就见南瓜秧苗、南瓜花，那是三年经济困难时期，居民定量配额的粮食不够吃，就自己想办法，都市里，居民住房，只要家里有一点点空地，都种上了可食用的菜蔬。我们家，前天井种的是丝瓜，后园子种的便是南瓜了。

丝瓜、南瓜开的花都有雌雄之分，雄花是只开花、不结果，只有花朵后面带个把的才是会结果的雌花，便也分外珍贵。小孩子们天天看着，巴望着雌花快快谢了花，快快结出果。大人总是要叮嘱：雌花只能看，不能用手指，指了要“哑”（蔫）掉哦！也不知是真是假。

南瓜的雄花火黄色，硕大，开得挺雄壮，自开自灭实在可惜，我的老外婆曾将那些不会结果的雄花采下来，放在面糊糊里给我们吃，颜色倒是挺好看的，用今天的眼光看，它们可能也是绿色食品，甚至有可能营养丰富、专治某病呢，但当时吃到嘴里，毛茸茸的，实在难以下咽……

南瓜有品种之分，那是我去了我大哥插队的乡下后才知道的。农民自留田里都是种的一种扁圆型的南瓜，那是给猪吃的，听说烧出来水茄茄，吃口很差，但能耐饥。有一年我利用暑假到那乡下，正逢大哥隔壁的包家在收获南瓜，包家父亲在田里采摘，两个儿子把南瓜挑回家，一担一担，没完没了，我当时留下一个印象：那猪吃南瓜产量真是高啊！

城里人种的或是在菜场上能买到的是一种长条型的南瓜，我母亲称它是“海盐南瓜”，又叫金刚腿。海盐是浙江的一个地名，抑或是那里培育了南瓜的优良品种，如同青菜中有一个品种是叫“苏州青”的一样。至于金刚腿，我以为是象形文字，比喻手法，那种南瓜就像一条小孩腿，老南瓜上面疙疙瘩瘩，宛如金刚腿上披了盔甲，实在是很形象的。

马平　图

南瓜最精彩的是颈部，它的最佳烹饪方法是无为而治，不放糖、不放盐，不起油锅、不加葱姜，切成长条块后，隔水蒸。吃的是本色、原味。同样的金刚腿南瓜，也有优劣，好的南瓜块，手感干干的，吃口紧紧的，口感绵绵的。蹩脚的南瓜蒸出来会塌方，一包水，就像蹩脚的大闸蟹，打开蟹壳便是“一壳水”。

南瓜肚皮里有籽，籽越少，南瓜就越好，籽多的称“繁包籽”，南瓜肉质也就不灵光。南瓜籽洗净，放篮头里晒干，铁锅里一炒，噼里啪啦，会自动爆开，如同小鸟张嘴，此物热天乘风凉时嗑嗑最妙。

南瓜的肚皮部位相对肉薄一些，只能切片。至于南瓜片如何发落，大可各显神通。最大众的是油里煸炒，起锅前放一把青葱，当菜吃。最省力的是将南瓜丁加了白米（糯米少许）一起笃，笃出来的就是南瓜粥。一人一碗，粥面上洒一撮绵白糖，作为餐前甜品是不错的。

菜馆里还有将南瓜片煸炒后加入咸鸭蛋黄的，让金黄色的蛋黄末裹满南瓜片，谓之“金沙南瓜”！[1]

2012.1.

[1] 本书写于2011年11月1日。

咸菜雪菜

车前子

一到冬天，苏州家家户户腌咸菜，这倒也是一景。此乃老景。现在几乎看不到了。小巷逐渐消失，老苏州拆迁，腌咸菜不便了。

咸菜由这两种菜腌成：大青菜和雪里蕻。

买来的大青菜和雪里蕻摊挂在竹竿上、竹节架上晾晒几天，使它们梗叶疲软，腌起来就不至于断碎。因为要用力踩的。

大青菜和雪里蕻就这么晾晒几天后，再洗一洗，又摊挂到竹竿上、竹节架上沥水。沥一天半日的工夫，就可以放进咸菜缸里腌了。

苏州人家以前都有咸菜缸，平日放在客堂角落、天井角落，冬天派用场。

有年秋天，我在咸菜缸里发现一只蟋蟀，咸菜缸这么高，它是怎么跳进去的？

跳是跳不进的，蟋蟀是向上爬，爬进去的。后来我才明白。

咸菜缸里铺一层大青菜或者雪里蕻，洒一层盐。盐是粗盐，亮晶晶，暗蓝色的——粗盐散射着暗蓝色的光，伸缩小小的舌头。有的颗粒麻将骰子那般大，骨碌碌滚动。

这样的粗盐也已少见了。

有把大青菜和雪里蕻混腌的，也有单腌的。腌的时候，人要爬进咸菜缸，用脚踩，踩实了才罢休。有穿着套鞋、球鞋踩的，也有光着脚丫踩的。老人说，童子光着脚丫踩，咸菜会香。光着脚丫踩，总是有点恶心。所以上了岁数的苏州人——一些老太，现在到市场里买咸菜，还总会忍不住地问一句：

“阿是赤脚踏的？”

“好婆阿，现在还有啥人赤脚，全穿鞋子哉。”

卖咸菜的乡下人照例这样回答。

一缸菜踩得结结实实后，压上块石头，盖上只竹匾，大事完结。

腌咸菜的压石，不是随随便便的石头，是老房子庭柱的础石，像国子监里收藏的石鼓。吴昌硕在苏州一住二十余年，石鼓文写得出类拔萃，有腌雪里蕻味道。

腌好的大青菜叫咸菜，腌好的雪里蕻叫雪菜。

有时也把雪菜叫咸菜，但从没有把咸菜叫雪菜的。苏州人爱吃的“咸菜肉丝面”，这咸菜只能是雪菜，不会是咸菜——也就是说只能是腌雪里蕻，断不会是腌大青菜。

腌大青菜常常是生吃，回味甜津津的。

腌雪里蕻生吃有股石腊花味道。这种花好养，只是花气艰涩，兼带辣味。

腌雪里蕻，也就是雪菜，炒熟了好吃。

“雪冬”是个时令菜，就是“雪菜炒冬笋”。这菜看似简单，要炒出味不容易。火候不到，难除腌雪里蕻的辣涩，也不去冬笋的涩辣（冬笋也有这股味）。饭店里的“雪冬”往往火候不到，仅仅是有色而无香无味。味不会没有，只是不好。

“雪冬”的妙处在于青黄相接，香味互助。香味互助是一切菜肴的妙处。色好求，香稍难，味大不容易矣。

宋诗有香，宋之后的诗有色，所以难比唐诗——唐诗有味。这味与美味的味差不多，不是单一的甜味或者咸味，它是复合的，“忽如一夜春风来，千树万树梨花开”“曲终人不见，江上数峰青”，只可意会，不可言传。

饮食之道，色相与味道要能表里如一并驾齐驱，几乎凤毛麟角。

我是爱吃家常菜的，许多家常菜看看没色相，味道却很透彻。比如“雪菜烧豆腐”，我姑祖母烧来，它的味道直指人心，也就是风韵弥漫。

节选自《三味小菜》，2013.5.

江南之夏

车前子

到了吃夜饭时，人人纷纷抬桌搬凳，坐到弄堂里，边吃夜饭，边乘风凉。在坐下的地方洒些井水。不一会儿，路灯亮了。黄色的木头电线杆，灯火，也像这电线杆，是黄色的，昏昧的。凳子上坐着大人小人，桌子上杯盘草草，吃的菜大抵一样。

这时，人的口味变得清淡。不是说江南人到了夏天，就不开荤。咸鲞鱼炖蛋，饭桌上只要有这道菜，饭会多吃。这道菜色泽诱人，隔水炖时，鸡蛋是不打散的，蛋黄金灿，蛋白在鱼身上霜雪般凝结，看看也清凉。

老好婆们在冬天里腌的咸鱼咸肉，这时，都拿了出来。其实也吃得差不多了，因为在春天里就不时剁一块咸鱼，割一片咸肉。咸肉像是中药里的甘草，扑克牌里的百搭，而最好吃的，还是咸肉冬瓜汤，再放上些浙江天目山的扁尖。咸肉肥瘦参半，冬瓜皮与瓤拾掇干净，尤其是靠瓤部分，发软发泡的一概削尽。

煮烂的冬瓜块盛在淘米箩里，沥水备用。

冬瓜还可烧虾米汤，这也是常吃的，习惯上叫“冬瓜虾米汤”，不叫“虾米冬瓜汤”。而“咸肉冬瓜汤”一般不叫“冬瓜咸肉汤”，食品之中也有排名先后的问题。

除了咸鱼咸肉，也会吃些鲜肉，一般是炒肉丝。茭白炒肉丝，榨菜炒肉丝。也用肉丝烧汤，常吃的是肉丝榨菜蛋汤。

咸鸭蛋是此时佳品，吃的时候一剖二，或一剖四，如果拿起咸鸭蛋就往桌子上一磕，老人们认为这很粗鲁。

上世纪六十年代，酱园店里有一种酱西瓜皮出售，已经断档三十年，记忆中是脆里带着韧劲。记得父亲避难城外，想吃的就是言桥头酱园店里的酱西瓜皮，曾托人捎了口信，他的姑母，也就是我的姑祖母，一手托着一玻璃瓶酱西瓜皮，一手牵我，去城外看他。

毛豆子炒萝卜干——吃吃毛豆子炒萝卜干，一个夏天就过去了。

2014.2.

后记

岁月里的日积月累

陶文瑜

我从事文字工作大半辈子，遇上自己出版和别人出版的事情不少，也写了好多序言，写序言相当于剧场里的报幕员，台下面三两两叽叽喳喳，你一开口，大家渐渐安定了，自然而然就言归正传了。这一回写后记，好像是第一次。我以为后记有一点多此一举，已经散场了，你出来说“下面我再说几句”，多没趣的事情啊。我现在的感觉是大家哗拉拉出门回家去了，我在空荡荡的剧场里自说自话。

好多年前了，我为电视片《苏州老宅》写串连词，之后就将这一些文字投稿《寻根》杂志，当时萧红[1]正好是这家刊物的编辑，也可能正好看到了这些文字，具体我记不得了，杂七杂八的人生，好多是没

[1] 即本书编者萧梦麟。

有下文的。

锣鼓听声讲话听音，我这样写就说明这事还有下文。前年秋天，萧红来到青石弄，说是要选编《苏州杂志》上的一些文章，出版一本书，然后就有了现在的《梅花香，橘花香不香》。

萧红在苏州待了一个多星期，我只在杂志社找了一位同志，做好她的后勤工作，而自己没有太多的涉及。萧红是知性和不苟言笑的女性形象，我行事说话一向随便，很容易在这样的女性面前造成欠教养的印象，这也太自找没趣了，故而我几乎没有怎么过问。现在《梅花香，橘花香不香》要出版了，人家替你打理家务，又不是钟点工，纯粹是尽义务搞好你的家庭建设，所以现在萧红提出来要我写个后记，就不好意思推托了。

即时即食，这句话是说苏州饮食的，就是说苏州四季分明物产丰富，一个时间有一个时间的饮食，其实这话用来形容《苏州杂志》也行，《苏州杂志》无论内容和表现方式，也是丰富多彩的。而《梅花香，橘花香不香》是从苏州的风土人情、风俗习惯和人情世故这方面着手，摘取了一部分文字的一叶知秋吧。

现在是 2016 年了，少年成长了，我们老人也更老了。上了岁数之后觉得当下似乎稍纵即逝，有一点不知所措，也是力不从心，说到从前却是轻车熟路地头头是道。

《梅花香，橘花香不香》应该是与从前旧事很会心很知己的朋友，大街小巷家长里短在《梅花香，橘花香不香》里就是特殊和别致的风景。这些风景使作家创作而创造出时光传奇，《梅花香，橘花香不香》所选的作品，记录的全是好多年前苏州的小街小巷，普通百姓的日常生活，那些男女老少正在经历着他们一天一天日子的时候，我在另一个地方做着和他们差不多的事情，过着和他们一样的生活。我们的过去和原来就是这个样子的。面对每一篇文章，我都可以婆婆妈妈唠唠叨叨说上好多话，记忆总是和往事连在一起的，它们是一辆车子的前轮后轮，而往事又和一些具体的东西分不开的，亲戚朋友，邻居同事，就像是车轮上的钢丝，将一些往事很真切地撑起来了。

当一个社会健步如飞往前走的时候，《梅花香，橘花香不香》就是让大家停下来看一眼我们走过的路，那些永不再现的过去。而我们在一路走来的时候，时不时地重复一些从前的段落，像是今年的春天去了，明年的春天又来了，多好啊。

我好久不写文字，行文有点杂乱，另一点也没写过后记，不知如何下手，我想后记基本上是一个读后感吧。

2016.7.18.